我最在意的身份是教师。

钟秉林

重访插队故地延长县安沟公社罗家岭头大队

东南大学机械工程系主任

英国卡迪夫大学博士

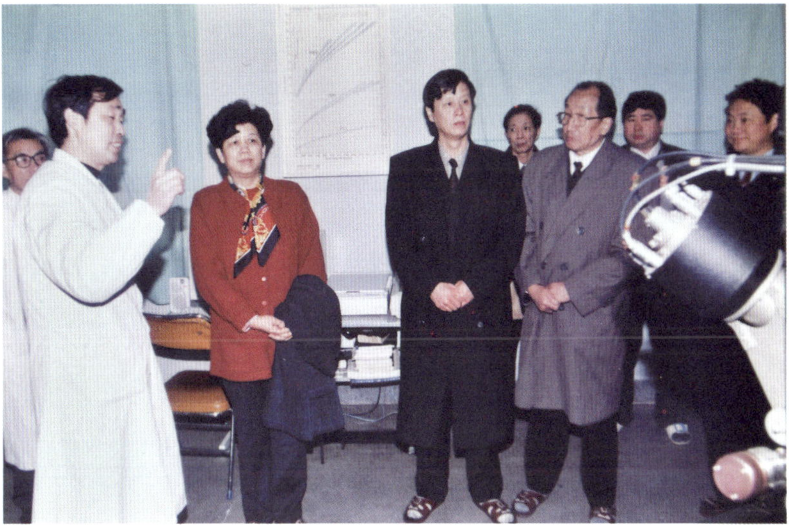

陪同教育部部长陈至立到高校调研

北京师范大学校长（2001—2012 年）

出席中国教育学会学术年会

和基层教师热烈交流

钟秉林教授纪念文集

周作宇　主编

商務印書館
创于1897　The Commercial Press

图书在版编目（CIP）数据

钟秉林教授纪念文集 / 周作宇主编 .--北京：商务印书馆，2025. --ISBN 978-7-100-25355-0

Ⅰ. K825.46-53

中国国家版本馆CIP数据核字第2025EF2892号

钟秉林教授纪念文集

周作宇　主编

商　务　印　书　馆　出　版

（北京王府井大街36号　邮政编码100710）

商　务　印　书　馆　发　行

北京市白帆印务有限公司印刷

ISBN 978－7－100－25355－0

2025年7月第1版　　　　开本710×1000　1/16

2025年7月北京第1次印刷　　印张23　插页4

定价：98.00元

前　言

四月风如诉，京师弦歌鸣。谦谦励耘志，切切君子情。落日金辉在，杏坛有余音。大江写华章，高山做和声。今天，我们以纪念文集的形式深切缅怀钟秉林先生，万语千言，难载无尽哀思。

钟秉林先生出生于1951年，成长于充满变革与希望的年代。18岁赴陕西延安插队，耕耘黄土地，播种知识种；锤炼意志，塑造品格；坚韧不拔，扎根中国大地，勇往直前，践行时代精神。1977年，他毕业于南京工学院机械工程系，因品学兼优留校任教，后任东南大学副校长、国家教育委员会(教育部)高等教育司司长、北京师范大学校长、中国教育学会会长，一路走来，桃李不言，下自成蹊。

1992年起，他享受国务院政府特殊津贴，这是对他学术成就和教育贡献的充分肯定。1996年，钟先生调任国家教育委员会高等教育司司长，后任教育部高等教育司司长。这一时期，正值中国高等教育改革的关键时期，钟先生凭借深厚的学术底蕴和丰富的管理经验，深入调查研究，积极参与和推动了一系列重大改革举措。从高校办学体制、学位制度到考试招生制度，再到教育教学质量保障机制，每一项改革都凝聚着他的心血和智慧。他始终坚持教育公平，努力扩大高等教育机会，为更多有志青年搭建起通往梦想的桥梁。

2001年，钟秉林先生出任北京师范大学校长。他秉承“学为人师，行为世范”的校训，以改革学科结构、专业设置、人才培养体制为抓手，推动学校向综合性、研究型世界一流大学转型。他带领学校创新教师教育模式，设立教育学部，筹建教育基金会，将满腔热忱倾注于师范教育的改革与发展，以高瞻远瞩的战略眼光，为高等师范院校探索了一条强化特色、综合发展的办学之路。

钟秉林先生不仅是一位杰出的教育管理者，更是一位深受师生爱戴的人民教师。他的课堂充满智慧与启迪，他的言行洋溢着关爱与温暖。他用自己的生命诠释了一位教育工作者的崇高师德和博大情怀。他的一生，是对教育事业无限热爱、执着追求的一生，是求真、求善、求用的一生。他求真，深入一线，调查研究，用数据说话，用科学决策；他求善，心系师生，关爱每一个人，用教育传递温暖，用知识改变命运；他求用，推动改革，探索新路，用实践检验真理，用创新引领发展。

钟秉林先生虽已离我们而去，但他的精神如同不灭的星辰，依然照亮着我们前行的道路。这本纪念文集，汇聚了他的同事和学生的深情回忆与缅怀。每一篇文章，都是一颗跳动的心，饱含着对他的敬意与感激；每一行文字，都是一滴滚烫的泪，诉说着对他的思念与不舍。让我们翻开这些文字，在重温中感受钟先生的精神风貌，在缅怀中追寻钟先生的足迹，在传承中继承钟先生的遗志。

钟秉林先生千古！日月同辉，精神永在。大道之行，弦歌不辍。

目　录

桃李不言 下自成蹊

施克灿

尊敬的各位老师，同学们！今天（2024 年 7 月 26 日）举行的追思会是谨遵钟校长遗愿和他爱人茅老师的意见，在校内小范围举行，出席追思会的都是钟校长生前非常尊敬的师长，和钟校长一起工作过的同事、朋友，以及钟校长指导过的学生。钟秉林校长离开我们已经 100 多天了。斯人已逝，音容犹在。钟校长是真正心怀国之大者、求真务实、锐意进取的教育家。钟校长的逝世对我们学校，对中国教育学界都是重大的损失。钟校长逝世后，中央有关领导同志以不同方式表示哀悼，并向他的亲属表示慰问。

在我们眼中，钟校长为人谦和、平易近人，具有谦谦君子之风范。他关爱师生，奖掖后学，虽曾为一校之长，有诸多头衔，最在意的身份却是教师。他豁达乐观、心有大爱，但一生最害怕给人添麻烦。遵照他的遗嘱，后事一切从简。然而，每当回忆起钟校长与我们工作、生活在一起的点点滴滴，哀思无以为寄。今天我们怀着无比沉痛的心情在这里追思我们的老校长、我们可亲的同事、可敬的师长钟秉林教授，就是希望能够缅怀他的高尚人格，发扬他的崇高风范。

钟校长为北京师范大学的转型发展和教育学科发展所作的贡献，为中国教育改革和发展所作的贡献是有目共睹的，我们要永远铭记。钟校长的逝世对我们教育学部是最直接的、重大的损失。我们失去了一位备受尊敬的好老师，失去了一位推动、引领我们教育学科发展的非常重要的引路人、护航者。

今天我们举行一场简朴而庄重的追思会，表达我们对钟校长人格、风范的敬仰，表达我们对钟校长教育家精神的追随，表达我们对钟校长的无尽思念。我们该如何更好地缅怀钟校长？我想用最简单的话来表达，就是希望各位老师、各位同学，我们都要照顾好自己，好好的，一定要好好的。我想这也是钟校长希望看到的。

谦谦君子 人师世范

周作宇

长歌当哭，万念成诗。

今天我们怀着无比沉痛的心情，聚集在一起，追思北师大师生爱戴的人民好老师、好校长、教育家——钟秉林先生。经过近一年与病魔的斗争，今年4月7日，他离开了我们，离开了他热爱的北师大，离开了他关爱的学生，告别了他挚爱的教育事业。我们痛惜失去一位谦谦君子、人师世范。他的逝世，是北师大的重大损失，也是教育界、学术界的重大损失。他是共和国建设、改革、发展的见证者、参与者和贡献者。他的一生，是跋涉的一生、奉献的一生、不凡的一生。

我们抚今忆昔，回顾他走过的激情岁月，体味他风趣智慧的理性光照，重温和他在一起点点滴滴汇聚的美好，我们多么希望时光能够倒转，多么希望还能够和他一起含英咀华，谈学论道，畅言如昨！

逝者已逝，事业还要继续。我们对钟秉林先生最好的纪念，就是转化力量，继承遗产，砥砺前行。

我们纪念钟秉林先生，就是要以行动寄托哀思，将悲痛转化为守正的力量、创新的力量和文化的力量。钟秉林先生2001年任北师大校长。长校期间，学校迎来了百年华诞，校庆庆典得到中央领导高度重视和大力支持，校庆将“治学修身、兼济天下”的厚重学府呈现在世人面前；长校期间，在学校党委的领导下，党政协同，学校出台十五、十一五规划，明确了“综合性、有特色、研究型、世界知名高水平大学”的建设目标；在南中国落地办学，为珠海校区的建设打下坚实基础；创建了第一所内地与香港合作办学机构——北京师范大学－香港浸会大学联合国际学院(UIC),现在已经成为许多学生家长向往的博雅大学;探索建立“4+x”多样化教师培养体系,在全国率先组建了教育学部,在人才培养模式方面先行先试,引领高等教育风尚;继承了“学为人师、行为世范”的校训和“爱国进步、诚信质朴、求真创新、为人师表”的学校优良传统,体现了文以载道、以文化人的办学逻辑。我们纪念他,就是要与师大的继承发展联系起来,通过学校发展的脉络,体味他的治校方略和风格,守正创新,沉淀文化的力量。

我们纪念钟秉林先生,就是要继承好他留下的精神遗产、思想遗产和学术遗产,扎根中国大地,坚持教育自信,服务强国建设。钟秉林先生是与新中国共同成长的新一代知识分子。他出生在北京,曾插队延安,既耕耘土地,也耕耘杏坛;在求学路上曾秉烛东南,也曾远赴重洋;学术从机械工程起步,最后在高等教育园地建基;为政从学系到学校,到部委、学会,一生角色不断变化,但他念兹在兹,永葆教师本色和学术青春;他主张高等教育与基础教育协同改革,以回答“钱学森之问”;论及《大学的走向》和《教育的变革》;他行万里路,著万言书,教化从容。他坚持立足国家需要、大学独特传统和资源供给实际办学,厘清了综合性、师范性和学术性的辩证关系,指出师范大学培养的不是“教书匠”,而是教学名师和未来的教育家,学术卓越是高水平师范教育的基础,也是高质量综合化发展的前提条件;他理性分析行政权力与学术权力的关系,深悟有所为有所不为的决策逻辑,勇破资源分散与整合的实践困局;他推崇精神独立和思想自由,反对盲目攀比,一哄而上,跟风随波;他主张有选择地追求卓越,建立中国大学自信。我们纪念他,就是要深入总结和传承他的思想遗产、精神遗产和学术遗产,接续发力,滋兰树蕙,弦歌不辍。

我们纪念钟秉林先生,就是要踔厉奋发、追求卓越,坚守正道、砥砺前行。钟秉林先生对自己有两个定位,一是不争,二是做事。不争就是不争个人的身外之物,做事就是扎实做好学校发展之事。他为人谦逊和善、温润如玉;做事志存高远、脚踏实地。即使在病榻上,他忍受常人难以想象的病痛折磨，仍生命不息，奋斗不止，恪守学术责任、教育责任、社会责任和国家责任，用生命谱写道德文章。“人事有代谢，往来成古今”。学校第十三次党代会提出“综合性、研究型、教师教育领先、中国特色世界一流大学”的建设目标，凸显了教师教育的战略地位；第十四次党代会重申三步走发展战略，提出要建设卓越文化、规则文化和参与文化，凸显文化建设的重要治理功能与育人功能。过去一年，学校还开展了全校科研大讨论，推动卓越科研体系建设，凸显学术研究与知识转移的重要价值。面对百年未有之大变局的深刻演进，面对国际国内竞争压力，中国教育事业任重道远，北京师范大学承担着龙头与基点的多重责任和使命，责任重大，使命光荣。不进则退，学校发展进入新阶段，需要新动能、深思想、强能力、高士气。我们纪念钟秉林先生，就是缅怀和学习他的高尚品格和奋斗精神，弘扬北师大一百多年来生生不息、与时俱进的优良传统，继往开来，踔厉奋发、追求卓越，坚守正道、砥砺前行。

钟秉林先生虽然离开了我们，但诠释他一生风范的音容笑貌，深深印刻在每一个同仁后学的心里，激励我们传薪火、续青蓝、写华章。

我们永远怀念钟秉林先生。钟秉林先生千古！

好领导 好师长

朱旭东

今天，我们怀着无比沉痛的心情，在这里共同缅怀北京师范大学原校长、中国教育学会原会长、北京师范大学教育学部教授——钟秉林先生。

钟先生扎根中国教育教学、教育管理和研究工作47年，是我国著名教育家、机械故障诊断专家、中国教育资源配置理论奠基人、新高考改革方案和拔尖创新人才选育工作开拓者之一、高等教育改革发展研究实践的突出贡献者。钟先生一生致力于党和国家教育事业的发展。中学毕业后赴陕北延安农村插队，在繁重的田地劳作的同时还在村小代课，晚上在窑洞煤油灯下学习和备课。这段经历锤炼了钟先生的吃苦精神和宽容精神，也奠定了他对教育事业的热忱。担任高教司司长期间，钟先生坚持立足国情、放眼世界，负责或参与了国家人才培养模式与教学改革、本科专业目录修订、本科教学工作评估、高等教育体制改革等一系列重要工作，探索高等教育改革与发展的中国道路，为教育强国建设作出了重要贡献。在担任北京师范大学校长期间，面临师范性、学术性、综合性发展道路的抉择，他审慎研判，确立了建设教师教育与文理基础学科特色鲜明的综合性研究型大学的发展目标。他在担任中国教育学会会长期间，组织开展群众性学术研究、决策咨询、综合改革实验及成果推广等工作，推动基础教育深化课程改革和优质均衡发展，为中国教育学会的转型和发展起到了重要的领导作用。在卸任校长和会长职务之后，他专注于教育政策与教育管理研究和咨询工作，主持和参与了多项国家教育综合改革工作和国家重点研发计划、社科基金重大重点研究项目，为我国教育政策的出台和实施、推进教育实践的改革和发展作出了极为重要的贡献。

钟先生自2001年担任北京师范大学校长以来，一直对学校教育学科的发展呕心沥血，尽心尽力。2004年11月，在他的鼎力支持和指导下，北京师范大学教师教育研究中心经教育部批准成立。钟先生担任中心创始主任，为教师教育学科和教师教育中心的发展作出了不可磨灭的贡献。今年1月6日，钟秉林先生在住院期间在线参加了中心成立二十周年庆祝活动，他在致辞中对中心成立二十年来的各项工作表示了充分的肯定，同时还对中心未来发展寄予了殷切的期望。

2009年6月28日，在钟校长的坚强领导下，经过三年多的酝酿和筹备，北京师范大学教育学部正式成立。钟校长指出，组建教育学部是践行科学发展观、服务国家发展战略的客观需要，是顺应中国高等教育学科发展趋势、进一步整合教育学科资源、促进教育类相关学科的融合和互补的重要契机，将为提升北京师范大学教育研究的政策服务水平和教师教育质量搭建更加宽广的平台。卸任校长职务以后，钟先生以普通老师的身份投身北京师范大学教育学科建设的社会服务工作，先后担任了北京师范大学教育学部人事委员会主任，高等教育研究所所长，高等教育研究院首任院长、名誉院长，教育家书院院长等基层学术职务，为教育学部创建世界一流教育学科作出了卓越贡献。今天，经过十五载的发展，北师大教育学科的发展已达到国内外领先水平，这离不开钟先生和前辈们在15年前关于教育学部发展方向的前瞻性把握，也离不开钟先生和前辈们这15年来对教育学部和教育学科发展的大力支持与精心指导。

无论是学术活动，还是科学研究，钟先生对学科发展和后辈进步总是给予无私的支持和提携；无论是本研课程，还是学生沙龙，总能看到钟先生与学生面对面交流、讨论的身影。钟先生通过言传身教深刻践行了“学为人师，行为世范”的校训精神，用身体力行形象地刻画了“教育家精神”的大家风范。未来，我们一定谨记钟先生的谆谆教诲，不辜负钟先生的殷殷嘱托，牢记北师大教育学人的光荣使命，继续发扬北师大教育学科的优良传统，为北师大教育学科的发展鞠躬尽瘁！

钟秉林先生的一生是奋斗的一生，他的辞世是中国教育界的重大损失，也是北京师范大学的重大损失，更是我们教育学部的重大损失！我们失去了一位好领导、好师长、好前辈，我们深感悲痛！今后，我们将学习钟先生的精神和人格，传承他的学术思想，牢记钟先生做学问时求真务实的作风、勤勉投入的态度，为国家着想、为社会着想、为教育着想的学术宗旨，继续前行。

我们永远怀念钟秉林先生！

追忆和秉林校长相处的日子

陈文博

今天参加钟秉林校长的追思会，心情很沉重，他的音容笑貌还时时萦绕在我脑海中。秉林同志于1996年由东南大学副校长职调国家教委担任高教司司长，那时我是党组成员、人事司司长，与他相识。2000年初我调母校北师大担任党委书记，他也于2001年初调北师大担任校长，我和他又直接搭班共事。与秉林同志相识、相处、共事近30年，他有许多优秀思想和品德值得我们学习。

第一，钟秉林校长为人正派、谦和，作风朴实、待人诚恳，和他共事，相处坦然、放心。能心往一处想，劲往一处使，共谋学校的建设和发展。我和秉林同志搭班这几年，和学校党政领导班子成员一起，成功组织举行了百年校庆活动；推动了教育部和北京市共建北师大协议的签订；在学校第十次党代会上总结提出了百年师大的优良文化传统，确定并积极推动北师大在办学定位上的战略转型；争取到学校加入“985”重点建设高校行列；改善了校园环境，改善了教职工和学生的工作、学习和生活条件等。秉林校长都是兢兢业业，朴朴实实，一心为学校的建设和改革、发展事业尽心尽力，作出了重要贡献。

第二，高校实行党委领导下的校长负责制，作为党员校长，秉林同志有党性、守纪律，他尊重学校党委领导，虽然有的工作事项他有些不同意见，但一旦学校党委决定了，他都服从并认真执行。如在创建北师大珠海校区问题上，因为他来北师大任职前是教育部高等教育司司长，他知道教育部是不同意高校异地办学的，异地办学也会发生两地校区办学精力和资源分散问题。因此对去珠海办校区，开始他有顾虑，有不同认识，但经过多方调研工作，学校党委讨论通过了北师大和珠海市政府合作创建珠海校区后，他自觉服从党委决定并积极地去推进实施，充分展现出很强的党性。

第三，钟秉林校长组织观念很强，自觉服从组织调动。1996 年他由东南大学副校长岗位调国家教委高教司任职，2001 年又由教育部调北师大任职，他没有个人考虑，都愉快服从组织决定，到新岗后很快适应环境，进入领导角色。不管在国家教委（教育部）高教司任司长还是在北师大任校长，他都善于听取不同意见，团结一班人共事，作风民主，又有原则性。

第四，秉林同志从东南大学优秀学子到专家教授，从专家学者到行政领导，在专业领域从机械工程转行至高等教育管理，每一个业务和行政管理工作岗位都有突出成就和贡献。他在每一个业务领域都刻苦学习，认真钻研，精益求精，这种精神是值得学习的。

第五，我在教育部人事司和北师大党委担任领导工作时，对领导班子成员提出："为人正、待人诚；讲原则、办事公；守纪律、有党性；勤学习、业务精。"秉林同志做得很好，他是践行北师大"学为人师、行为世范"校训精神的楷模，是北师大人学习的榜样。

秉林校长走得太早了，非常惋惜，非常怀念，他的模范党性和优秀品行值得我们特别是后人永远学习！我们今天怀念、追思秉林同志，不仅要学习他的优秀思想和品行，更要以他的精神为动力，努力把母校北师大建设好、发展好，把教育学部建设好、发展好！

追思与怀念

顾明远

今天怀着沉重的心情来怀念钟秉林校长。我和钟秉林校长认识还是很早的。他在教育部高教司工作的时候，我当时是中国高等教育学会高等教育评估研究会的会长。钟秉林校长在教育部当高教司司长那一段时间，正好我国提出建立"211 工程"、大学合并等工作。那一段时间他是非常辛苦的。我在他的领导之下走访了很多学校，进行"211 工程"评估，应该说他对中国高等教育的发展作出了很大的贡献。

后来他到我们师大担任校长，这一段时间正是我们师大奔向一流大学的进程中。本世纪初开始，北师大提出奔向一流大学的建设目标，在十年当中，钟秉林校长为学校建设打下了一个比较好的基础。在这段时间里，既要搞好本校的建设，又开辟了珠海分校的建设。我还记得我们一起在分校参加奠基仪式。分校建起来以后，差不多我年年都去，甚至一年去几次，主要是帮助钟秉林校长评估各个系、各个学院的建设，使那里的教育教学规范化，提高教育质量。在党委和钟秉林校长的领导下，十年里把珠海分校的基本建设都做好了，现在转成为北师大的新校区。北师大本部非常小，不到一千亩地，珠海成为一个校区，我们的苦恼就大大降低了，扩大了北师大的面积，今天我们珠海校区有所发展。可以说，无论是在教学上还是在基本建设上，这个十年都打下了一个基础。所以我觉得钟秉林校长一是为我国高校建设做了很多工作，二是为北师大的建设与发展打下了基础。他为我国高等教育发展作出了重要贡献。

后来，他接替我任中国教育学会会长。当时我和袁贵仁部长商量了很久，觉得钟秉林校长虽然长期从事高等教育工作，但在培养中小学教师的师范大学担任校长已十年，对教师的培养已有了丰富的经验。中国教育学会是基础教育工作者的组织，是团结全国的中小学老师开展工作的，所以他应该是中国教育学会会长最合适的人选。他在担任会长期间，为中国基础教育的发展做了不少工作。另外，我在北师大工作了这么多年，我们一直想对高等教育有所研究，一直想建立一个高等教育研究所。这个愿望直到他在北师大校长退下来以后才得以实现。高等教育研究所正式成立起来了，高教所对中国高等教育学的学科建设也做了不少工作，培养了一批高等教育学人才。

近年来我们在普通高等学校教师专业的认证委员会里又在一起工作。我最后一次见到他是在2023年教育部高等教育教师认证专业委员会上“见了面”。他当时已经是有病在身，但是仍然通过视频的方式做了发言，积极参加会议的讨论。

钟秉林司长也好，校长也好，先生也好，他为我们中国的教育事业工作了一生。他为人谦和，平易近人，跟老师们都有交流，为我们师大的一流大学建设作出了贡献。所以今天我们来追思他、怀念他，就要继承他这种胸怀教育、胸怀祖国、热爱事业，并为教育事业贡献一生的精神。我们要继承他的精神，把我们北师大建设得更好，像他当时规划的那样，真正成为世界一流大学。

深切缅怀钟秉林校长

黄会林

岁月悠悠,我与钟秉林校长相知多年,情谊深长。我比钟先生年长17岁,他竟然驾鹤先去,这里的“先”是先后的先,满载着无尽的遗憾与不舍。

钟先生是一位广受爱戴的校长,他将满腔的热情与不懈的努力倾注于教育事业。面对挑战,他从未退却,始终保持着对教育事业的热忱与执着。他为北师大的发展付出了巨大心血,作出了重要贡献。他谦逊、务实的态度,更是我们学习的楷模,值得我们认真传承。今天,我们在这里聚集,缅怀钟秉林先生,感激他为我国教育事业所作的奉献;同时,我们也积极探讨事业发展中的新路径,以期不负他的期望。

回想起2001年,钟先生走马上任北师大校长,那时田家炳艺术楼的建设正如火如荼,我也全身心投入大楼的兴建。2002年学校筹建艺术与传媒学院,陈文博书记和钟校长找我谈话,要求我担任创院院长。我当时已经68岁了,觉得应该让更年轻的同志来挑起重担。二位领导说:“为了母校,就再辛苦一次吧!”言语中充满了期待和信任。其后的艺术与传媒学院揭牌仪式,陈书记和钟校长亲自莅临指导,给当时还很稚嫩的崭新学院带来了极大的鼓舞。

2011年11月19日,创办北师大中国文化国际传播研究院,秉林校长一如既往地给予高度关注和大力扶持,多次亲自参加研究院的活动。我一直珍藏着那份他签字批准的建院编制文件。如今睹物思人,人物两界,真是感慨万千啊!

在时任书记、钟校长和学校领导集体的共同关注和支持下,我们这个弱小的研究院力求做到小而精干，为北师大的中国文化国际传播尽到了一份微薄之力。其中的“看中国·外国青年影像计划”等项目在国内外已经产生了较大的影响。

就在钟先生离世前半年，在后主楼电梯里与他相遇，互致问候之时，感觉他虽已略显沧桑，但是身体还是硬朗的。真没想到，那一次的偶遇竟是最后一别，令人扼腕叹息！

钟秉林先生不仅是一位卓越的领导者，更是一位深情的师友。他对我个人及我们的学院、研究院所给予的关怀与支持，至今仍让我深感温暖与鞭策。他的逝世，让我们痛失了一位了不起的教育家与智者，但他的精神与贡献将永远镌刻在北师大的历史上，激励着我们继续前行。

在此，让我们共同缅怀钟秉林先生，愿他在天堂安息。而他的精神与遗志，将如同明灯一般，永远照亮我们行进的道路！

怀念 感激 追思

林崇德

4 月 7 日，惊闻钟秉林校长不幸逝世的噩耗，心中十分悲痛。今天大家会在会上追思钟校长为我们北师大所作的贡献；钟校长的逝世，对我们北师大是个巨大的损失。而我不想谈这些共识，仅想谈三件自己感激钟校长的往事，来表达我对钟校长的怀念、感激和追思。

4 月 7 日，我在向校办发了简单悼念钟校长的几句心里话的同时，也给老同事“交叉学科好友”群里发了一条“我感激钟秉林校长”的微信，得到住在京师园的几位老友的共鸣：京师园立项，定性为学校主导、教工集资的工程，最优价为教授 170、副教授 140、讲师 120 平方米，这与 2001 年刚到北师大任职的钟秉林校长的支持有着直接的关系。作为参与者和获益人，我们应该知恩图报，今天怎么会忘记钟校长的这一善政呢？

钟校长上任不久来到我的办公室，谈话显得十分平易近人。谈到学校教学指导委员会工作时，他反复强调高校的教学与科研同样重要，并支持陈文博书记 1999 年的安排：请一位副校长来教指委兼任副主任，请教务处长当教指委的秘书长，而教指委主任却由我一个普普通通的教授担任。能得到新上任的钟秉林校长和陈文博老书记如此重视和关心，顿时感到一种温暖，钟校长礼贤下士，我不干好也不行啊！

2003 年，某兄弟高校请心理学界前辈——中科院荆其诚先生与北大朱滢先生两位推荐我为他们学校兼职讲座教授，不包括讲课费，还有一笔可观的收入。过后不久，荆先生和朱先生在中国心理学会常务理事会上问我为什么婉拒他俩的好意。我随便说了一句：“嗨，我已年过六十，精力有限；只想‘生为北师大人，死为北师大鬼’。”没想到第三天钟校长出现在我的办公室里，向我表示“感谢”，说他听到我在中国心理学会常务委员会上的表态。这使我十分感动，自觉不好意思，并使我懂得什么是“爱护士卒”。于是站起来对钟校长表示感谢，更感谢北师大的大恩。

钟校长留在我记忆中的往事，实在太多了，时间有限，不多说了。这是我感激钟校长、遇事往往找钟校长的原因。

钟校长千古！

恸悼钟秉林校长

陈光巨

参加这个追思会,心情特别沉重!记得最后一次见钟先生是在南院的科技大厦里,当时他身体检查有点毛病,我就问他怎么样。他说问题不大,努力工作,把工作做好是最重要的。他那次是来谈最近主持的科技部的重大专项,他是项目主持人,见了这次后就再也没见着。后来几次与同事说要去看看他,但都未能如愿。刚刚在视频上看到他前后的差别,感到非常难过!即使在这种状况下,他还惦记着工作,关心着大家。

我跟钟校长相识是他刚从教育部高教司调来师大的时候。因为我是3月份做的人事处处长,他4月份调到北京师范大学,所以说我这一路都是在他的领导、引导和指导下成长起来的。2004年4月后,我当校长助理,分管人事处和资产处工作,跟校长接触特别多。无论多忙,他都非常耐心地听我的汇报,并不时给予指点。他特别关注学校的发展、教师的成长和队伍的建设、公房的分配等方面的事。我最深的一个体会是,他放手让我们工作,同时不忘指导我们怎么解决问题,提醒我们应该注意的事项,帮助我们把工作做得更好。

没见他之前,我觉得来了一位东南大学曾经的副校长,又是从教育部来的高教司司长,可能很难接近。但真正见到他时,感觉他特别和蔼可亲,而一谈话他内心的激情澎湃又给我特别大的一种力量,有什么事他都会直接说。他常跟我说的一句话是:"光巨你去做,出了问题我来担,但是在这之前我们要好好商量。"我跟他一起访问日韩的那张照片,现在还一直放在我的手提电脑屏幕上,打开电脑就能看见。我不由得想起在那里招聘老师时的一件事：因为我是人事处处长，我说您去忙别的，招聘这种琐事我来谈。然而有时候人多，根本谈不过来，他就像一个普通老师一样跟这些应聘的人接触，特别随和。当时有一个应聘者是日本早稻田大学的博士，开始就是钟校长接待的，跟他聊得特别好，那个老师也特别感动，说毕业后一定要来北师大工作，不到其它地方去。后来因为他爱人在深圳工作，他说："那我就到珠海分校去工作。"最后他选择在珠海分校工作，而且在分校的教育学院工作做得非常不错，直到在珠海分校退休。我们直到现在还聊起这件事情，都特别有感触。

遇到有什么问题钟校长都会特别提醒我，包括那个时候进行的人事制度改革、津贴制度改革、公用房的分配与有偿使用、教职员工的住房等等，他都要求我们做细致的工作，尽可能想办法解决过程中的问题，而且在过程中他都不断提醒我们要勤政、廉政。至少从 2001 年到 2012 年他在任期间，钟校长都给我留下了非常深刻的好印象。我受命被派去担任珠海分校校长的时候，他的提醒更多了。有很多事情请他去，希望他去帮忙解决问题，他都是不辞辛苦，只要需要，他就去想办法，把事情尽可能办好。尽管 2012 年以后他不做校长了，但是我们的接触还是比较多。他每次见我都是要求我，第一是要把工作做好，第二是关注自己的健康。我真想不到他这么早就离开了我们，确实特别心苦心疼心痛，也不由得恸切恸泣恸悼。我想我们要做的就是继承他的遗志，把工作做得更好，同时关注自己的健康，守正创新，真正地为北师大的发展能做一份工作就做好一份工作。

钟秉林校长千古！

好人 好老师 好领导

王英杰

今天怀着非常沉痛的心情来参加钟秉林先生的追思会。实事求是地说，我和钟先生的私人交往并不是太多，他是领导，我是教育学部的普通教师。但是每当想起来我们交往的几件事情的时候，都感到非常沉痛，我们失去了一个好同事、好老师、好领导、好人。

钟秉林先生到北京师范大学工作以后向教育学科的学位分会提交了做教育学科博士生导师的申请。当时我在组织这个工作，有点为难，以前的学校领导还没有过非教育学出身的人申请做教育学科博士生导师。我想可能教育学位分会里会有不同的意见、不同的想法。我除了和教育分会的同事一起协商这个事之外，还和钟秉林先生谈了一次。那次谈话给我留下了很深刻的印象。他说他在东南大学当过副校长，在高教司当过司长，对教育政策做了不少研究，主要是教育政策的制定、解读和执行方面。他说："我在工作中深深感到我需要研究教育的实际问题，提高自己在教育方面的理论水平。北师大教育学科有这么长久的历史，有这么多教育学科的老先生，他们有深厚的教育学科素养，我愿意向他们学习。"

我听了这些话之后非常感动。我非常希望他成为我们教育学科的博导。第一，他有长期在全国范围内比较高水平的院校研究高等教育问题的经历；第二，他有长期的高等教育实践；第三，我个人认为校长在这个岗位上需要全身心投入，再坚持自己的原学科，第一做不好，第二会影响学校资源的分配。不管你有心还是无心，其他教师可能会有看法，所以我觉得做校长要超脱一点。但是研究教育，研究高等教育，我觉得这是校长必备的素质，所以我个人非常支持。

后来，我们分会协商后一致同意钟校长到我们教育学科来做博导，我们因此多了一个好同事，一个有着全国范围的教育工作经验的同事。他有着理科思维的同时，给教育学科的发展、给高等教育的研究也带来了新的气象、新的视角。所以自钟秉林先生到了高等教育学科，我们的高等教育学科得到了加强。在此之前，我出席参加高等教育学科研讨会的时候，没人把北师大作为高等教育学科研究的重点院校。我说你们这是误解，我们北师大高等教育学科的研究分散在教育各个分支学科里，中外教育史、教育基本理论、比较教育及教育管理等等，我们各个分支学科都有研究高等教育的学者。但是他们在其它分支学科，没办法，大学就是这么划分的。钟校长进来之后，我们高等教育学科有了新的带头人，有了协调我们教育学科内不同分支学科教师从事高等教育研究的一个带头人。我们的高等教育学科发展了，北师大在高等教育研究界站住了。在高等教育学科，新的人才不断地出现了，得到了高等教育学科的广泛认可。这是钟先生留给我非常深刻印象的接触，我对钟先生在高等教育领域研究的情怀有了更深的了解。

后来，我们有一次见面聊了起来，我说："钟先生，按您的年龄是不是还可以在高校继续做领导啊？"他说："我不做了。第一，我要给后来的年轻人留出位置；第二，在大学里工作最舒服的位置在教师，我愿意回到教师的岗位。如果说教师有初心，那就是做一个好教师。"这给我留下了非常深刻的印象。

我们个人之间还有一次交往，也给我留下了非常深刻的印象。钟校长做国务院学位委员会教育学科评审组召集人的时候，他找到我说："咱们是不是要有一个交接？"当时我对这个过程的具体做法有一点个人的看法，我说："我知道我是什么时候上任这个教育学科评审组召集人的，但是我不知道我什么时候卸任的，没有人跟我说过，没人通知过，也没有人给我看过文件。我说您当这个召集人我觉得这是必须的，并且是一个很好的选择，我一点意见没有，但是这种程序、这种做法我就不明白。”钟校长非常宽厚，非常善良，非常仁厚，听后对我说：“王先生，您的想法我理解，但制度是怎么设计、怎么执行的，我不太清楚，但是咱们两个人可以有很好的交接。”我说那没有问题，我们就做了交接。结果过了几天他突然通知我，说是一个新的学科评审组在哈尔滨开会，让我去参加一趟。我说：“我不去，我已经不是了，我干吗去？”他说：“还是去吧，咱们俩在那里有一个正式的交接，然后你把上一任学科评议分会小组的工作向大家介绍一下，看看有些什么困难，有些什么问题，需要有哪些改进。”他反复地劝说，并且给我买了机票，所以我不能不去了。当时我们就一起去，一起回。这件小事给我的印象非常深刻。

钟校长是一个宽厚的人、仁厚的人、善良的人，所以今天我怀念他、想念他，他是一位好老师、好领导、好人。

永远的怀念

郑 萼

我是心怀感恩之情来参加钟校长追思会的，感恩母校的培养，感恩钟校长的教诲。在我心里，钟校长永远是一位儒雅睿智、温润如玉的谦谦君子！是正直善良、视野宽广、令人钦佩的好领导！更是对中国教育有杰出贡献的教育家！

我曾在钟校长的带领和悉心指导下工作了八年。遇到钟校长是我的幸运，他真诚的关心和教诲，令我终生受益。我想与大家分享几点感受：

第一，钟校长关爱学生、立德树人的教育情怀令我印象深刻。他关心、关注、关爱学生的健康成长，特别强调北师大在立德树人中的示范引领作用。记得我曾作为学校党委副书记邀请他参加 2005—2006 年度优秀学生表彰大会，他认真倾听学生的发言。一位获得国家励志奖学金的学生讲述了自己克服困难、奋发学习的故事，感染和打动了在场师生。钟校长当时就对我讲，报考北师大的学生中家庭经济困难的较多，要我制定有效措施，加大对家庭困难学生资助和对优秀学生的奖励力度，强调这是“育人”，不仅关系学生的学业，而且影响学生的未来。他还说要让我们的学生懂得感恩，更有担当，成为国家的栋梁。今年 3 月 28 日，我和包华影到医院看望钟校长，他与病魔作斗争，人特别消瘦，与半年前判若两人。他握着我的手，一如既往地心系教育，牵挂北师大的发展，谈起钟爱的事业两眼放光，让人心疼不已。

第二，钟校长视野宽阔、高点站位的学者风范帮我开阔眼界。记得二十多年前我任财经处长期间，向钟校长汇报“211”“985”预算时，他首先关注教育发展的宏观形势，包括相关政策、投入背景及制度要求，引导我们针对国内外、区域和校际开展不同层面的比较分析；要求我们抓住契机，做好基础工作，争取国家最大投入，同时在微观层面对研究投入和产出开展绩效评价，以达到提高效益的目的。2002年北师大百年校庆，当时学校财力有限，他要求我安排引进人才专项预算，做好人才经费的资金规划，还要逐年增加；强调进一步拓宽资金渠道，增强学校自筹经费的能力，服务和保障好学校各项事业的发展。

第三，钟校长科学统筹、善抓问题的治校方略使我受益匪浅。钟校长善于抓住不同时期学校发展的主要矛盾和重点问题，提出要处理好抓重点强优势与补短板之间的关系，重视健全制度和完善工作机制，这种思想方法和工作方法贯穿在他办学治校的方方面面，无论是对我的工作还是个人成长都很有帮助。2008年6月我调到北京市教委工作，钟校长一有机会就向我了解北京市教育发展状况、教育政策和投入情况，他的研究视角更加宽泛，而且更加深入。2015年初我调到首师大工作，钟校长已经是中国教育学会的会长，尽管他工作繁忙，但每次都欣然接受我的拜访和邀请。那时的他对我国各级各类教育从宏观到微观都有深入的研究，无论是教育规划、政策制定方面，还是保障措施方面都有权威性的建树，并作为国家教育决策的依据。他是个名副其实的教育家，但依然是那样平易近人，不吝赐教，对我在党委书记岗位上如何抓班子带队伍做决策、如何从制度层面更好地发挥学术组织的作用给予了极大的帮助，对首师大的改革发展也都鼎力支持。

第四，钟校长宽人律己、慎思笃行的人格魅力让我学有榜样。钟校长作为人师，严谨笃行，行为世范，辛勤耕耘，通达乐观，深受师生爱戴。作为领导，他思路清晰，言必行、行必果；他尊重、支持下属，与他相处如沐春风。作为专家学者，他精益求精，孜孜不倦，取得了丰硕的研究成果。他博学且睿智，儒雅而清爽，才高却谦逊。记得2009年北京市教学成果奖特等奖的评审，强手云集，竞争激烈，钟校长作为项目负责人陈述，在谈及个人作用和团队成果时，语气平和，态度谦逊，其高尚品德和人格魅力为我们立起了标杆，一直是我学习的榜样。

钟秉林先生就是这样一位充满责任感、使命感的大学校长！是一位爱教育、懂教育、为教育事业倾注毕生心血并取得显著成效的北师大校长！我永远怀念敬爱的钟校长！

文枢朗照 竹骨霜心

——追思钟秉林先生的人格典范

黄荣怀

今天我感到特别悲痛，因为我跟钟先生还有两个学术约定，却被永远定格了。第一个，关于智慧教育的研究。大家看到钟先生在视频上的最后一个画面，这是今年 1 月 20 日，一个由钟先生牵头的国家重大科技专项的开题会，他交代助手要我一定来参加，但因为我有另外一件重要事情，没能参会，感到特别遗憾和后悔。那是一个对中国拔尖人才培养有特殊意义、科技赋能教育改革与发展的重大项目，是先生花了两年时间牵头策划、组织队伍论证后的重大攻关项目。第二个，关于教育强国的研究。先生希望我在拟由他负责的“教育强国”项目中承担一个课题，研究教育强国语境中的教育数字化转型，即数字教育如何通过即将进入智能时代这一关键窗口期和国际化的语境来推动和赋能教育强国建设，怎样积极而谨慎地看待数字化对教育变革的影响。因为钟先生在教育领域的影响很大，涉猎广泛、知识渊博，我特别乐意跟着先生做这方面的研究，也希望为国家在数字教育方面作出贡献。所以对我个人来说，感到特别不舍，遗憾于未能与钟先生完成学术上的约定。

遇到钟先生特别幸运。我对钟先生的最初印象是上个世纪末新世纪初在教育部开会。那时我还是一个刚毕业不久的青年学者，当时有两位年轻的司长，其中一位就是钟先生，看到他帅帅的、高高的，特别喜欢。一年多以后，他就到北师大当校长，非常幸运能在校园里经常遇到钟校长。2004 年，学校任命我担任新组建的教育技术学院院长，以及“985 工程”教育信息技术科技创新平台主任。那时国家组织评审国家重点学科，因为互联网的浪潮，教育技术学科很受重视，在这个领域里竞争特别激烈，北师大能获批教育技术学国家重点学科，也特别不容易。当时我的压力很大，跑到校长办公室求助，钟校长说："人家怎么跟你比啊？"虽然或许这只是安慰，我心里却踏实了很多，我在钟校长身上感受到的，是特别舒服的一种状态。

钟先生从行政上退下来以后，在学术上跟我的交流反而更多一些。钟先生退休以后跟我说："荣怀你很忙，有事你找曾海军，让他找我就行。"自此以后，凡是涉及教育技术和教育信息化的会议，比如说有时候有院士出席的特别重要活动，需要钟先生出面的时候都不用我去请先生，我的助手跟他联系就可以了，对于我这种有些许"社恐"的人来说，感到特别欣慰。钟先生参加了我们团队一些重大项目的开题和结题指导，也帮助我培养和指导了研究生，一起出版了著作，也多次在全球智慧教育大会和一些学术活动中发表主旨演讲，我们团队的发展在很多方面都离不开钟先生的倾力支持。

钟校长是一位多么平易近人的先生，我特别不舍。在我的心目中，钟先生是一位大教育家，也是一位大先生。对我个人来说，他的人格魅力是我真正的学习榜样。率直、真挚、诚实、负责，在所有的学者里，我觉得这是一个特别的榜样。

我永远地怀念钟先生。

难忘好校长

包华影

感谢教育学部组织了这次追思会，能有机会跟大家一起来分享钟校长和我们在一起的点点滴滴。我和钟校长认识是在2001年，那一年他到我们学校来做校长，他约我谈话，了解学校的国际交流合作和港澳台工作情况。今年3月我和郑萼书记去医院探视，那是最后一次见他。刚才的视频展示的百年校庆画面，把我带回到当年我们在筹备百年校庆时的紧张与兴奋，带回到和法国巴黎高师校长通电话的场景。因为时间关系，没有时间去回忆那么多，我想就谈两点感受。

第一，钟校长是一位有国际视野和宽广视角的好校长。他十分重视高校服务社会的第三功能，致力于推进服务于全民终身学习的现代教育体系的构建，他本人实际上也是一位杰出的终身学习实践者。他在任校长期间重视高校继续教育工作，他把继续教育作为高校人才培养的一部分，而非单纯的创收途径。他更是亲自主持了关于教师培训、继续教育学分认定和转换的科研项目，带领我们一起做了若干教育部委托的重要项目。钟校长还领导我们开展了一些创新性的工作，比方说建立全国教师教育网络联盟、搭建教师教育网络联盟公共服务平台。这个公共服务平台尤其重要，清华大学程建钢教授评价说，这是我国第一个关于教师教育的慕课平台。基于这个平台，钟校长带领我们开展了多所大学之间的覆盖研究生教育、本科生教育以及继续教育的学分认定和学分转换的成功实践，这项工作获得了国家教学成果奖。钟校长一直在努力推动我国终身教育和继续教育事业的不断进步。

第二，钟校长有很强的人格魅力，这是基于他的优秀品德。简单一句话，他是个好人。作为领导，他倾听并放手，但是又会在关键的时刻给予指导。3月份我去见他的时候，钟校长还记得我现在在做什么，他紧紧地握着我的手说："你还好吧？还在中成协做副会长吗？"他当时被病痛折磨得非常瘦，我当时就有点控制不住。我要走的时候，他还跟我说："不论你担任什么职务，无论你做什么，都要做一个好人。"这个话他过去跟我说过好几遍。要有好的品德，这是他一直在教育我们的，他自己也是这么做的。

钟校长千古！

好人好事境界高

褚宏启

今天我在这里说三句话。第一句话，钟校长是个好人；第二句话，钟校长做了很多好事；第三句话，钟校长有很高的精神境界。

第一，钟校长是一个好人。刚才几位老师多次提到大家都喜欢钟校长。为什么大家那么喜欢钟校长？我觉得首先不是因为他做了多少事儿，而是因为他这个人好，好在什么地方？我觉得八个字可以表达：与人为善，助人为乐。钟校长心存善念，从来不在下面搞小动作，做人光明磊落，我觉得这很了不起。在助人为乐这一块儿，他并不只是帮自己的学生，对其他人也是有求必应，所以我们现在很怀念他。他是一个好人，这是打底的，如果不是一个好人，就做不出那么多好事。

第二，钟校长做了很多好事。我们评价一个人的贡献是看他的社会角色，钟校长的社会角色有很多。我觉得最主要的是三个：管理者、学者、老师。

就管理者而言，他先后担任了国家教委（教育部）高教司司长、北京师范大学校长、中国教育学会会长，这是三个非常重要的社会角色。大家可以看看，他在这三个岗位上所作的贡献，不是一般的好事，都是国家级的、战略性的。在高教司司长任上，他对中国高等教育的规模、结构、质量的整体优化作出了重要贡献；在做北师大校长的时候，对北师大的转型发展作出了重要贡献；在做中国教育学会会长的时候，对中国基础教育的优质均衡发展作出了重要贡献。

就学者而言，刚才王英杰老师提到，外界对我们学校的高等教育学科在全国的地位有些争议。钟校长从校长职务退下来以后，对我们学校的高等教育学科作出了卓越贡献，我们学校的高等教育学科在全国的地位不断上升。

老师，这是钟校长最喜欢的角色。他做老师并不只是做他的研究生的老师，他也是很多青年教师、青年学生的老师，我们很多人都受过他的支持和帮助。在提携后进方面，钟校长是不遗余力的，可以说是有求必应。

由此可见，钟校长对教育的贡献是非常全面的。他对高等教育有卓越的贡献，对本科生教育，特别是对研究生，对教育专业硕士、教育专业博士教育作出了卓越的贡献。因为做师范大学校长，对高等师范教育也作出了重要贡献。他担任中国教育学会会长多年，对基础教育也作出了很大的贡献。

第三，钟校长有很高的精神境界和精神追求。无论是做好人还是做好事，背后的原因是什么？肯定是精神层面的，我觉得这是我们今天最该学习的，我概括为三个方面。一是人道精神。钟校长尊重人、理解人、关心人、帮助人、相信人，这是非常难得的。在他的心目当中，人是目的，不是工具，不是手段，更不是被利用的对象。所以我们今天怀念钟校长，我觉得最重要的就是这一点。刚才大家都提到他从来不争什么利益，他从来都是给大家帮忙，不添乱，包括生前安排后事从简，也是不愿意给大家添麻烦。他特别强调合作精神，包括党政合作，包括他当校长时和老师们的感情、关系都特别好，他特别关注家境贫困的学生，这些都是人道精神的体现。钟校长是一个真正的人道主义者，所以大家都会喜欢他。二是民主精神。因为钟校长长期做管理工作，不论做司长、做校长还是做会长，不专断、不专制，发扬学术民主，尊重教授，非常好地处理了行政权力和学术权力的关系。三是理性精神。钟校长是学理科的，思维比较实在，不喜欢那些花里胡哨的形式主义的东西。同时，他的理性精神又与时俱进，因为钟校长在国外留过学，具有国际视野，非常开放，实事求是。人道精神、民主精神、理性精神是钟校长留给我们的宝贵精神财富，是最值得我们学习的内容，值得我们继承和发扬。

概括起来，钟校长是践行北京师范大学"学为人师、行为世范"校训的典范。我讲的三点，概括起来就是七个字"好人好事境界高"。钟校长是一个好人，做了很多大好事，精神境界很高，值得我们学习，值得我们怀念。从钟校长的面容看，大家都可以看到他非常和气。实际上，和气背后还有正气，有大气，有勇气，当然还有灵气，就是很有智慧，这些都非常值得我们学习。

钟校长是古人讲的"智仁勇"三达德的典型体现，智者不惑，仁者不忧，勇者不惧。我们会永远怀念他，永远向他学习！

深切缅怀老校长钟秉林先生

殷恒婵

今天，我怀着沉痛、崇敬的心情，深切缅怀杰出的教育家、我们的老校长钟秉林先生。钟秉林先生的一生是奉献与智慧的一生。他立德修身，潜心治学，开拓创新，真正把为学、为事、为人统一了起来。

作为中国教育事业发展的重要推动者、教育改革的先锋，钟先生长期支持体育学科的发展。在钟校长的领导下，2002 年 7 月原来的体育系和公共体育部合并，组建了体育与运动学院，钟校长出席了学院的成立典礼，并发表了讲话，对学院的发展起到了极大的鼓舞和激励作用。2007 年体育学科建立 90 周年暨体育与运动学院建院 5 周年庆典，钟校长也亲自出席，并为体育人文社会学博士后流动站揭牌。2017 年 12 月 2 日，在北京师范大学体育学科成立 100 周年庆典暨第十五届全国高等院校体育院系院长系主任高峰论坛上，钟先生做了题为“应对高等教育改革发展新挑战”的演讲，从教育发展方式的转变、经济发展方式的调整、科学技术的迅速发展、教育国际化的大趋势四个方面分析了高等教育改革发展面临的新背景和新挑战。他指出，面临新的形势，高校要切实抓好内涵建设，从清晰的办学理念、先进的培养模式、优质的学科建设、精良的人力物力资源保障等方面着手，努力做好新时代下的高等教育工作。钟先生的演讲高屋建瓴，深入浅出，让来自全国的院长和系主任受益良多。

钟校长还非常重视高水平运动队的建设，对我校高水平运动队倾注了期望与热情。2009 年全国大学生篮球联赛女篮决赛时，我校客场对阵北京大学，比赛时钟校长有一个国际会议，在会场通过发送信息的方式，实时了解客场比赛的情况。夺冠后，钟校长在京师大厦接见了女篮教练和队员，与教练和队员亲切探讨了比赛情况，鼓励大家争取参加职业联赛，还勉励队员们要争取进国家队。学院遵循校长的厚望，女篮、女足不断提高运动水平，向国家队输送了多名运动员。由于女篮的成绩突出，在全国具有影响力，2010 年，四川体育局提议与我校女篮进行联合培养队员的战略合作。在钟校长的规划下，国内第一个正式的联合培养模式（即体教融合模式）诞生，这个模式现在已经遍地开花。

2023 年，以北师大女篮为班底组建的中国大学生女子篮球队以全胜的战绩夺得世界大学生运动会冠军，女篮主教练回学校到后主楼办公室向钟先生作了汇报。钟先生非常开心，说那几场比赛他都看了。今年（2024 年）7 月，我校女篮在中国篮球协会篮球锦标赛上战胜了多支职业球队，进入了 8 月份的决赛阶段。钟校长高瞻远瞩的目光和革新求真的胸怀让我们心怀感激和敬佩。钟校长，请您放心，您的嘱托我们正一步步地实现！

钟先生和蔼可亲、平易近人，工作勤勉认真、甘于奉献。今年 1 月中旬，钟先生亲自给我打电话，让我参加他负责的国家重点研发计划“超常儿童发现与创新能力培养评价关键技术研究”的项目启动暨实施方案论证会。得到钟先生的信任，我也十分开心，实际上钟先生没有必要亲自致电，团队的任何一个人联系我都可以，由这个小细节就可以看出钟先生平易近人的品格。原本希望能够在论证会上面对面地向钟先生学习，但是 1 月 20 日到会以后才发现钟先生不在会场。他已经住院，是通过视频与大家见面的。不承想，线上的这次见面竟是见到钟先生的最后一面。钟先生在与病魔进行抗争的时候，仍然对中国教育具有强烈的责任感和使命感。他的教育家精神和风范令人折服。每每想起钟先生电话里的声音和大屏幕上的音容笑貌，就一阵阵悲痛。

钟先生的崇高精神、伟大人格永远是我们学习的榜样。先生已逝，典范长存！先生千古！

令我缅怀一生的三件事

乔志宏

非常荣幸能参加钟校长的追思会，让我有机会表达一下我对钟校长的感激和思念。我是在 4 月 7 日早上听到这个消息的，当时心里最大的感受是震惊，不敢也不愿意相信这是真的。我跟钟校长的接触不算太多，但是在工作这十多年里面也多少有一些联系，打过一些交道。这些联系和交道对钟校长都是小事，但对我都有很大的意义。我就根据我跟他接触的一些点滴的事迹，谈谈我对钟校长的三点看法。

第一，这个世界上怎么会有这么高地位还这么谦和的人？有一年，东北一个校友邀请我们一起参加一个活动，完了之后我跟钟校长一起坐飞机回来，因为钟校长是要客，所以前后都有机场的工作人员来接待。但他作为要客，却没有人接机，下飞机之后就没有人管了。作为退休的校长，按说他可以向学校要车，但是他没有。所以那一次我就很幸运地给钟校长当了一次司机，然后在车上跟他聊了很多。我没有想到钟校长那么大的领导，跟我平时也没有特别多的接触，却非常坦诚地谈到了学校的很多工作，甚至包括他遵守制度按时退休等事情，这让我非常震撼。有着那么高地位的一个领导，对我这样一个年轻人是那么真诚、坦率，没有一点高高在上的架子，也没有丝毫身份差距造成的距离。这种做人的境界与风格，我非常钦佩。

第二，他有那么繁重的工作，怎么还有心力去关心、支持每一个年轻后辈的成长？就我个人而言，我的很多工作都得到了钟校长的大力支持。我们心理学院成立的时候，陈文博书记和钟校长都参加了成立典礼。此后，钟校长对应用心理专业硕士的人才培养给予了特别宝贵的指导和极大的帮助。后来我提议成立中国教育学会学生发展指导分会，钟校长就直接推荐我去见学会的秘书长，给我具体的指导，然后很快我们这个分会就成立了。

第三，让我觉得特别震撼、感动的，是他在重病的情况下，还能保持云淡风轻，脸上总是挂着温暖爽朗的笑容。2023 年 12 月 15 日，学生发展指导分会召开成立大会暨首次学术研讨会。我不知道当时钟校长病情已经很重，我说这个分会是您支持成立的，希望您能来。他说我身体不太好，去不了。但后来他还是录了一个视频，而且是挺长的一个视频来支持我们的工作。后来我很后悔，真是太不了解情况了。后来我问一个跟我也很熟的他的学生，怎么不告诉我钟校长病情那么重，她说钟校长不让说，他的事情他都安排好了。我感觉到一个人的睿智，真的把什么事情都想明白了，才能够做到永远那么云淡风轻，那么温暖爽朗。

钟校长的正直、善良和睿智，是我们晚辈学习的榜样，所以我借这个机会深切缅怀钟校长，钟校长千古！

关爱与引导

——深切缅怀敬爱的钟秉林先生

成国志

非常感谢教育学部举办这场追思会，让我们一起来追思和缅怀敬爱的钟校长。从 2001 年钟先生来校做校长，一直到他去世，作为同事和下属，我和钟校长共事长达 23 年之久，应该说从工作到生活，接触都非常频繁，受钟校长的教诲很多、影响很大，彼此建立了深厚的友谊和感情。

钟校长是 2001 年从教育部高教司司长的岗位上来到咱们北师大当校长的，那个时候我是学校办公室副主任，负责综合协调事务。从钟校长办公室的布置到迎接钟校长来校工作都做了不少前期准备工作。钟校长到校后，因秘书岗位暂缺，我还兼任了一段时间钟校长的秘书工作，直到张朱博老师调到校办来工作我才“卸任”。2002 年 10 月，我兼任新校区建设办公室主任。在陈文博书记和钟校长的直接领导下，从珠海校区到沙河校区，从基本建设到与教育部、珠海市、北京市以及学校内部等各个方面的综合协调，都与钟校长一起经历了很多很多艰辛的岁月和难忘的时刻。2008 年，我调到了校工会去做常务副主席，钟校长积极支持。他经常到校工会调研，也带着校工会到院系去走访调研，宣讲学校发展的大政方针和工作部署，认真听取广大教职工的意见和建议，激发大家的积极性、主动性和创造性，与学校党委一起，共同为校工会创设了“温暖人心，凝聚力量，共谋发展”的良好工作格局。

2013 年 8 月，我受学校委派，去嘉兴的北师大南湖附校当中小学的校长,我第一时间告诉了钟校长,他听后也特别高兴。因为他2012年从北师大校长的岗位退下来之后,担任中国教育学会会长,我到基础教育领域去工作,正好又跟钟校长有了非常紧密的工作联系。从2013年到2018年,我在嘉兴当了五年的中小学校长,钟校长(也是钟会长)至少是每年专程去南湖附校一次,有的时候还利用到上海和杭州出差开会之机,打电话给我,顺便到南湖附校和嘉兴附中调研了两到三次。那个时候恰逢高考制度改革,浙江和上海是首批新高考改革的试点省份,钟校长作为中国教育学会会长亲自抓这个事情。我在南湖附校当校长这五年,钟校长不仅给我送去了老领导的关怀和教诲,也给我们嘉兴附中和南湖附校的全体师生做过好几次专题讲座和新高考的辅导报告。和蔼可亲、平易近人的人格魅力,渊博的学识、深邃的教育理念和思想,都令师生们受益匪浅、没齿难忘。

我从嘉兴回到学校以后,2019年下半年,奉学校党委委派,到大凉山的西昌民族幼儿高等师范专科学校挂职,任党委委员、副校长。我还是第一时间报告了钟校长。钟校长特别高兴地说,国家的脱贫攻坚,根本在教育,办好教育,根本又在教师教育。大凉山能创办一所民族师专,解决当地幼儿园和小学的师资问题,既是客观需求,也实属不易,确实需要我们北师大的鼎力支持和多方援助。你代表北师大去对口支援很好,方便的时候,我也去看一看。我在西昌民族幼专的三年,正值新冠疫情肆虐的三年。其间,我跟钟校长经常电话和微信联系,钟校长跟西昌民族幼专的领导也有视频交流,但是由于疫情的关系,他要亲自去西昌民族幼专去看一看、给领导和师生们做个报告的愿望终究没有实现。我想这不仅是我,更是钟校长自己教育生涯中的一个很大的遗憾。

2023年1月,我结束了西昌民族幼专挂职回校,钟校长问我学校给你安排在哪里工作。我说在基础教育发展管理部和基础教育应用研究中心工作,快退休了,不错了,还能继续为学校合作办学和附校发展管理做点力所能及的工作。他说:“很好,有要求和需要尽管提!”没想到，时隔不久，钟校长病情恶化、住院治疗，这句话竟成了钟校长在微信里给我留下的最后的文字和郑重承诺！

回想起跟钟校长这23年的共事，特别是对我个人的谆谆教诲和无私帮助，我觉得钟校长的言行就是教育家精神的最好诠释。钟校长就是教育家，时时、处处、事事都彰显着教育家精神。

在工作中，钟校长是我们最好的领导和导师，他从来没有官架子。他跟我讲："校长不是官儿，在学校里也不要把自己当成主要演员。校长就是舞台工和灯光师，真正的主角是我们的老师和学生。"他进一步解释说，校长的主要职责就是要为老师的教学和科研、学生的成长成才和学校的整体发展搭建好平台，而且这个平台不仅要搭大，还要搭平，看见哪里不平整，就要亲自去敲打敲打、整修整修。校长又是灯光师，要用爱和关怀把学校这个"舞台"照亮，同时看谁做得好，还要给他（她）聚聚光，让他（她）成为师生工作、学习的榜样。我去浙江嘉兴当了北师大附属中小学的校长，到西昌挂职担任了民族师专的副校长，虽然没有当上钟校长那么大的校长，但钟校长的这样一种当校长之道，对我的影响和鞭策还是非常巨大的。我想，一个校长，不管是大学校长，还是中小学校长，只要按照钟校长的指导去做，就一定能做一个好校长。

在生活中，钟校长是我们可亲可敬、仁爱宽厚的兄长。钟校长整好大我十岁，工作之余，生活当中，他像一个大哥哥一样，跟我们有说有笑，很是亲近，周末或者逢年过节，有时也跟亲朋好友一起吃个饭、聚个餐。钟校长抽烟，我们也不分彼此，我向他要一支烟，或者我敬他一支烟，也是很平常自然的事。所以，钟校长的逝世，不仅使我失去了一位好校长、好领导，也使我失去了一位仁爱宽厚、可亲可敬的好兄长。

自从听到钟校长逝世的噩耗以来，我的脑子里就一直都在翻江倒海，回忆着钟校长的音容笑貌、这二十多年的轰轰烈烈和点点滴滴，内心感到无比沉痛，不时潸然泪下。我为一生中有钟校长这样一位好领导和好兄长感到骄傲和自豪，更为他的英年早逝感到无比的沉痛和悲哀！

今天我们一起追思和缅怀钟校长，我虽然也退休了，但是我想我还是要继续继承和发扬他的教育家精神和教育思想，以钟校长为榜样，退休不退岗，像他希望的那样，以在教师教育和基础教育领域作出新的努力和更大贡献来告慰钟校长的在天之灵！

敬爱的钟校长安息！

忆五位校长合影

李仲来

我说一个轻松一点的话题，钟秉林校长比我大两岁，我们俩是老三届初中，他比我高一届，我是老三届的尾，所以我们私下里说话比较随便。今天我说一件事、两句话。

2005年12月25日，数学科学学院召开数学学科成立90周年庆祝大会，邀请钟校长参加。参加完了之后，照了两张相，一张是主席台上的，一张是全体合影。后来在学校中层干部会上，钟校长来了，我把这两张照片送给他。我对他说，我们这上面有三位校长，一位是您，另两位是王梓坤先生和陆善镇先生。我随便和钟校长说了一句话："我们五位健在的校长能不能在一起照一张合影？"钟校长说你来办。我说，这事不应该我来办，这事应该校办来办。因为袁贵仁老师已经是教育部副部长了，我越级了。但是他说，还是你来办好。事后我就和校办主任樊秀萍老师打了电话，随后我就开始操办这件事，征询已卸任的四位校长的想法。王梓坤先生说这个想法很好，肯定参加。方福康校长的第一句话到现在我还印象非常深刻，他说："我是否能活到你把我们五位校长聚集在一起开会，或者开个座谈会的那天？如果能活到，我肯定会来。"袁贵仁校长说只要中央不开会我就来。2008年1月12日，我们学院举办汤璪真校长诞辰110周年纪念大会暨《汤璪真文集》首发式，我请五位校长参加，但是袁老师说要参加中央纪委的会，他必须参加，没来成，很是遗憾。我们请来了四位校长，拍了一张照片。五位校长合影的事情没办成，我想下一次再找一个机会。2009年5月29日，数学科学学院有一个国际会议，我又联系这五位校长，这次袁贵仁校长来了。从新闻角度讲，这张照片在当时是有意义的，但是当时并没有发表，这张照片现在就可以发表了。我们北师大当时健在的全部五位校长照一张合影，机会也很难得的。这五位校长当时都没退休，要想把他们聚在一起有相当的困难。

事情说完了，再说两句话。钟校长卸任之前，我们学院有一个小型的会，其中有东北师范大学校长史宁中和西南大学常务副校长宋乃庆。会议组织者想请钟先生讲几句话，跟大家交流一下，我去邀请钟校长。去之前史宁中校长跟我说，钟校长快卸任了。所以我去了以后问了钟校长一句话："您在卸任校长前，对北师大有什么建议？"事后我感觉这话问得唐突，钟校长说："下一任的校长一定要让北师大的校友来干。"再说第二句话，钟校长卸任校长之后，有一次我在后主楼电梯里面正好碰上。我就问钟先生："钟校长您现在忙什么呢？"他说："我每年在飞机上飞 100 趟。"我说这可很辛苦，您可要注意身体。没有想到，这就是我记住的他说的最后一句话。

难忘的三件事

张和生

钟秉林先生担任北师大校长期间，正值我负责汉语文化学院（现在的国际中文教育学院）的工作，与钟校长工作接触的三件事，让我至今难忘。

一句话显示出钟校长的管理工作水平

2005年世界汉语大会后，国家大力发展汉语国际教育事业。国家汉办拟投入大笔资金，在全国高校建立若干个汉语国际推广基地。当初汉办看好的基地选拔标准是山东大学模式，即高校下属的对外汉语教学单位应当是招生、教学、后勤管理三位一体，于是各高校闻讯即准备对自己的院系机构作出调整，以适应竞争。由于当时我校对外汉语教学的管理体制是外事处留学生办公室负责招生，后勤处负责食宿，我院只负责教学，所以处境尴尬。当我院向学校提出机构整改意见时，钟校长明确拒绝，他说："根据国家的高等教育法，大学有办学自主权。"校长教会了我们用法律维护学校权益，汉办也因此调整了基地选拔标准。

一件事体现出钟校长民主的工作作风

一次钟校长受某院系领导（此人曾是我的老师）之托，要安排一名毕业生进我院工作。校长为此事找到我，我坦言我院希望引进的毕业生是理论语言学或语言测试专业，校长介绍的毕业生专业不符合要求，而且一旦进入我院，对她今后的职称评定也不利。钟校长了解情况后，完全尊重我们院系的意见，同时表示他会代我向那位院系领导解释，以免除我的尴尬。此事之后，钟校长更加支持我院工作，经常在海外宣传我院，还介绍香港企业家向我院捐资，设立了“彭楚夫对外汉语教学奖”，推动我院的教学科研工作。

一个细节展现了钟校长在生活上的优秀品质

一次我们陪同钟校长出访美国加州，到了午饭时间，钟校长为了准备下午会议的发言，让我们先去吃，他自己则坐在“汉堡王”的屋檐下打开笔记本电脑工作。我们吃完后，给校长也买了个汉堡，并把大家吃剩的两小块一并放在校长身边，而校长当时并没有停止工作。等我们散步回来发现，校长把他那份加上我们剩下的都吃了。校长说，天热，剩的几块儿不吃就浪费了。作为一名国家的高级干部，钟校长朴素的生活态度令人钦佩。

敬爱的钟校长，国际中文教育学院的师生怀念您！

大师之风 山高水长

——深切缅怀钟秉林校长

王英典

今天，我们怀着无比沉痛的心情，聚集在这里，共同缅怀我们敬爱的钟秉林校长。4 月 7 日，这位在教育事业上鞠躬尽瘁、死而后已的杰出教育家，永远地离开了我们，可谓“英年早逝”。他的仙逝，不仅是我们失去了一位可亲可敬的师长，更是整个教育界的巨大悲痛。

钟校长的一生，是光辉灿烂的一生，是全心全意奉献于教育事业的一生。作为北师大的老校长和中国高等教育研究的领军人物，他对学校乃至我国高等教育事业所作出的不可磨灭的贡献，我们都感同身受，铭记在心。

钟校长德厚、仁慈，恩泽四方。他以卓越的学术成就和高尚的师德风范，赢得了广泛的尊敬和爱戴。他矢志不渝地追求教育真理，始终秉持高尚的师德风范，为培养一代又一代优秀人才倾注了无数的心血和努力。十余年间，我有幸聆听他的报告，受教他的授课及赐教，深切地感受到他的远见卓识和深邃思想，更感受到他是一位深具人文关怀的杰出教育家。从近一段时间多位学者和师生追思钟校长的文字中，自己的灵魂确实受到了洗礼。我在这个过程中思考如何以更加开放的心态去拥抱世界，以更加严谨的态度去追求真理，以更加深厚的情感去关爱他人；以钟校长作为人生的楷模去爱学生，去激发学生的创造力和社会责任感，引导学生做有道德、有担当、有情怀的时代新人。

钟校长睿智、开拓，丰功永远。在他的职业生涯中，钟校长始终站在教育改革的前沿，锐意探索，敢于创新，广纳英才，汇集众智，是一位高等教育管理的大师和领航人。我们都深切地感受到他熟悉高等教育的规律与特点，提出了许多具有前瞻性和可操作性的教育改革方案，使师生受益，学校大发展，更是在教育界产生了深远的影响，并将永远铭刻在中国教育史上。今天，我们在这里举行追思会，不仅是为了缅怀钟秉林校长，更是为了传承和发扬他的精神。我们要学习他严谨的治学态度、谦逊谨慎的工作作风以及心怀天下的责任担当，更要以他为榜样，为教育事业的发展贡献自己的力量。

站在这里，我仿佛还能感受到钟秉林校长那温暖而坚定的目光，他的笑容依旧在记忆中闪耀，他的声音依然在耳畔回响。回顾钟秉林校长的一生，我们更加深刻地感受到他的人格魅力和精神力量。他那种对教育事业的无私奉献、对学术研究的执着追求、对师生员工的深情厚谊，都将成为我们不断前行的动力源泉。

最后，让我们共同向钟秉林校长致以最深切的哀悼和最崇高的敬意。愿他在天堂安息，愿他的精神永存！愿我们每一个人都能在他的精神照耀下不断前行！

从“下苦人”到钟校长

袁克定

作为55年前同一批离开北京上山下乡的学生，我以曾经的黄土高原插队同学的名义，共同追思钟秉林同志、钟秉林先生、钟秉林校长。

他是北京四中初二(4)班的67届初中毕业生，1969年2月2日离京来到陕西省延安专区延长县安沟公社罗家岭头生产大队(也就是学赶大队)安家落户。我们两公社紧邻，最近的村子也就是个坡上和坡下，鸡犬之声相闻。

学赶大队顾名思义：学什么？赶什么？在那个年代是不言自明的。这个队是一个先进典型。自然条件很不好，但学赶大队的铁汉书记康良武带领社员们克服艰苦困苦，成就了全公社乃至全县的典范标杆。远近各村的百姓有口皆碑，传颂着他们队的事迹。

那几年在这种环境里，他和农民一起春播、夏耘、秋收，即使寒冬腊月也要一起兴修水利、打坝造田。他全程经历了习近平总书记常念叨的五关：劳累关、饥饿关、跳蚤关、生活关和思想关。当地百姓评价这些北京学生：北京娃一满变成了个下苦人(真正的农民)。钟秉林同志曾当过民办教师，对农村娃上学念书学习的重要性有真实、客观的一线认知，对知识改变环境，提高劳动生产力有具体、明确的思想。

这段在陕北当“下苦人”的历史锻造了他对今后从事各项工作的意志品质，决定了他对中国国情的深刻认识，生成了他对教育之于国家发展、民族崛起的重要意义之理解，成就了他献身我国教育事业发展的理想。其业未竟，身已先去，师垂典则，激励同仁继往开来！

深切缅怀钟秉林先生

杜育红

刚刚得知钟校长去世的时候，特别震惊。因为还是不长时间前，我和钟校长还有一些接触。听到这个消息的时候，其实有一点负罪感。因为在上学期的时候，有一个较为薄弱的师范院校的校长联系我，想要拜见钟校长。我联系钟校长，钟校长当时身体不太好，但还是安排了时间到学校来，跟那位师范院校的校长见了一面。等到4月份的时候，我一听说这个消息，感觉自己干了一件“不好”的事。那个时间段，钟校长可能是在医院里，专门安排了到学校来见面。从这个事情，再想想跟钟校长接触的这点点滴滴，深切地感受到钟校长的仁爱之心。不管什么样的背景，只要能帮助的，钟校长都是特别关心和支持。

我最早接触钟校长的时候还在学院里当老师。我当时做了一个世界银行和英国国际发展部的项目，他们的官员来师大的时候，严格讲不能惊动校长，但当时年轻就是觉得一定要重视，通过各种方法找到钟校长，钟校长安排了几次见面。由于钟校长留英的背景，这些见面对项目的顺利推进起了非常大的作用。我当初就感受到钟校长对我们年轻老师的关心。后来，我记不清什么时候了，钟校长知道我是做教育经济学的，就跟我说：“你做教育经济学，在教育学科里边，相对来说量化研究计量方法还是做得比较多。我特别关心这个事，你能不能在这些方面多做一些工作？”他的话对我影响特别大，后来相当长一段时间，量化研究方法也是我的一个重要方向，最近我和梁文艳老师共同翻译了哈佛大学莫内教授的《量化研究的设计和方法：教育和社会科学研究中的因果推断》，算是这方面工作的一个成果，感谢钟校长的关心和指导。

钟校长对我们教育经济学科特别关心，每一次中国教育学会教育经济分会的学术年会，钟校长只要能排开时间都会参加。钟校长的学术视野特别开阔，尽管他不是专门搞教育经济的，但是他对教育资源配置、教育经济、教育财政的很多问题都很有研究，甚至比我们做得还要深入。我也有幸参加了钟校长两个自然科学基金重点课题的研究，从钟校长那里学到了非常多东西。钟校长不仅学养深厚，他对教育政策、社会发展趋势的把握也非常准确。

从最早跟钟校长接触到现在有20年了，深切地感受到钟校长是一个特别仁爱、特别亲切的校长。深切地缅怀钟校长，永远向他学习！

永远的良师

——追思钟秉林先生

张斌贤

直到今天，仍不敢也不愿相信钟校长已经离开我们的事实。回想去年的这个时候，我还就全国教育专业学位研究生教育指导委员会内蒙古会议的议程向他请示。半年前，我也就桂林会议的有关情况向他汇报。现在想来当时真不该因为这些事务性的工作影响钟校长休息。为此，内心充满悔恨、自责。

从 2001 年 4 月钟校长出任北师大校长至 2024 年 4 月，在不同岗位上，我一直在钟校长的领导下工作。于我而言，钟校长既是领导，又是兄长；既是同事，又是良师；既是同行，又是益友。

追随钟校长 23 年，从他那里得到很多，学到很多。在很多方面，钟校长都为我们树立了学习效法的光辉榜样。在为人方面，他待人真诚、善良、宽容，对己自律、节制；在工作方面，他视野宽广、胸怀博大，善于凝聚人心、乐于提携后辈；在学术方面，他进取、严谨、精细。所有这一切都为我们留下了宝贵的精神遗产。

在与钟校长相处的岁月中，我印象最深的一点是，钟校长对所有人的和善、亲和、包容、信任，无一不是出自内心的善良，无一不是出于自然本性，无一不反映他对人、人心、人性的乐观和信心。这些精神并不表现在那些登堂入室、庄严宏伟的场合，而是非常自然地表现在日常、表现在细节、表现在他与同事的相处。惟其如此，更显得他的人品高贵、超凡脱俗。

我相信，钟校长虽然离开了我们，但他的精神永存。他的事业将继续推动我们艰苦奋斗，他的品格将继续指引我们努力向善，他的精神将鼓舞我们继续勇敢前行。

祈祷天堂再无病痛！钟校长千古！

钟师遗风在 后学心头铭

宋 萑

今天我们在这里追思钟先生、缅怀钟先生，对我而言，作为后学，钟先生一直是我的老师，是我的灯塔，是我心中的高山。

高山仰止，景行行之，钟先生素来为学以严、为人以正。记得2010年，我有幸作为学术秘书，陪钟先生和教育部师范院校校长书记考察团赴美学习。赴美之前，钟先生便把我叫到办公室，叮嘱我要做好行前资料整理工作，把美国教师教育体系模式、课程设置、教学安排、实习实践、质量评估等相关的材料先汇总起来，“不能空着脑袋去，要带着问题去学习”。在先生的指导下，我先梳理了国内相关比较研究，并结合当时的外文文献，形成一本美国教师教育资料合集，在行前就分发给考察团各位成员。一到纽约，先生就组织大家梳理问题，做好研究分工。后来的每一节课、每一次参访、每一场对话，钟先生都会带着问题和讲者、专家对话。先生的扎实语言功底让他能更为准确把握教师教育概念的内涵，对一些当时国内比较研究论文中的误解和缺漏都做了勘正。先生反复强调，这次学习是为未来中国教师教育改革做调研，要形成材料真实、有理有据的建言报告给部里，一定要认真，做扎实。先生的治学严谨带动了整个考察团的学习风气，各校的校长、书记都积极围绕问题做好听课笔记、查阅资料，短短两周时间，就完成了十万多字的研究报告，并形成相关政策建议，提交教育部。

谦谦君子，成人之美，钟先生总不忘提携后进、立人达人。先生作为教师教育中心的创始主任，一直引领教师教育学科发展和中心建设，对中心的青年教师更是关爱有加。当时我初来师大工作，没有机会指导研究生，先生主动让我担任副导师，来协助他指导硕士。知道我没有经验，先生一有时间就会指导我如何做好导师工作，也常常鼓励我不要担心，一切有他在。后来，陆续参与先生主持的包括教师教育标准体系建设在内的一系列教师教育研究项目，先生常常指导我们这些青年教师如何开展研究、如何撰写报告、如何商提建言。当时，先生指导我撰写关于美国教师教育改革的系列论文，从篇章结构到立论理据，每每讨论时，总感觉仿佛是哲人苏格拉底在身边，不断质疑、启发。当时先生身肩校长职务，公务极为繁重，但一定会抽出时间，找我过去讨论，一起研判。正是有了先生的带领，和我一样的教师教育青年学者才能不断成长进步，教师教育学这样一个新兴学科才会不断发展进步，才能在今年正式列入国务院学科目录之中。钟先生对教师教育学科建设和事业发展的贡献，功在当代，利在千秋。

人能弘道，非道弘人，钟先生在一言一行中树立了大先生的典范。先生是用自己的身体力行，用自己的立德、立功、立言，来弘扬教育之道，以文化人。为学时严谨勤勉、为师时诲人不倦、为友时待人以诚。钟先生更是身怀国之大者，先生的大格局、大情怀，是吾辈后学之楷模。

4 月 7 日听闻先生离世的噩耗，悲痛不已，尊重先生遗愿不能前往送别，只能到师大木铎前奉上鲜花一束。想先生最难放下的是北师大的发展、中国教育的未来。先生虽去，但先生之品格、先生之德行、先生之道业，必然如木铎般金声永存。

润泽高教 沐恩不已

周海涛

钟先生走了，先生不再痛了。今天见到各位一直关心的领导、老师、院友和同学，亲人之间痛失亲人，非常心疼。

钟先生是教育学部高教所、高教院的奠基人和学科带头人，他常对高教院教师和同学们讲，学术机构“以学术而生，以学术而兴”，他提携每个人的发展，解除无项目、无发表、无经费的后顾之忧，搭建了大项目、大调研、大讲坛、大丛书“四大”平台、树立“23456”成果标杆，主持教育领域国家重大重点课题 20 多项，发表教育论文 350 多篇，独著、主编书籍 40 多部，指导博士生、硕士生和博士后等毕业生 50 多人，提交采信的高水平咨询报告 60 多份。他留下了很多宝贵的专业观点和学术遗产，对教育学人具有长久的启示意义。

钟先生言为士则、行为世范，深入调研高等教育宏观管理重大议题，积极投身教育强国建设。他探索高校办学体制改革路径，更新考试招生制度观念，促使体制机制更趋合理。他关注学位授权自主审核，助力构建并完善相关理论，激发学位点建设的积极性。同时，他十分重视回顾教育教学评估观念的演化，支持教育教学质量保障机制建设。钟先生的探索优化了教育资源配置，促进了教育公平和质量提升，他的无畏勇气和开阔眼界令人钦佩。

钟先生启智润心、因材施教，扎根中国大地，全身心促进高等教育高质量发展。他以改革学科结构、专业设置、人才培养体制为抓手，凝练教师教育模式，设立教育学部，筹建教育基金会，推动学校向综合性、研究型世界一流大学转型，为高等师范院校探索了强化特色、综合发展的办学道路。他积极构建具有中国特色的拔尖创新人才选拔培养框架，切实提升高校人才培养质量。他总结办学治校经验，引入先进的教育理念，推动教育教学方法的革新，为高等教育改革发展研究打下了厚实的基础。

钟先生勤学笃行、求是创新，在教育决策咨询和组织开展群众性学术研究中展现出独到的洞察力与领导力。他倡导教育数字化理念，提升教育的现代化水平。在应用型高校转型和基础教育改革方面，深度概括相关工作的底层逻辑，为我国教育体系的完善与发展贡献了力量。他敏锐的战略眼光和务实的行动，给教育同仁留下了深刻的印象。

钟先生乐教爱生、甘于奉献，高教院师生有幸在他带领的学术课题、学术组会、学术分享中，学术成绩上取得了进步，学术品格上得到了锤炼。钟先生在组织实施国家重点研发项目等每个课题中多次谈到六句话：第一句，以国家急需为中心，国家需要什么咱就研究什么；第二句，生命很宝贵，每次总归要出点新东西，咱不能炒剩饭，不能重复自己；第三句，时间不可逆，每天都算数，咱得珍惜；第四句，每分钱经费都来之不易，咱要用在刀刃上；第五句，个人的力量不够用，得靠大家一起来攻关；第六句，荣誉永远属于集体，个人只是代表，只是符号。高教院师生感念钟先生，永远铭记在心。

我自己很有幸跟随钟先生身边学习，虽未成为入室弟子，但2004年入职北师大后不久，就一直在他的课题组中请益求教，享受了及门弟子的荣光，这二十年是我非常重要的人生阶段，每每重读电脑中钟先生批改过的各种文稿，每每回想起钟先生的音容笑貌，恩泽绵长，永远感恩在心头。

我们牢记钟先生嘱咐的使命感、责任心，热爱学术、珍惜时间、珍爱生命、勤奋质朴、团结创新，一定继续培养好学生，完成好课题，建设好高等教育学，以实际行动缅怀钟先生。

钟先生和高教院师生永远在一起。

师恩永记 师道长存

——缅怀恩师钟秉林先生

赵应生

一

4 月 7 日清早接到 F 老师电话，惊闻钟老师仙逝的噩耗。刹那间，泪水奔涌而出。大概一年前，已获悉钟老师身染重疾。一年来，虽然一直在关切老师的病情，但没有想到发展如此之快。噩耗传来，难以接受，感觉如此不真实。但我不得不面对这一残酷的事实：我最为敬爱的导师钟秉林先生已经溘然长逝。从此，我与老师天人相隔，再也没有机会坐在老师身旁，感受老师的风范，聆听老师的教导，再也没有机会报答老师对我浩大的恩情。人生的诸多苦痛，莫大于此。人生有诸多遗憾，这无疑是最大的遗憾！

我于 2005 年考上北京师范大学高等教育研究所博士研究生，钟老师是我的导师。我是当年钟老师招的唯一学生，也是钟老师在北师大高等教育学专业招的第一名博士生。对我而言，何其幸运！至今，成为钟门弟子已近 20 年。20 年来，我经历了许多，其中有过不少彷徨，遇到过不少困难，在每一个阶段，钟老师都对我给予了指导，提供了帮助，倾注了心血。悲痛之余，过往的一幕幕浮现在眼前，变得如此清晰。

二

我与钟老师第一次相见的具体日子，已记不太清，大概是 2005 年

4月的某一天，我参加博士生面试，钟老师是面试老师之一，地点在北师大主楼407会议室。参加这次面试，我的心情是激动的，也是忐忑的。我深知，通过这次面试后，将有机会师从一校之长，这是多么难得的机遇、多么荣耀的事情。但想到要面对校长，我内心也有些紧张。与许多类似的面试一样，问题都是事先设定好的。在按部就班回答了所有问题后，钟老师最后问了一个问题。他向我示意了会议室墙壁上悬挂的中外大学校长照片（依稀记得有蔡元培、梅贻琦、纽曼、洪堡等），问我有没有熟悉的，如有，请选择一位介绍其主要思想并作简要评价。尤其令我感动和难忘的是，钟老师特意说道，如果没有熟悉的也没有关系。从钟老师的提问，我感受到了老师的睿智和宽厚。在我作答中，我留意到钟老师频频点头，顿感有了信心。这次考场上的相见，开启了我与钟老师的师生缘分。从此，我成为了钟老师在北师大的开山弟子，成为了后来师弟师妹们的大师兄。

在正式被录取后不久，我突然接到了学校办公室Z老师的电话，通知我到学校主楼与钟老师见面。这是我第一次以学生身份面见导师，当时见面的场景历历在目。我走进钟老师办公室，尽管此前已经见过，但仍有一些紧张，随口即称“钟校长”。钟老师招呼我坐下，茶几上已放置茶水。钟老师对我讲的第一句话就是：“你我是师生关系，今后我们见面就称呼我老师，不称呼校长。”

这次见面持续了大概一个小时，依稀记得老师问了我不少问题，诸如最近在读什么书、硕士论文主要有哪些结论、对高等教育关注哪些问题、学习上生活上有没有困难……最后，钟老师给我一个很大的手提包，装的全是书，得有20多本，看得出来是经过精心准备的。钟老师说：我过去主要研究机械工程，对教育没有持续深入研究，学术积累少，教育学的很多基础知识要靠你自己学习；这些书都是有关高等教育的，其中有一些是作者送我的，有的我还没有来得及细读，你自己结合实际看一下，可精读也可泛读。时隔多年回忆这次见面，感觉始终是那么美好，仿佛就在昨天，从中我深深感受到老师的谦逊、用心、睿智以及对我深深的厚爱。多年后还进一步体悟到，正如钟老师本人所言，在他的诸多身份中，他最重视、最在意的是“教师”。

在读期间，基本上钟老师每半个月会找我面谈一次，每次见面交流的主题不同，有时候是讨论课题；有时候是了解我思想和学习的状态；有时候没有谈到任何学习的话题，仅仅问到生活的一些琐事，诸如寒假返乡买到车票没有、生活上有没有困难等；有时还问到一些学校的情况，主要涉及学生学习生活体验方面的事，我想这也是通过我了解校情。在选课、论文选题、开题、外审、预答辩等各个环节，钟老师都要亲自指导，详细询问情况并提出指导意见。在重大节假日及开学初、放假前等时间节点，老师都会通过打电话或约见面等方式进行沟通并表达关切。与钟老师见面时，时常一起吃盒饭，氛围很宽松。在读期间，除了在学业方面进行指导之外，钟老师还让我参加和主持了一些课题研究工作，为我创造条件接触了许多高等教育领域的知名学者和大学领导，还让我陪他去一些地方和学校开展调研，指导我起草调研报告。

不知不觉间，对钟老师的感情已不仅仅是师生的情谊，时常感觉他就是一位长辈亲人。每次从老师的办公室出来，都是心情愉悦，很有安全感，还信心满满。几年间，钟老师为人做事的风范给我留下了极为深刻的印象。比如，从没有架子，平等待人；对收到的手机信息和邮件，几乎都是第一时间回复。比如，儒雅厚重，言谈、举止、着装得体，任何时候都是风度翩翩，是同学们心中的“男神”。比如，脾气非常好，从不发火，不批评学生，即便一些事情我做得不如人意，老师也不会指责，仅仅是委婉地提醒。比如，对学术极其负责，请他审改的每一篇文章，都认真修改，及时反馈；未经指导和修改过的论文，他从不署名。比如，对人和事有深刻的洞察，并能泰然处之。关于这一点，随着我参加工作、与老师交流更多后，感受越发深刻。

时隔多年再回顾我跟随钟老师的求学经历，我深深地感到何其幸运。正是在钟老师的指导、熏陶、感染下，我逐渐走入了学术殿堂，能够独立从事教育研究工作，对学术、对生命、对社会、对自我、对得失等，都有了更多理性深入的认识和思考。更为重要的是，在钟老师的悉心指导、鼓励和鞭策下，我逐渐学会对照客观的标准，对真与假、是与非、善与恶、美与丑进行分辨，并作出自己的选择。这何尝不是一种思想的启蒙、精神的浸润、价值的洗礼。钟老师是名副其实的大先生，不仅是"经师"，教授我知识；更是"人师"，教会我做人的道理。

三

博士毕业后，我留校工作。办完入职手续的第一周，钟老师即找我面谈。与以往的沟通不同，这次谈话比较正式。钟老师郑重地祝贺我完成学业，走上工作岗位。我清楚地记得，在这次谈话中，钟老师着重谈到了两个方面。第一个方面，希望我迅速转变角色，尽快适应教师工作岗位，要有教师的样子；希望我多与学生沟通，多关心学生。第二个方面，重点谈到了教学科研工作，特别强调今后做学问、发表文章，要坚持本心，注重实证，自己内心不相信、不认可的观点和思想，就不要发表。当时听了钟老师的这一席话，并没有往深处想。过后仔细回味，才真正体会到钟老师的话虽朴实无华，但是多么的良苦用心！对一名新入职的青年教师而言，这是管根本、管长远的金玉良言。

走上工作岗位后，我承担了教学工作。这是教师的天职，也是教师职业发展中的必修课。坦率地讲，作为新入职的教师，我对讲好课并没有十足的信心。令我惊喜的是，虽然我已经毕业，但钟老师对我的教学工作十分关切，专门询问课程的设计，并就一些专题的内容向我提出意见和建议。钟老师甚至还提到，他可以抽时间为我这门课讲授一些专题。校长的"客串"，无疑会增加我所开设课程的"含金量"，对学生更富有吸引力。对新教师而言，这是莫大的"加持"。正是在老师的鼓励、指导和帮助下，我很快就能够胜任教学工作，顺利实现了从学生角色向教师角色的转变。我从中深深地感受到，老师对我的关心指导并没有因为毕业而有任何改变，那是一种无私的、默默的提携和厚爱。

在北师大工作期间，是我职业生涯中的一段彷徨期。由于未来发展的目标和方向面临许多不确定性，需要兼顾方方面面的工作，很多事情处于疲于应付的状态，时常感到力不从心。钟老师敏锐地发现我在这个阶段的处境，总是利用一些看似不经意的机会，向我谈到个人的发展问题。一方面，钟老师以亲身的经历启示我，要正确看待得与失，凡事不要纠结。要有一种积极乐观的态度，把当下的事情做好，提高自身的综合素质，至于今后如何，不用太在意，也不用刻意为之。另一方面，老师总是提醒我、告诫我，作为大学教师，学术是天经地义的，是首要的事情。要利用各种机会，不断增加学术的积淀；即便是教学工作，也要有研究为支撑，大学教师不能照本宣科。正是在老师的指引和鞭策下，我在北师大工作的这几年，始终坚持做一些研究工作，同时也取得了一些学术成果。也正是在学术的支撑下，我的生命有了一个相对宽阔的空间，从而能够比较从容地面对很多不确定的事情。后来，因为工作的变动，疏于学术，但钟老师在学术方面对我的指导和勉励，依然是我做好本职工作的重要支撑，是生命中不竭的动力。

四

2013年，根据组织安排，我的工作岗位发生变动，从北师大调到国家机关工作。对我而言，这是一次艰难的抉择。在正式办理调动手续前，我就此正式征求了钟老师意见。我清楚地记得，钟老师让我先谈谈自己的想法。听了我的想法后，钟老师讲了他的意见。大概意思是：无论是担任大学教师还是到政府部门工作，都可以有所作为，关键是自己；既然组织上有需要，就不要过多考虑自己，要服从组织的安排，珍惜难得的机会；在任何岗位上都要加强学习，特别是注重业务学习，提高专业素养。钟老师还特别讲到，无论我到任何岗位上工作，他都全力支持，母校始终是北师大学子的港湾。这一席话，听起来中规中矩，似乎对任何人都可以讲，但作为跟随钟老师近十年的弟子，我能直接感受到其中饱含着老师对我的殷切期望和特别厚爱，无形中让我多了几分踏实。

离开北师大的工作岗位不久，我回到学校看望钟老师，并汇报工作和思想情况。就像当初刚留校参加工作一样，钟老师又非常正式地与我谈了一次话。当时谈了不少内容，但印象最深的有两点。第一点算是告诫。钟老师说，到政府部门工作，行使公权力要有敬畏之心，充分考虑后果和影响；任何事情都要以工作为出发点，不能因私废公。第二点算是提醒。钟老师说，担任公务员，重在做好事情，不要以做官为目的；职务的升迁有快有慢，不要太在意，提拔快一点不要沾沾自喜，慢一点也要有平常心，视野开阔一点，看得长远一点，心情舒畅一点。当时听了钟老师的这些话，没有多想。时隔多年，在读到、看到、经历了许多事情之后，才深刻体会到其中的深意。

自 2015 年以后，我在北师大的工作就全部交接了。因为诸多原因，与钟老师见面的次数少了，通常是师门聚会时才回到学校与老师相见，往往还来不及有更多的交流就匆匆作别。特别惭愧的是，钟老师每次因公务到我的新单位时，总是抽空到我的办公室看我，而我很少主动到学校看望老师。特别感动的是，时常有新单位的领导和同事向我提起：某时见到了钟老师，他专门问我的情况并对我称赞有加。每当我在新工作岗位上遇到困难或者有特别的事情需要钟老师帮助时，他总是鼎力支持。尤其意想不到的是，当我取得一些微不足道的成绩沾沾自喜、很多人对我给予肯定时，钟老师却不表扬我，而是严肃地提醒我道路险阻，要如履薄冰。

现在回想起钟老师讲过的这些话、为我做的这些事，我发自内心地感念：这是一种多么特别的老师对学生的关爱！一生中能够遇到这样的老师是多么的幸运！在钟老师身上体现了一名教师、一名知识分子、一名大学校长多么高尚的情怀！

五

时间过得实在太快，转瞬间就到了 2023 年。去年两会期间，我给钟老师打电话，他告诉我正在医院住院体检。我本以为是例行的体检，可一周后联系，他仍未出院，此刻我就有了一种不祥之感，担心有什么不好的情况。

经多方了解，才得知老师身患绝症。当时我立刻就有天崩地裂之感，可在电话另一头，钟老师的声音依然是如此的平静干脆，还问起我工作的情况，让我不用担心他的身体。可我内心实在难以平静，一夜难眠，第二天清早即赶到医院。可因疫情管控等原因，虽经多方努力，仍不能入院探望，只能静静地待在医院外墙的角落里，默默地祈祷，任凭泪水湿润了眼眶。

可以想象，这一年对钟老师而言，是极为艰难的。他顽强地与病魔作斗争，同时还坚持指导学生，参加学术活动，并发表了多篇文章。

遵医嘱，钟老师患病期间较少与外部接触，主要是担心其它的病毒感染加剧病情。这期间，有好几次参加学术会议，我通过视频看到钟老师，见他显得有些憔悴，白发更多了，但他的讲话和发言依然逻辑清晰、观点鲜明、铿锵有力、风采不减。看到视频里的钟老师，我天真地以为，钟老师身体康复得不错。去年秋天，我找到一个偶然的机会，得以在学校见到钟老师，到他办公室面叙了不到半个小时。当时，看到钟老师依然精神矍铄。这次见面时，钟老师向我谈到了病情，依然持谨慎乐观的态度，这让我感到踏实一些，感觉老师从病魔中初步走出来了。此后多次给老师发祝福的短信，几乎都是“秒回”，让我更加对老师战胜病魔有了信心。

可世事难料、造化弄人。今年春节前，钟老师的病情出现反复，迅速恶化。就在上个星期六，姚文建师弟与我相约去探望老师。万万没有想到的是，还没有来得及见上最后一面，钟老师就突然离我们而去。

敬爱的钟老师，您走得如此匆匆。您来不及欣赏这个春天最美丽的风景！来不及见上您的弟子最后一面！您甚至对我们一句话都来不及留下！

敬爱的钟老师，您留给了我们太多遗憾。我们希望还能得到您的指导！希望还能围着您欢声笑语！希望还能与您一起小酌！希望还能陪着您远行！特别是希望能够有机会报答您莫大的恩情！苍天无眼，一切都已经来不及了。

尊敬的钟老师，您的身躯走了，但精神永存！您走后，我们将铭记您的教诲，把您的精神和品格传承下去！

（作者为钟秉林教授2005级博士）

先生之风 山高水长

姜朝晖

4 月 7 日早上 8 点，师门传来信息："老师今天早上走了。"虽然这一天我预料可能会来临，半月前我给钟老师发信息，但老师没有像往常那样及时回复，上周我和新凤师妹通了个长时间电话，专门了解老师情况。但不想也不愿发生的事情，终究还是发生了。我们最敬爱的钟秉林老师，于 4 月 7 日永远离开了我们。这是一个极其悲痛的日子。

整个一天，师门所有的弟子都沉浸在对钟老师无限的哀思和缅怀之中。教育圈内外的相关单位、媒体，同行微信群、朋友圈、自媒体都在第一时间发布有关钟老师逝世的消息，也有一些同行朋友电话或微信来询问情况或表示慰问。和大家一样，我痛惜钟老师的离去。在沉痛哀思之余，我在想我们究竟该向钟秉林老师学习什么，如何继承先生遗志接续奋斗。钟老师经常自谦是一名普通的人民教师，但他为人为师为学，无不体现着当代教育家精神。

钟老师心有大我、至诚报国。早在 1960 年代末，钟秉林老师刚初中毕业就奔赴陕北延安插队，少年时就在艰苦的环境中边劳作边学习。在延安做知青、兼职做民办教师的经历，锤炼了他的理想信念和意志品质，培育了他厚重的教育情怀和对农村教育和学生的关爱关切。无论是从偏远的农村自学考上大学，到毕业后留校做大学教师，还是远渡重洋去英伦留学，他都是一腔热血，心有大我，赤诚报国。从东南大学副校长到教育部高教司司长、北京师范大学校长、中国教育学会会长，以及其间 10 年担任全国政协委员，他都始终忠诚于党和国家的教育事业，服从组织安排，认真履职，不遗余力推动我国教育事业高质量发展。

钟老师言为士则、行为世范。从2001年到2012年,钟老师任北京师范大学校长11年,他率先践行着北师大“学为人师、行为世范”的校训精神。无论学校管理、日常言论、为人为学,在大学校长中有口皆碑,并在2010年被评为“中国最有魅力大学校长”。当时我正在钟老师门下念博士,记得我和他提起这事时,他似乎还有些腼腆,这和钟老师儒雅低调和温润如玉的品格是相符的。在跟钟老师读博士的三年时间里,他反复叮嘱我的一句话就是:“做人做事,都要低调谦虚,不能因为是校长的学生,就在学校享受特殊的优待。”我牢记于心,遵循老师的教诲,在校时始终严格要求自己,毕业后也一直视钟老师为人生榜样。

钟老师启智润心、因材施教。记得我2009年入师门时,钟老师主要精力还是在大学管理上,当时师门只有赵应生、张超两位博士师兄。15年过去了,钟老师门下参与指导的博士、硕士有50多位了。对待学生,钟老师始终包容开放,循循善诱。大到学生的博士、硕士毕业论文的选题,小到平时的学术小论文,都会征求学生的意见,并认真地指点,反复地亲自修改。他曾说,自己最在意的身份是教师。事实上他也是这么做的。虽然钟老师工作忙,但对学生的教诲,他一直都在场,从未缺位;而且在关键节点,他都会给予及时的指导和指引。至今还记得2012年4月在我博士论文完稿的关键时刻,他都是逐字逐句帮我修改。有一次他远在无锡出差,夜里12点看完我的毕业论文后,还打电话和我沟通论文的事情,让我至今感铭于心。读书期间,特别是跟随他参与部委的项目,为我开展目前的教育科研和智库工作奠定了扎实的基础。

钟老师勤学笃行、求是创新。在我的记忆里,钟老师始终勤勉于工作,勤奋程度令我们年轻学生汗颜。一年365天,他可能360天都在工作,而且基本上都有加班熬夜。从大学校长退下来后,过去10年在高等教育研究领域,他一直是高产和高被引学者。日常他工作忙,这些学术论文都是他加班熬夜写出来的。平时他的每一次讲课、报告、指导,无论什么场合,不管对象是大学校长、教授,还是中小学教师,他都会精心准备；对国家部委委托的项目，他都是兢兢业业，记忆里他亲自带我们一起改写材料到深夜。很难想象，这是一位大学校长的工作习惯。钟老师常和我们说办学要遵循教育规律；学术研究要有新意，不能为发表而发表。他对事业的躬耕态度，就这样无声无息地激励着我们，影响着我们。

钟老师乐教爱生、甘于奉献。钟老师是一位富有仁爱之心的谦谦君子，他对教育的爱，对学生的情，对同行朋友的义，都深入到骨子里。在我工作后遇到的每一位教育圈的领导和同行，对钟老师都是赞誉有加。他总是习惯为他人考虑，特别对校友、教师，钟老师都饱含深情。平时工作每到一地，他都习惯去看北师大的校友。在做全国政协委员、中国教育学会会长那些年，教师节前后钟老师都会去看望贫困地区的教师，多年来一直成为他的一种习惯。钟老师总是提携学术后辈，但凡有学术支持、书稿作序，只要有时间，钟老师都是有求必应。钟老师在学术上的头衔，绝不是简单挂名，而是真心实意甘于奉献，实实在在地参与指导和工作。

钟老师胸怀天下、以文化人。钟老师是一位教育家，也是一位战略家。在他担任大学校长时，积极推动学校各项改革，确立了建设教师教育与文理基础学科特色鲜明的综合性、研究型大学的发展定位。他致力于推动北师大的国际化，加强国际交流合作，并积极向海内外宣传中国高等教育的成就和经验。在研究上，他数十年如一日坚持开展高等教育领域的人才培养、经费投入、考试招生、教师发展、后勤保障、体制改革等方面问题的研究。近年来，钟老师更是围绕当前我国教育领域的复杂难题，敢于挑重担，带领团队开展教育资源配置/全面二孩、新高考改革、拔尖创新人才培养等方面的研究，发表了许多高质量的研究成果，积极推动我国教育事业改革发展。于我本人，只是非常遗憾，毕业以后我支持他的工作太少太少，反而是他对我一如既往地指导和关爱。去年 10 月 26 日下午我去探望他时，他还悉心指导我关于教育强国建设、中国教育学自主知识体系构建的有关研究。这一天见面，竟成了我和钟老师的最后一面。

4月7日是一个特殊的日子，是小儿的生辰，也是恩师的忌日。傍晚我陪孩子时，有些难过地告诉他："爸爸的恩师去世了，他是我们终身学习的榜样。"孩子反过来安慰我。随后，我在朋友圈发了缅怀恩师的文字：受业三载，受教十五年，恩同再造；先生之风，山高水长，恩师千古。

永远怀念我们最敬爱的钟老师。

（作者为钟秉林教授2009级博士）

哀哀思念无尽 绵绵恩情难忘

方 芳

钟老师离开后的这些日子里，每每翻阅与老师曾经的邮件、短信，看到他曾修改过的文稿，交代要看的书籍，投喂的零食盒子……总是会泪眼模糊，仿佛他从来没有离开过，只是去某个地方出了趟很久的远差，好像再多等等他就会回来跟大家见面。那些受恩于老师的点滴时光总在不经意间涌上心头，留下无尽的暖与痛。

与老师的初次见面是在2010年博士毕业那年。临近毕业时，博导王善迈老师鼓励我继续从事博士后研究工作，并建议我把研究领域从基础教育延展到高等教育。因为在本校继续开展博士后研究须跨一级学科，于是我选择从管理学跨到教育学，从经济与工商管理学院跨到教育学部。彼时钟老师不仅是北师大校长，还兼任教育学部高等教育研究所所长，同时承担着中国教育资源配置领域的重大课题，王老师认为这一课题与我硕博期间的教育经济学学科背景较为契合，于是向钟老师推荐了我。在这一机缘之下，2010年5月的一天，我有了第一次跟钟老师面对面交流的机会。身为校长，钟老师每天的公务安排满满当当，像我这样的临时拜会占用的都是他挤出来的休息时间。接到校办老师的电话，得知钟老师将与我的见面时间确定在他中午用餐时段的间隙。在等待的时间里，钟老师正在跟另外一位博士生谈话。由于当天的临时会面安排了好几位，老师连午餐都没顾上吃，见到我的时候，他还带有歉意地说，因为后面还有其它的公务安排，只能边吃盒饭边跟我交流。虽然那次是我第一次走进校长办公室，也是第一次近距离与老师见面交流，但他的和善可亲让我一下子就消除了之前的顾虑与紧张。老师问了我几个问题，为什么选择从事博士后研究？研究方向是什么？平常倾向使用什么研究方法？交流氛围轻松愉悦，我也从容自若地回答了老师的所有问题。过了两天，接到校办老师电话，告知我老师已经在博士后申请表上签字了。那一瞬间我感觉自己受到了莫大的眷顾，曾经以为校长是出现在开学和毕业典礼上的身影，是出现在新闻媒体报道上的头衔，是印在录取通知书和毕业证书上的落款，却从来没有想过有一天他会成为指导自己的合作导师。

与钟老师的第二次见面是在一个月之后的研究生毕业典礼上。所有的博士生候选人按照八人一组，逐组上台接受校领导或学位评定委员会委员的拨穗正冠仪式。钟老师站在从左往右数的第四通道的位置，每个人都期盼能拿到所在组的四号号码牌，希望能有机会和校长拍张具有特殊纪念意义的合影。所有学生都按照就座位置逐排列队，快要轮到我们的时候，不知从哪里冒出两个掉队的学生被临时安排到队伍的前边，我也因为这突然来袭的不确定性而变得更加忐忑。终于轮到我们这组了，我恰好排在第四的位置，内心不禁一阵狂喜，觉得自己简直就是“幸运之星”，进而由衷地感谢前面那两位掉队的同学。在上台的途中，我心里想着，身为一校之长，老师见过那么多学生，今天大家又都穿着统一的博士学位服，他一定不记得我了。当我站在老师面前还没来得及张口，谁知他先说道：“方芳，你好。缘分呐！祝贺你顺利毕业！”亲切中透着幽默。人生的重要时刻能遇到这般的幸运巧合，为我的生命节点乃至后来的职业发展赋予了太多无以言表的意义，也成为我一生中最为难忘的时刻之一！

自 2010 年 7 月起，我开始跟随钟老师求学。印象深刻的是那年的中秋节，我意外收到一条来自署名为钟老师全名的短信，不仅祝我节日快乐，还勉励我在新的阶段要重视学术积累。我想老师一定是看出了我加入新的研究团队的拘谨，所以用这种方式给我鼓励和支持。作为团队的一份子，有幸跟随老师从事民办教育发展、高考招生制度改革、高校名称规范、人口变动与资源配置、拔尖创新人才培养等诸多领域的研究；跟随老师前往全国各地调研，参加各类学术研讨，总是被老师的人格魅力和精神风范所感染。2018年，洪成文老师带着我陪同钟老师回访母校——英国卡迪夫大学。在从伦敦去威尔士的路上，沿着长长的塞文河，老师说这条 Severn Bridge 就是英格兰和威尔士的分界线。一路上他与我们分享28年前来英求学的故事，偶尔也会看着车窗外沉默，我猜想他一定是在怀念那段艰辛刻苦又意气风发的求学时光。在卡迪夫大学，我们见到了老师读书时的一些老朋友，参观了老师曾就读的工学院的实验室，品尝了1990年代营业至今的中餐馆，那些老师曾学习和生活过的每个角落都饱含着他无限的思念与深情。彼时正值卡迪夫大学建校135周年，钟老师作为名誉国际副校长和杰出校友，还接受了当地电视台的专访。老师在英求学期间的老友告诉我们，曾担任地方学联主席的他，在对发达国家教育体系有了切身感受之后，才更坚定了回国要为中国高等教育事业发展尽心尽力的信念。虽然那次英国之行是我唯一次陪同老师出访，但有幸跟随老师一起亲眼看看他曾经求学的地方，也成为我铭记一生的经历和回忆。在跟随老师求学的14年光阴里，我深深感受到，无论走到哪里，钟老师总能受到大家的尊敬和爱戴。每当有人说起，“钟校长是大家心目中的男神”，他总会谦逊地回应道，“你们要是当校长了也会被称为男神女神”。很多没有跟老师接触过的亲友在看到老师的照片时总会感慨，这位校长真是慈眉善目、帅气儒雅。在别人眼里，或许他是高高在上的司长、校长、会长，但跟学生在一起的时候，钟老师就是一位大家长，关心爱护着每位同学的成长，悉心呵护着每位后辈的成长与发展。

2023年3月的例行体检后，钟老师开始频繁去医院做检查，为了不让我们担心，说起病情他通常会回复“感觉均好”“坦然处之”。后来住院期间，老师还是一如往常地处理各种学术事务。由于医院里没有网络，加上探视规定非常严格，他常问起如何离线录制视频、如何连接手机热点，对于这样一位对学术有着极致热爱的学者来说，我深知这般的“隔绝”于他不仅是物理空间和网络环境的隔离，更是一种在研究进展上无能为力的痛苦煎熬。有时候为了修改一页PPT内容，老师会通过短信把图片拍给我，然后电话告诉我具体如何修改。即使是生病，每天联系拜访探望他的同仁依然很多，他都一一婉拒好意，或是选择出院期间、来校处理工作的时候集中会面。我们也都盼望能趁着这难得的机会去看望他，每每问起病情，老师总是微笑着轻描淡写，还不忘宽慰我们，“没多大事”“没什么感觉”。随着病情的发展，老师只能选择在线上参加学术活动。有学界同仁看到老师线上参会的新闻推送，常常会来信询问，“钟老师怎么了”“钟老师怎么忽然消瘦了许多”。是的，尽管老师饱受病痛折磨，但他依然坚持参加学术会议和师门活动，他的坚强都是在我们看不到的地方。医生一定是告知过他病情的凶险，但他跟我们只字不提，不愿增加我们的担心和焦虑，所有的痛苦和压力都由他自己消化。每次去信问安，他都会云淡风轻地说一句，“指标都正常”“控制得很好”“我会继续加油”。我曾天真地以为事实真的如他说的那样并没有特别严重。老师是一位谦逊亲和且尊重他人的长者，每条短信、每封邮件（即使是群发的邮件），他都会及时回复。随着病情的恶化，老师回信息的频率越来越低，间隔的时间越来越长，我们才判断出他的身体状况应该是有较大起伏，那种不安与惶恐让我们的心情如铅沉重却又束手无策。

在最后的时光里，陪同师母一起守护在侧，看着病房里的治疗环境，还有师母悉心且熟练的照料，感慨老师曾经遭受了多少病痛、克服了多少困难，还能在疾病终末期依然坚持参加各种学术活动、坚持指导和关心学生，也深深愧疚于自己对老师照顾得不够。盯着监护仪器上的数据，我们的心一直下沉，但也默默祈盼，希望能有新的转机出现。当心电图波形被拉成一道直线，那张心电图纸成了人间通往天堂的凭据，也暗淡了我们眼前的世界。老师生病时常宽慰我们要尊重科学、尊重规律，常教导我们要学会坦然面对现实，但他老人家却没有告诉我们人间和天堂的距离到底有多远，没有教会我们在恩师离开后如何面对这一生的潮起潮落。忍着悲痛收拾衣物的时候，护士提醒别落下重要物品。我拿出挂在衣橱里的羽绒服外套，如同每次散会后我们拿起外套请老师穿上的场景一般熟悉，可这次他却永远地静躺在了那里。我摸着羽绒服的口袋，发现里面有个旧旧的钥匙包，一张印着老师名字的门诊单，还有几张折叠整齐的面纸巾。多么日常的生活场景，也许老师也曾想过哪天穿上它如往常一样出院回家吧？听师母说，后期在药物的作用下，老师偶尔会意识不清醒，但双手会在空中做着触点屏幕、敲击键盘的动作。听闻后不禁潸然泪下，我们都知道那是老师日复一日伏案工作的肌肉记忆啊！师母心疼老师为了工作操心劳累，常常为了写一篇论文、改一个报告、做一份课件熬夜，而且几乎全年无休。师母常说，如果不是因为外在赋予的诸多身份，老师愿意去做一位过着简单生活的普通人，但唯一感到欣慰的是，老师一辈子从事的是自己喜欢的教育事业，一辈子打交道最多的是自己喜爱的学生。

在微信流行的时代，老师是为数不多的没有使用微信的人，常有学界师友来问老师的微信号，他总说等退休了以后再用。然而，这也并不妨碍我们通过短信分享一些有意思的推送、图片和新闻。有时老师甚至会用“3Q!”“U2!”等网络用语回复我们。直到今天，手机短信提示音一响起，我都会下意识地以为是老师有事要找我。可当缓过神来才意识到，老师已经走了，那些谆谆教诲、声声嘱托都不再有了！记得在病房的桌上看到一个小小的携带式的黑色音箱，听说每当觉得时间难熬或是受病痛折磨的时候，老师都会用它来听听交响乐以转移注意力。在医院起灵那天，师母建议用老师平常喜欢的音乐来为他送行，于是选择了大提琴版的《天鹅湖》。我把送别那天播放这首乐曲的小音箱放在我的办公桌上，希望为自己与最后时刻的老师找到某种形式的链接，如同老师一直在身边提醒着我、指引着我、教导着我。都说中国失去了一位教育家，但我亦永失我师，那个曾谆谆教导我的人，曾温暖关怀我的人，曾无限包容我的人，曾不断鼓励我的人，再也不会出现在我的眼前。但我坚定地相信，您已成为天上那颗最闪亮的星，在我们想念您的时候，只要抬起头就能与往常一样，向您挥手、与您交谈。

钟老师，愿您在另一个世界健康、自由、快乐！

（作者为钟秉林教授2010级博士后）

“我最在意的身份是教师”

洪　煜

清明哀思犹未已，恩师仙逝泪沾衣。4月7日晨，骤闻钟秉林老师离世的噩耗，我愕然良久，多么希望这是愚人节的玩笑！随着师门同学、学界同仁陆续发来消息，我才终于意识到斯人已逝，悲痛难以言表。

钟老师的谆谆教诲支撑着我一路走来，在学术研究的漫漫长路上，钟老师犹如一盏明灯，在我迷惘时给我方向，倦怠时给我鼓劲，自大时给我警示，受挫时给我温暖。我知道对老师最大的缅怀莫过于承续其精神，传述其事迹，但用我粗陋的言语来夸赞老师，又显得浅薄。几天来，我夙夜难眠，唯有将记忆中的点滴写下来，希望能管窥钟老师为人治学的风范。

我与钟老师结缘较早，2005年我刚上大三时，有幸参加了钟老师主持的教育资源配置课题，负责数据采集等没有技术含量的基础性工作。某次课题组全体会议上，我照例敬陪在侧，听着掌握ArcGIS、CorelDRAW等技术的课题组成员汇报各种“底图”“配色”方案，就在我以为这又是一次“高大上”的技术研讨会时，参会的钟老师出人意料地问起了某幅地图的数据缺失问题，于是我便在毫无准备的情况下被叫起问话了，我的回答不出意料地拙劣，不是“这数找不到”，就是“那数算不准确”，羞愧得想找个地缝钻进去。但让我没想到的是，对我的表现，钟老师不仅没有生气，反而和颜悦色地指出数据采集虽然是小事，但只有把这些最基础小事做好，研究才能顺利开展，他还表扬了我在数据采集方面的辛苦付出。老师的肯定让我第一次体会到研究工作被重视、被理解的感觉。如今想来，这便是钟老师给我上的第一课：万丈高楼平地起，做好研究必须从最基础的“小事”做起。在随后的课题研究中，我多次得到了钟老师指导，也正是这些经历，让我确立了继续从事学术研究的志趣。

随着研究生阶段的学术训练，我在统计分析方面的能力有所增长，2009年我在赵应生师兄的引荐下，参与到国内外教育研究现状分析的研究工作中，在论文写作过程中，我本以为钟老师当时作为学校领导，行政事务繁忙，在研究方面主要在大方向上作些指导，没想到老师哪怕再忙，也会抽出时间来与我们讨论研究方案，从数据采集范围到抽样方案，每一个细节都与我们商量。这种商量不是虚词，老师在与我们探讨学术问题的过程中，从不乾纲独断，反而经常把“这方面我不太了解”“你们觉得这样做是不是更好”挂在嘴边，始终把我们摆在平等的位置上，与我们商讨不同研究方法的利弊，评判某些重要文献的得失。在这一过程中，我们不仅开拓了思路，不知不觉间也端正了学风。在论文初稿上，老师留下了百余处修订和批注，从文字表述、表格样式，甚至标点符号，老师逐字逐句打磨，其中不少修订的时间在凌晨。

后来我成为钟老师的博士，才知道这种逐字逐句修改、不放过任何一个细节的做法，正是老师一以贯之的风格。在治学方面，无论是小论文还是重点课题、重大报告，只要老师参与其中，都会细细打磨，从不懈怠。在待人方面，对门下弟子的信息，老师都必定回复，而且往往是秒回，真正做到了事事有回应，爱生如爱子。如今回想起来，老师这种踏实治学、诚恳待人的风范，何尝不是对“学为人师，行为世范”最好的践行？每每回想起老师在论文上的详尽批注，在生活上的温敦劝诫，心中都会涌起一股暖流，托举着我一路前行。

工作以后，我回去见老师的机会少了，但每次见面，老师总会亲切地拉家常，嘘寒问暖。他常常劝导学生把自己的生活过好，但他自己却从不顾惜身体，始终奔波在调查研究的第一线，承担着繁重的研究任务，甚至在生命的最后时刻，老师依旧忍着病痛修改论文。每每想到老师的辛劳，我都忍不住泣下泪沾襟，但我深知老师这份辛劳的背后，是他待人待事的一片赤忱和对教育事业的热爱,而这也是老师留给我们最宝贵的遗产。

如今老师终于从这长年累月、呕心沥血的辛苦中解脱出来了,我在泪眼中为他高兴。辛苦了一辈子,老师您歇一歇吧。

五年前,老师在个人著作的自序中说:"我最在意的身份是教师。"我们一定会继承您的遗志,治学以严,待人以诚,爱生如子,行为世范。

薪尽火传,老师您永远活在我们心中!

(作者为钟秉林教授2010级博士)

生死瞬隔 微光长明

程接力

2024 年 4 月 7 日，清明节假期刚过，我最最敬爱的恩师钟秉林先生走了。恩师在生命的最后一年中，一边乐观豁达地与病魔抗争，一边孜孜不倦坚持为学生、为学校、为国家教育事业操劳，指导学生学业、组织科研攻关、写政策建议，参加研讨会（不能到现场就视频远程参会），直到奉献出最后一份力量。

尽管之前见面时恩师说他已看淡生死，并对相关事情做了交代，但噩耗突至，我还是无法抑制内心深深的悲痛，一遍遍地看着恩师的照片，一次次地泪流满面。无论是否校友，大家都无比悲痛惋惜，纷纷自发撰文悼念，历数恩师对北师大、对教育事业、对国家和社会的巨大贡献，称赞恩师的深厚学养和君子风范。对此，我作为师门弟子的悲痛和自豪都是如此地难以言表。

我是 2010 年拜入恩师门下读硕士的，后蒙恩师抬爱，转而继续攻读博士，有幸成为恩师在北师大唯一一个硕博连读的学生。从师求学的六年，是我重塑人生的六年。这样说不仅仅指外在显见的从硕士入学到博士毕业的过程，更重要的是这六年间，恩师兼容并包的治学之道以及为我创造的良好的学习研究条件，使我得以自由而有活力地成长。每每与恩师交流探讨，总能从他那高屋建瓴的视野和温文尔雅的风范中学到很多东西，在学术研究的关键问题上和方向上总能得到他深刻的追问和启发，帮助我实现了一次又一次的认知提升，甚至是飞跃。毕业后，恩师对我的关心和帮助一如既往。每当我工作和生活遇到困难和困惑向恩师倾诉时，恩师总会给予我睿智的点拨和温暖的鼓励。

在我人生道路的几个重要转折点上，恩师也总是给予了重要的引导和支持。

在我们一众弟子们眼中，恩师的形象不仅是伟岸、光辉和高大的，更是慈爱、亲切和温暖的。记得在师门聚会上，恩师略带羞涩地与师母合唱了《甜蜜蜜》；在生日宴上，恩师被顽皮弟子在脸上涂了蛋糕奶油时会乐呵呵地说“两边要涂对称啊”；在那次毕业季草原旅行中，恩师和牧民亲切交流了他少年时在延安插队的经历，和师母携手在草原余晖中漫步，和徒子徒孙们一起做游戏；在那次天津出差间隙，恩师与我一起骑着共享单车徜徉在五大道的美丽风景中……此时此刻想起这些，我又一次止不住潸然泪下……

恩师音容，宛在眼前；恩师教诲，常记心间；恩师之风，山高水长；至亲厚恩，没齿难忘！自此之后，虽天人永隔，但相信每当我们仰望星空时，都会看到恩师闪耀其中，朝我们微笑！

恩师永远活在我们心中！

（作者为钟秉林教授 2010 级硕博连读生）

永远的怀念

艾　忻

4 月 7 日——清明节后一个难得晴朗的早上，碧空如洗、海棠沾雨，惊闻恩师钟秉林先生驾鹤西去，我的心仿佛被撕开一个巨大的裂缝，虽然被 2024 年最暖和的春日照着，我的手冰冷、我的心似乎被冰封……我那温润如玉、煦暖如阳的恩师在这样一个清晨离去，是担心我们太过悲伤，所以专为我们留了这春日的暖阳吗？

我与钟先生的初次近距离接触，是在 2002 年硕士毕业留校工作后不久。当时我在国际交流与合作处留学生办公室工作，留学生新生报到注册期间，钟校长现场看望各国留学生，与留学生亲切交流，慰问一线工作人员。他温和地微笑着，询问留学生新生规模、国别分布，不时回应着与前一年相较产生的新变化。我惊讶于校长对留学生工作的深入了解，感慨于校长对学校国际交流的重视，折服于校长对青年行政工作人员的尊重与关爱。那一刻，如沐春风。

钟校长非常重视高等教育的国际交流与合作，不仅在学术著作中阐述其重要性，也身体力行，积极开创高水平国际合作。在他担任北师大校长期间，北京师范大学-香港浸会大学联合国际学院获批建设，这是经教育部批准成立的第一所中国内地与香港教育界合作办学院校；北京师范大学卡迪夫大学中文学院挂牌成立，成为国际中文教育领域高水平境外办学项目的典范；来华留学教育突破物理空间限制、在学生规模与培养层次上均实现历史性突破……2011 年我考取北师大教育博士，申请成为钟校长指导的学生。很快，钟校长约我面谈。我向钟校长汇报了自己的研究计划和以学术研究推动来华留学教育实践的初衷，也惴惴不安地讲到自己不是教育学科班出身……钟校长用爽朗的笑声打断我，“我也不是科班出身啊，我可是给发动机‘看病’的！国家设立教育博士项目，就是要培养区别于学术型博士的、能把教育理论与教育实践紧密结合的高层次人才。在来华留学领域，你就是科班出身！一定要坚定信心，踏踏实实补充教育学理论知识，研究教育国际交流中的真问题，提出能解决问题的真办法！”钟校长的目光炯炯有神，我震撼于校长对中国教育发展的坚定信心，感动于老师对初入门弟子的指教。那一刻，如沐暖阳。

此后，我非常荣幸地成为钟先生的弟子，也是他指导的第一个教育博士。钟先生为我传道、授业、解惑：鼓励我将工作实践与科学研究相结合，探求兼具理论和现实意义的教育研究成果；要求我工作与学业两不误，寻求两者间的最佳平衡；支持我在科研方面的探索，逐字逐句地修改我的课题申请材料和论文；关心我的点滴进步，鼓励我在工作和科研上再攀高峰。对学生的培养，他总是不遗余力。记得博士论文预答辩那天，钟先生参加重要会议未能到场，专家们提出的修改意见让我一筹莫展，更因论文和工作的双重压力处于几近崩溃的边缘。这时，我收到了钟先生的短信，问我预答辩的情况、告诉我他晚上会议结束可返回学校与我面谈。于是，当晚近十点我见到了风尘仆仆的钟先生。他认真听我汇报了专家意见和当前的难点，就论文结构调整等方面给予了详细的指导，更鼓励我说：“论文到最后的攻坚克难阶段了，一定要坚持住！”我的眼睛被泪水模糊了，感恩先生不顾会议劳顿第一时间给予精心指导，感谢先生及时缓解我的压力、坚定我的信心。那一刻，如饮甘霖。

完成学业后，我仍有幸常常得到恩师钟先生的指导。每次来见先生，他都会从电脑桌前快速起身迎接我，带着温暖的笑容说：“来吧，说说你最近怎么样啊。”我便谈工作、科研、生活，谈变化，讲困惑，求指导……钟先生有时讲他的建议，有时推荐书目和文章，有时分享他的经历。在这样的多次交流中，我学习了先生到陕北下乡插队的青春岁月、留校任教和赴英留学的科研之路、教育部高教司的行政工作经历，更深深地为他心怀国之大者、到党和国家需要的岗位上去、为中国教育事业的改革发展鞠躬尽瘁的精神所折服。钟先生是我为学、为事、为人的榜样。

去年10月26日,钟先生约我在办公室见面。他把病痛遮掩得那样好,未流露出一点痛苦和不安,还如往日一样关心我的工作、生活,谈着那些与疾病没有一丝关系的话题。除了清瘦,我看不出先生有一丝与往常的不同。临别,钟先生一如往常地送我到门口,提到他的健康,他爽朗笑道:"你看我这不是很好吗,咱们下次再约!"却未曾想到,那竟是最后一次见到他!

此后的日子里,我听到先生线上出席会议的致辞,看到先生线上参加师门学术活动、指导学生的照片,收到先生如往日一样迅速回复我的短信,表示他很好,不用来医院看,待到学校时再见……于是,我相信现代医学在与病魔的战斗中取得了胜利。直到今年4月6日,我发给先生请求到医院看他的短信迟迟没有收到回复……4月7日清晨,噩耗传来!怎么会?健康、矍铄、坚强如我师,竟然走了……说好的"下次再约",我竟再也等不到您赴约了吗?!那一刻,痛彻心扉!

最后的、与疼痛、病魔抗争的痛苦,钟先生未曾向我透露过一分一毫。他用常人难以想象的坚韧把我们隔绝在他的病痛之外,正如先生曾对我说过的他的做人原则——从不为任何自己的事打扰别人。在生命的最后时光里,对学生的关爱和保护仍然摆在他心头最重要的位置。我的恩师用自己的生命诠释了"大先生"的高尚与无私。

恩师钟秉林先生是杰出的教育家,终身致力于推动中国教育事业的改革和发展;是最有魅力的大学校长,为北京师范大学的发展鞠躬尽瘁……在我的心中,钟秉林先生最重要的身份是我敬爱的导师,他为培养我成长成才呕心沥血,以润物细无声的教诲让我懂得了教育的温度!寸草春晖,师恩难报,铭刻于心,永志难忘!

(作者为钟秉林教授2011级博士)

已识乾坤大 犹怜草木青

刘 丽

写下这个题目，心头又是一紧。一遍又一遍地追问：钟老师，您真的离我们远去了？走进您的办公室，还是熟悉的陈设：宽大的书桌上堆满书报期刊，门后衣帽架上一顶蓝灰色的网眼帽子和一个干洗店一次性的衣架，也都一一原样摆放。曾经在这里，多次聆听老师的教诲，从今往后，再也看不见听不到了，不禁悲从中来。

这些天，各方悼念老师的唁电和追忆文字纷至沓来，如同老师留给我们的最后一课，让我们得以再次深刻感受他不凡的一生。插队教师、留英博士、高校教授、高教司司长、大学校长、学会会长等，每一段经历无不书写着钟老师对中国教育事业的热爱。我也再次坚信世上真有一群像老师一样的人，他们是让人仰望的精神贵族。他们的性格是天真稚纯的，心地是美好良善的，生活是简单朴素的，工作是聚精会神的。他们的内心世界藏匿着非常坚韧的东西。这种东西是什么？是信仰？是理想？是情怀？是意志？是永远引领我前行的精神家园。

在钟老师众多耀眼的头衔中，他常说自己最在意的身份是教师。教师始终是他众多身份的底色。求学北师大，从游钟老师，是我生命中最珍贵的时光。正所谓“与公瑾交，若饮醇醪”。近于斯，浸于斯，不求则无之，愈求则愈出。老师的繁忙常人难以想象，他却总是在学生需要的时候第一时间回应。每当我在求学过程中感到迷茫、困顿、犹豫时，与老师的交谈总能帮我扫清杂念，拨开云雾，让我更自信、更勇敢、更坚定。凡人必有师，若无师，则严惮之心不生。我不会忘记钟老师在出差的间隙为我修改论文，从篇章结构到行文表述，从错别字到标点符号，他都一一耐心标注，认真严谨程度令我汗颜。我也永远铭记在北师大教育学部的毕业典礼暨学位授予仪式上，钟老师亲自为我正衣冠拨帽穗。有师如此，望之俨然，即之也温，听其言也厉，虽不能及，心向往之。

在北师大，围绕在钟老师身边，许多于我而言的重要人物共同构建了一种“场”。这是物理场还是心理场，我说不清。我只知道，在这里，一群意气相投的伙伴，在求知路上心怀虔敬，结伴同行，彼此关心，共同进步。在与师友日常点滴的交往中，我们建立了独特的情感联系，我感觉到自己的心和思想在悄悄生长，让我觉得为学之路不至于太过孤单，人生因此多了一分可爱。一个真诚互助、有爱向上的师友圈子让我感到人间值得。能够生活在人际的温带，这是幸运，也是幸福。

不幸的是，去年春天，老师确诊身患重疾。在治疗期间，他会特意从医院赶回学校与毕业生合影留念，他会在身体允许的情况下坚持参加师门定期举行的学术沙龙。照片里和视频会议中的老师，精神矍铄，面容却日渐清癯。我们每个人都无力挣脱体貌渐衰之羁绊，但是钟老师在患病期间，仍然惦念着许多事、许多人，与流年抗争之努力与毅力令人疼惜又叹服。多次想去探访，又怕给他造成不便，终未成行，改为短信问候，老师都像往常一样第一时间回复。原本以为他的病情已无大碍，岂料天不遂人愿。这种愧疚和遗憾，这些天一直在啮蚀着我的心。

老师常说：“铁打的营盘流水的兵，我们的北师大、教育学部、高教院也是如此，一年年迎来送往，都如流水。学成毕业的同学要记得常回家看看。”又是一年春满人间，天地清朗。学生们从四面八方回到曾经熟悉的校园，这一次，钟老师却永远地离开了我们。遵老师遗愿，后事一切从简。但是，钟老师留给我们的精神财富会在学生中一直传扬！

（作者为钟秉林教授2011级博士）

恩师印象

姚文建

昔我往矣，杨柳依依；今我来思，雨雪霏霏。恩师离开我们的这些日子里，除了无尽的怀念，经常的泪目，实在不愿、不敢拿起笔或打开电脑，写下关于老师的任何文字，因为我相信，恩师其实并未离开，一直陪在我们身边，一如往常。

获悉北京师范大学教育学部高等教育研究院将于 2024 年 7 月 26 日举办恩师追思会，可谓悲欣交集。遵嘱，回忆关于恩师的一些印象，并形成文字，缅怀恩师钟秉林先生。

一、师　生

“我最在意的身份始终是教师”，恩师 2023 年 11 月在接受《河北师范大学学报》专访时如是说。他不但这么说，而且做到了。恩师一生，荣誉无数，身份无数，但他始终没有忘记自己的“教师”身份和职责。在师门里，他关爱每一个学生，关心每一个学生的成长和进步。记得我入门求学时，赵应生老师、方芳老师和钟老师三位老师的学生都在一个研究室学习，人丁兴旺，非常热闹。钟老师将每一个学生都视同己出，公平对待，没有差别。每学期初，他会利用一切机会，或集体座谈，或三五个，或一两个一起，跟同学们交流情况，详细了解每个同学假期的生活、学习和家庭情况，并根据新学期情况提出具体要求，布置学习与研究任务。每学期结束前，他也会利用聚餐、学术例会、座谈等各种形式，跟我们一起总结、复盘，梳理本学期的学习、研究与生活情况，并给予大家各种肯定与鼓励。学期中的师门例会、读书会、专题会、学术分享会、预开题、预答辩等，他都尽最大努力参加，通过多种方式让参会的每个同学都充分表现自己和发表意见，予以鼓励、肯定和表扬，有时还给我们现身说法，讲讲段子，调侃一番，整个氛围既严肃认真，又轻松活泼，引得我们开怀大笑的同时又多有所得。只要有老师在，参加集体活动向来是大家向往和期盼的事，就像有一种神秘的魔力在吸引着我们。

在师门之外，老师亦无偏见和门户之见，相信接触过老师、求教过老师的同学都有这样的感受。据我观察和了解，一有机会，他便会跟同学们交流，分享自己的真知灼见。他对前来求教和请求帮助的同学们更是来者不拒，不论学生是哪位老师的弟子，是来自哪个院系、哪个学校，总是放下手头上的事务接待同学们，认真倾听、耐心解答，给出具体的意见和建议，能当场解决问题的便当场解决，不能当场解决的也是尽快解决，并亲自协调有关方面予以解决。在求学过程中，老师也鼓励我和同学们要多向其他老师虚心求教，探讨学问。

老师不仅仅关心同学们的学习，更关心和关注同学们的生活、工作和家庭情况，并给予各种关照。除了学习外，在与老师交流时，他还经常询问在职和已经毕业的同学的工作情况，并结合当前一些教育问题进行探讨，给出具体建议；对在学习和生活上暂时遇到困难的同学更是关怀备至，并以恰当的方式协助解决困难。

一有时间，老师总喜欢和我们待在一起，“腻”在一起。在很多时候，师门学术活动结束后，老师都留下来陪我们一起吃饭，尽管都是最简单平常不过的盒饭和工作餐，我们坐下来边吃边聊，往往是聊得多，吃得也不少。记得有一次，他还专门在研究室留下来，品尝了我做的“麻辣小龙虾”和同学们点的各种菜。这些过程，他很享受，我们也很享受。每个学期，他还会找各种“正当理由”请我们吃大餐，犒劳我们，让我们放松一下。

记得 2018 年 6 月底毕业前夕，我和王新凤师妹、于国欢师妹、艾忻师姐等一起策划一次师门旅行——坝上草原二日游，想邀请老师参加，放松一下。当我们把这个想法向老师汇报后，老师欣然应允，推掉了其它活动，排开时间，并且带上师母一起“与民同乐”，更是让我们喜出望外。经过一番张罗，2018年暑假，我们师生一起浩浩荡荡，如期奔赴草原。在草原上，老师彻底忘记了自己的身份，跟我们一起拜访位于草原深处的国欢师妹的老家，看望她的爷爷奶奶，在院子辨认各种蔬菜、瓜果，跟我们讲述他延安插队的往事，一起吃农家饭、参加篝火晚会、吃烤全羊、住农家乐、骑马、射箭、打靶、开卡丁车、碰碰车、吃各种小吃、乘船游湖、赏滦河源头落日……跟我们一样，像个孩子似的！

老师临终前几日，接见的还是自己的学生、放心不下的还是自己的学生，对有关同学的学习、工作和毕业都是各种交代，唯独没有自己。

回忆这些细节，总是让人幸福满满，又让人泪流满面。

二、治　学

老师治学严谨、勤奋善思，成果卓著、影响深远，这是大家公认的。同时，老师更能针对学生因材施教、言传身教，带领我们去做真研究、真学问。

老师积极申请相关国家级、省部级重大科研课题，并接受有关部委、地方政府、科研院所的委托课题，组建跨学科、跨部门、跨院校的科研团队，协同攻关，适度超前研究，从理论和实践上始终关注和回应党、国家和人民最为关心的教育问题。通过课题研究，他为同学们搭建了一个更为广阔的舞台和平台，让我们有幸成为当代教育教学改革的亲历者、见证者和参与者，以更高的使命感和责任感参与重大理论与现实问题研究，得以更好地成长和进步。

老师从不强迫我们任何一个人去做自己不喜欢的研究和课题，他总是充分尊重学生个人的意愿和研究旨趣，鼓励我们结合自身实际开展相关研究。我在确立和开题研究方向时，向他征求意见，他鼓励我自主研究，不要受现有研究课题的影响。在他的鼓励下，我在自身工作和课题之间找到了结合点和突破点，确立了进行远程高等教育政策与资源配置的研究方向和选题。

老师教育我们要“眼高手低”，也就是从大处着眼、小处着手来开展研究，要求我们充分进行理论调研、文献调研和实践调研，一定要在充分和全面理解、尊重他人研究成果的基础上，适当创新，提出自己的见解，不能为了创新而创新，不能为了创新而轻易否定他人的研究成果，即便没有创新，能把他人研究成果综述好、评价好，已经不错了，能在此基础上有一点个人创新，就非常好了。他从自身经历现身说法，教导我们研究重在积累，饭要一口一口吃，路要一步一步走，由小到大，由少到多，从量变的积累达到质变的升华。

老师鼓励和教导我们去研究真问题，他多次跟我们谈到，与国家改革开放进入深水区一样，教育综合改革也进入了深水区，各方利益诉求与博弈的多元性、复杂性前所未有；但公平与质量仍然是教育和教育改革的两大核心问题，这要求我们从更高的视野、更宽广的角度来看待和研究公平与质量，从而在更高水平上进行教育资源的筹措与配置，推进教育公平与质量，更好地回应党和国家的关切、广大人民群众的诉求。对此，我铭记在心。举一个小小的例子，近几年中，有一些学弟学妹或亲朋好友的孩子在考取教育类硕士博士准备参加初试、复试的过程中，通过各种方式找到我，就复习备考请我给予指导。我结合自己的理解，将教育公平与质量问题进行了系统梳理，鼓励他们围绕这两大命题复习备考，万变不离其宗。从事后他们兴奋的反馈来看，均取得了很好的效果。其实，最终要感谢的，还是恩师的教导，这是他们所不知道的。

老师还鼓励我们大胆突破思维定势、研究定势，积极开拓进取，进行教育研究布局，搭建教育研究新格局，开创教育研究新境界。比如，在我们高教所内和师门内，他就提出过，我们做高等教育研究的、我们高等教育研究所，能不能研究高等教育之外的问题，能不能研究学前教育、职业教育、民办教育？是完全可以的。经过全体师生的共同努力，我们高等教育研究院已在民办教育等相关领域取得丰硕的研究成果，奠定了自己的研究地位。

三、生命教育

写这部分时，我不知道该如何命名小标题，刚开始用的是“健康”或“健康教育”，经过长时间思考改为“生命教育”。的确，这也是最为让人难受和伤感的地方。老师用他自己的生命，给我们上了一堂终生难忘的生命教育课。

老师生前可谓时间管理大师，他把各种事项安排得井井有条，把自己的日程安排得满满当当，总是见缝插针地高效协调和推进各项工作，以至于从校长岗位退下来后，比原来更忙。我们也是经常劝告，请他适当休息。他总是说，等我彻底退下来（即不担任任何职位和学术头衔）后再好好休息，好好总结一下。他总是争分夺秒地去工作，去做事。用师妹王新凤的话说，他一辈子做了别人几辈子都做不完的工作。

然而，长期的高负荷工作带来的是身体的透支，最终拖垮了老师的身体。在老师治疗期间，他多次通过多种方式告诫和提醒我们学生，一定要注意休息，一定要注意健康养护和身体调理。每每听到这些叮嘱，我们总是心如刀割。

我们全体同学都以自己的方式、以同样虔诚的心为老师祈祷，祝愿他早日康复，再次回到我们身边。奈何医疗手段局限，治疗效果不理想，最终我们期待的奇迹还是没有发生。

在生命的最后时光，老师给我们上了一堂生命教育课，引导我们去追问生命的意义、人生的活法，教导我们去珍惜时光、珍爱生命和健康……

四、他　人

老师仙逝，各方吊唁、慰问电纷至沓来。但凡与老师有过交往，甚至一面之交的，都给出了高度的评价。答案是肯定的，获得大家一致认可的原因，是老师几十年如一日的切身实践和坚守，他用自己的一言一行在践行着“学高为师，身正为范”。下面，我附上身边的三位亲友对老师的追思和怀念。

第一位是我的爱人姜玉莲老师：

先生之风，山高水长。虽然今生无缘成为您的学生，但有幸作为学生的家属，从 2013 年就感受着您的恩情。从去年您生病以来，大家都祈祷奇迹发生。当爱人说您在除夕那天很精神，看他和新凤妹妹给您包饺子很幸福，我们为您战胜病魔而欣慰；当爱人 4 月 6 号晚上哭着说您状况不好时，我们内心无比担忧……没想到第二天一早，爱人打电话哭着说您驾鹤西去了……这几天一直不敢看朋友圈，您的学生和教育界同仁对您的追思，天地同悲，日月同泣。今天再拿出您在病中为我写的学术鉴定，不觉再一次泪目。依依似君子，无地不相宜。您脱去校长光环，温暖了身边的每个人，却唯独亏待了自己。千古流芳名，亮节昭后人。祈祷天堂没有病痛，您幸福又安康……谨以此悼念北师大原校长钟秉林先生，先生千古！

第二位，是我多年的好友，同时又是政协会议小组秘书闫志刚先生：

作为全国政协会议小组秘书，曾连续三年服务钟校长所在的教育组，每一年都是十余天的相伴。虽时隔十载有余，但钟校长举止中的那份亲切和蔼，言语中的那份儒雅淡然依然清晰浮现脑海。每次会议，钟校长都提交多份提案，多次建言发声，他用行动践行了作为一位教育工作者的使命、作为一名政协委员的担当。作为现场倾听者、记录者，我深切感受到钟校长的殷殷教育情怀、谆谆师者风范。今天再次想起钟校长，悲痛中却无以言表，不由想起了启功先生书写的师大校训：学为人师、行为世范。

第三位是我的好友、科学出版社的编辑乔宇尚女士：

有幸和先生合作过，先生的师者之风、长者之范，令人如沐春风。

2017年年末，我策划“中国教育改革40年”丛书项目，先生愉快地答应担任丛书主编，就丛书整体结构给出建议，并推荐主编人选。第一次编委会在出版社召开，先生肯定了丛书项目的意义，明确了丛书的立意和主线，并就各分册的提纲提出具体指导意见；并且提出，可以拿出他个人的经费支持丛书项目，并交代北师大的周海涛教授，也是《民办教育》分册的主编，如果需要的话，协助我做些事务性工作。会后，我把会议纪要发给先生，自认为做事还算认真的我，收到先生的回复后不禁汗颜，邮件中先生做了非常细致的修改，包括标点符号！那之后，任何与先生的邮件往来我都会再三检查。先生躬身入局，言传身教，令人折服！

第二次编委会在南师大召开，先生在参加江苏高教的会议间隙赶过来，听取大家的汇报，具体指导项目推进。丛书出版后，先生还帮忙联系教育类的核心期刊进行宣传，先生的提携和关照令人感动！

有一回先生联系我，说计划出本专著。做先生的书是我求之不得的事！报选、签合同，两天之后，我接到先生秘书的电话，先生特意叮嘱他，办妥之后给我交代一声。先生的细致周到让我感怀！

感恩先生和各位主编的倾力付出，丛书获奖颇多。向先生汇报，先生也很高兴，还说今后有机会继续合作，让人心生期盼！

以后每到春节、教师节，我给先生发去问候，总能收到先生亲切的回复。

确实还在期待有机会再与先生合作，没想到竟再无可能！

五、不是告别

恩师仙逝后，我和同学们的一致感受就是开篇所说的那样，我们深信：恩师其实并未离开，一直陪在我们身边，一如往常。我想这是有道理的，只要老师的理想、信念、风骨在这世上被他的学生们所秉持、传承，被其他人所称颂和传播，老师就永远活着，永垂不朽！

老师生前唯一牵挂和放心不下的亲人是师母。我和同学们都在用自己的方式，都在用师母所能接受的方式与师母沟通，提供力所能及的照料，师母也非常欣慰。老师在天有灵的话，敬请安息！

（作者为钟秉林教授2012级博士）

永怀恩师初心，砥砺前行

夏欢欢

2024 年 4 月 7 日，恩师钟秉林先生与世长辞。我失去了一位敬爱的导师，失去了一位人生引领者，更失去了一位亲如慈父的长者，悲痛交加，无以言表。

回想起与钟老师相处的点滴，过去将近 17 年里的每一个瞬间，就像一股股暖流，流进我的心田。初见钟老师，他是我心中那遥不可及的高峰，他学识渊博、修养高雅，却始终保持着谦逊与平和。有幸进入师门后，即便在公务极其繁重的情况下，他也保持每周一次谈学术研究的频率，他用言传身教的方式，让我明白什么是真正的学问，什么是真正的人生价值。他教会了我很多，但是给我影响最大的是他对中国教育的爱和奉献。

读博士那会儿的我，还带着一丝年少轻狂，总是喜欢带着批判的眼光看待中国教育，每每跟钟老师探讨问题时，他总是耐心地倾听完我的批判，然后会鼓励我多从建设的角度来思考解决问题的对策。那时的我内心深处隐约是不赞同的，心想很多问题必须彻底改变方有成效。随着年岁的增加，加上国外的学习经历，我越来越体会到他那样坚持的道理，也终于明白他内心深处对中国教育的这一份爱有多深沉。

他总是说，1969 年去延安插队的时候，条件非常艰苦，每天要参加高强度的体力劳动。在四年多的插队生活中，他也曾迷茫过，不知自己的未来在何方，但他始终没有放弃学习，每天干完繁重的体力劳动后，他便在昏暗的煤油灯下阅读经典著作，复习和自学初、高中课程。当时插队的村里急需教师，他便做了民办教师，那是他第一次体会到为人师者的压力和责任。他说这段经历是他人生中最宝贵的财富，在那儿他了解了真实的社会，深刻体会到中国教育的不易，这对他人生观和价值观的形成产生了重要影响。1990年，他作为国家公派的高级访问学者到英国进修，之后在导师布莱德先生的努力劝留下，他留下攻读博士学位，并在四年后以优异的成绩顺利拿到了博士学位。在扎根中国大地后，国际的视野让他从另外一个视角审视中国的教育，也让他更加坚定地想回国为中国的教育做些什么。

当时博士二年级的我并不能完全理解他说的这一切，博士三年级我顺利申请到美国哥伦比亚大学联合培养的机会。在那一年里，当我以一个亚裔博士的身份在异国他乡学习时，我深刻体会到中国教育与美国教育的差距。在看到无数个博物馆里那流落在异国他乡琳琅满目的文物时，我的内心深处升起对祖国浓浓的怜惜。我们从新中国成立初期的一穷二白、全国文盲率高达80%以上的情况下，用了短短70多年，就已经努力追上了发达国家的脚步。尽管中国的教育仍然存在很多问题有待解决，但是作为中国的教育人，我们需要有耐心，我们可以贡献自己的所知所学，无数代教育人一起努力，来更好地完善它，建设它，这也是为什么钟老师回国后，始终坚持走在中国教育改革的前列，不断为中国教育的改革和发展作贡献。直到那一刻，我才真正地体会到，我的恩师是一位高维的智者，他带着悲天悯人的情怀，带着中外融合的国际视野，扎根中国大地，兢兢业业地在自己的工作岗位上工作，直到生命的最后一刻。他让我感动，让我敬佩！

此刻的我内心深处再次涌起巨大的悲痛和失落。我知道，他仍然是我永远无法企及的高峰，但是我愿秉承他的遗志，传承他的精神，在中国这片热土上，为教育事业的不断完善奉献自己的微薄之力。我会继续小心地怀揣恩师的那份初心，砥砺前行。

（作者为钟秉林教授2012级博士）

烛光长明 师恩永念

刘盼瑜

2024年4月7日，我正带学生赴德国参加文化交流。下飞机后惯性地打开手机，一条来自同窗好友的消息瞬间映入眼帘——“钟老师去世了”。那一刻，周围的喧嚣仿佛凝固了，整个世界都安静了下来，只剩下自己剧烈的心跳声。我呆立在原地，不敢相信自己的眼睛，心中反复念叨着：“这怎么可能？过年的时候，我还给老师发了信息，老师还一如既往地回复了，这才短短几个月的时间。”我颤抖着双手，第一时间打开师门群。群里，老师辞世的消息闪入眼前，我的泪水瞬间决堤，怎么也抑制不住，思绪不受控制地飘回到那些与老师相处的岁月。曾经的点点滴滴，此刻如潮水般涌上心头，每一个画面都那么清晰。

2012年，我怀揣着对知识的渴望和对未来的憧憬，踏入了北京师范大学的校门，心中满是对研究生生活的期待。第一次看见钟老师，是在师生见面会上，他衣着朴素，整个人看起来精神抖擞，脸上带着温和的笑容，眼神中透露出睿智与慈爱。钟老师的声音醇厚而富有磁性，每一个字都仿佛带着一种独特的魔力，吸引着所有人。他气质儒雅谦逊，举手投足都流露出深厚的文化底蕴，让人不由自主地心生敬意。

当得知自己能够跟随钟老师一起学习时，我的心中涌起一股难以言喻的荣幸与自豪。在那一刻，我仿佛看到了自己未来的学术道路上，有了明亮的灯塔，指引着前进的方向。我暗暗下定决心，一定要珍惜这个难得的机会，努力学习，不辜负老师的期望。

研一的生活满是新奇与迷茫。面对琳琅满目的课程，我有些不知所措，在一次谈话中，老师微笑着询问我选了哪些课程，眼神里满是关切。他耐心地给我讲解研一课程的特点和重要性，像一位经验丰富的领航员，为我指引着前行的方向。得知我本科是学工学，毫无文科基础时，老师并没有丝毫的担忧和质疑，而是鼓励道："基础薄弱只是暂时的，只要有决心和毅力，一定能在这个领域取得好成绩。"他的话语如同一束温暖的阳光，驱散了我心中因自我怀疑而产生的阴霾。在他的鼓励下，我逐渐放下了心中的包袱，开始勇敢地迎接文科学习的挑战。钟老师还特别强调，要经常向师门的师兄师姐请教，他们就像一群先行的伙伴，走过了我即将要走的路，能给我最实用的经验和建议。于是，在之后的日子里，我也常向师兄师姐们请教学习方法，在他们的帮助下，我慢慢掌握了文科学习的窍门，逐渐适应了研究生的学习节奏。

每学期初，钟老师总会精心组织师门聚会。在聚会上，他耐心倾听每一位同学分享假期的见闻和新学期计划，无论是生活中的趣事还是新的研究计划，他都听得津津有味，不时还会点头赞许，提出一些有趣的问题，引发大家去深入思考。同时，钟老师会根据每个人的分享，给出细致且有针对性的意见和建议，这些建议让我们在新学期的学习和生活中有了更明确的方向。

钟老师的工作特别忙碌，各种学术会议、科研项目占据了大量的时间，但即便如此，他也从未忘记关心我的学习和生活。有时，他会突然出现在师门工作室，和我们聊上几句，询问最近的学习进展，有没有遇到什么困难。当他实在抽不出时间时，也会细心地嘱咐师门的其他老师或师兄师姐询问我的学业进展。这种无微不至的关怀，让我在研究生的学习生活中，始终感受到一股温暖的力量。

时光飞逝，转眼到了撰写毕业论文的关键时期。我的论文选题聚焦于多所高校学生工程能力的比较分析，这就意味着需要在不同高校开展大规模的问卷调查，以获取充足且有代表性的数据。然而，一想到要在众多高校中发放和回收大量问卷，我就感到特别焦虑。在一次与他的交流中，我鼓起勇气将心中的焦虑告诉了老师。老师听完我的讲述后，安慰道："别担心，这不是什么解决不了的问题。"随后，老师主动利用自己的人脉资源，帮忙联系不同学校的相关负责人，为我争取到了在这些学校开展调研的宝贵机会。不仅如此，他还专门安排了师门里经验丰富的方芳老师带领我去做实地调研。在调研过程中，方老师始终陪伴在我身边，给予我悉心地指导和支持。在钟老师和方老师的帮助下，我收获了大量高质量的调研数据，最终顺利完成了毕业论文。

还有很多很多的瞬间，当时只道是寻常，现在想想，正是老师的悉心指导和无私帮助，让我深刻体会到了良师的重要性，他对学生的爱时而如大山之磅礴有力，时而如涓涓细流之温暖细腻。他的教诲和精神，将永远激励着我在学术的道路上不断前行。

在我的记忆深处，老师的音容笑貌总是那么清晰，仿佛他从未离去。每次与老师见面，他总是神采奕奕，精神抖擞，脸上洋溢着如暖阳般的笑容，那爽朗的笑声，如同一股清泉，流淌在我们心间，让人倍感亲切，充满力量。

如今，老师已经离我们而去，但他的音容笑貌，他的谦和、敬业、严谨、无私，都已深深地烙印在我的心底。他的精神品质，将永远活在我的心中；他的教诲，如同一盏明灯，将成为我一生的财富，指引我在人生道路上不断前行。在未来的日子里，我会带着老师的期望和教诲，努力前行，让老师的精神在我身上延续。

（作者为钟秉林教授2012级硕士）

木铎金钟，我们永远的信仰和方向

卢雪霞

我是钟老师2013级的硕士。2013年，钟老师已经从北京师范大学校长的职务上卸任了，任中国教育学会会长，但还是有很多老师和同学习惯地称呼他为钟校长。我记得当时开学所里(现改名为“高等教育研究院”)第一次召开师生见面会的时候宣布了各位同学的师门以及导师，钟老师因为其它公务安排并未出席，但听到能够进入钟老师的门下，我和其他两位同级的同学都感到十分幸运，非常激动。

在硕士生阶段，钟老师因为公务繁忙，直接指导我们的时间和机会并不是很多，但师门在钟老师的言传身教下，已然形成了“传、帮、带”的优良传统和风气。我们在学校的日常事务主要由F老师负责，平常学习和科研上有什么问题，师兄师姐也都很乐意为我们指点和解答。就连已经转岗到其它单位的Z老师，也经常在下班之后来学校，关心和了解同学们的在校情况。尽管工作很繁忙，钟老师还是坚持在每学期初和每学期末和师门的同学们见一见，了解大家的近况，学习和生活上有没有遇到什么问题。虽然和钟老师的谈话大部分像是很平常的拉家常，却让外出求学的我们感受到家人般的关心和温暖。

我刚进入师门的时候，和钟老师并不太熟悉，总想象他是一个严肃而且严厉的人。后来常常听到师兄师姐讲和老师相处的趣事，慢慢接触下来，才发现钟老师其实特别平易近人。后面在和钟老师的点滴相处中，我也学习到了很多很多。印象比较深刻的一次是，当时所里组织迎新年晚会，鼓励每个师门都要出节目。当时湖南卫视的一档综艺正在热播，师门的师兄师姐们根据主题曲改编了一首《老师去哪儿?》。当天晚上表演的时候，我把改编的歌词打印出来准备拿给钟老师时，却看到他从自己的上衣口袋里拿出来了自己打印的纸张。当时是我第一次对钟老师对待学生的态度和做法有了整体的认识。学生的事情，无论大小，钟老师一直放在心上，即便是一个自娱自乐的节目，钟老师也愿意花费时间，配合同学们表演。

在读研期间，有幸两次跟随钟老师到浙江和上海调研试点实施高考改革相关情况。在外面调研，往往白天的行程都很紧凑，但钟老师每天晚上还有其它工作安排，有时候常常加班到深夜，第二天依然一大早就起来和我们讨论当天调研的内容。外出调研的时间虽不是很长，但老师严谨治学、忘我工作的态度和精神一直影响着我。

三年的时间转瞬即逝，很快就到了毕业季。我也不可避免地遇到就业的烦恼和压力。我记得钟老师曾语重心长地跟我们说，无论是升学还是就业，第一要自信，第二要做好充足的准备，第三要勇于接受结果。钟老师的话不管是在我毕业季找工作时，还是毕业之后的职场、工作和生活中，都一直如一盏明灯般指引着我。后来我确定要到深圳的一所学校工作，临别的时候，钟老师说有机会会来我们学校看我，如我在工作中遇到了什么困难，也可以随时联系他。后来，我真的很快在我工作的学校见到了钟老师，当时的惊喜和激动真的是难以言表！钟老师真的像是对待自己的孩子一样地对待学生。他对学生的承诺，他都做到了！

毕业之后，每年过年都会给钟老师发祝福短信，以往他的回复都非常快，但今年明显感觉他回复比较慢。加上之前在师门群里偶然看到有其他师兄师姐在关心老师近期的身体情况，当时我心里有隐隐的不安，但想着，或许就是之前工作太劳累了吧，偶尔也能在师门群里看到钟老师参加读书会的照片，感觉他精神依然矍铄，应该是问题不大。4 月 7 日上午 8 点多，我像往常一样打开微信，想看看有无需要立即处理的工作信息，却发现师门群里有很多条未读的消息，乍然一看，写着：恩师千古。那一瞬间，竟然是在怀疑自己是不是对这些字的理解错了。翻到了公告，才知道师兄告知大家，钟老师在今天早上与世长辞了。震惊！难以接受！到了下午，看到很多单位的唁电，我才慢慢地接受了这个现实：钟老师真的永远离开了我们。

那几天，整个师门都沉浸在极度悲伤的氛围中。群里的师兄师姐、师弟师妹都自发地发出和钟老师相处点点滴滴的文字或者是钟老师生前的故事或照片，大家一起以自己的方式深切地缅怀着他，不知不觉泪流满面。自疫情以来，我和钟老师没有再见过面，没想到却突然收到他溘然长逝的消息。遵老师遗愿，后事一切从简，也没有机会再送老师最后一程。很多话还来不及说，很多教诲还来不及聆听，很多感谢还来不及表达。我想，继续认真做好本职工作，努力过好当下的每一天，就是传承钟门精神最简单、最朴实的一种体现。只要老师的故事依旧在我们、在很多人的口中流传，那么他就一直活在我们的心中。

（作者为钟秉林教授2013级硕士）

追忆恩师

陈　霄

追随博士生导师钟秉林教授求学的五年，令我一生难忘。

钟老师在高教领域建树颇多、声誉甚隆，却非常平易近人；重信然诺，有君子古风，与学生约定时间，从不迟到。记得有一次我有一个文件需要导师签字，约了早上9点钟，结果迟了一刻钟才赶到，我以为只迟到一刻钟无关紧要，既没跟钟老师说明，也没注意到手机上的未接来电。等我到的时候，导师已经在收拾笔记本电脑预备出门了，因为他要赶赴下一个会场，匆忙签过字后，他说："如果你再不来，就要到英东楼去找我了。我就不送你了。"两相比较，心生惭愧。

印象中，钟老师从未声色俱厉地批评过学生，从来都是言语温和地肯定学生、鼓励学生。学生的一句请求，他无论多忙，都记在心里，尽最大力量帮助解决，给予我悉心的指导与帮助，有教无类的教育理念在他身上得到了极大体现。

钟老师逝世后，适逢学校开启新的"四有"好老师荣誉奖章遴选，我询问是否可提名追授钟老师？组织方告诉我，这些荣誉，钟老师在生前已婉拒多次。

名利如浮云，声望在人心。望钟老师在另一个世界安好。

（作者为钟秉林教授2014级博士）

最后一课

王新凤

送走老师，破碎的身心开始慢慢复原，依然会在某个时刻泪流满面，但不会再在夜里突然惊醒，开始正常的生活、工作，也开始尝试用文字记录老师给我们上的这最后一课。

一

2024 年 4 月 7 日早上，我在外地调研，正准备去会场，听到了老师离开的消息，第一时间抢到了最早的返程机票，故作镇定地来到会场准备完成上午的工作，但很快各种求证和问候的消息扑面而来，我冲到会场外失声痛哭。相比很多人，我有一年的时间做心理准备，但没想到这一天真的到来，依然这么猝不及防，痛彻心扉。

去年春天，老师体检指标异常，指向不太好，老师非常镇定，收拾了办公室，给我交代了一下，选择按照医生建议，开始积极住院治疗。期间老师牵头的各项工作都在同步进行，甚至比以前更加加快了脚步，我不止一次地想，生病了不就应该好好休息吗，不就应该全部放下吗？后来我也慢慢说服自己，每个人的使命和责任不同，老师这一生注定不是平凡的一生。

这期间，他牵头北京师范大学等多家单位成功申请了一项国家重点研发项目，每一次课题论证会他都从医院赶到现场亲自答辩，2024 年 1 月 20 日课题启动会，医生不让他出院，他就在医院录好了视频在启动会现场播放，声音虽然有点嘶哑，但他思维敏捷、掷地有声。春节前见到老师，虽然比以前瘦了一些，但他依然健步如飞，谈笑风生。所以当我4月5日因为要出长差前去辞行，听着他像往常一样嘱咐我自己也要注意身体，我依然天真地以为，他一定能够等我们回来，等我告诉他事情都做完了，让他好放心……我特别后悔的是，我不应该总是一厢情愿地相信他，他勉力支撑，我就以为真的没事。

二

回到北京，拖着行李箱赶到办公室，开始准备老师的生平材料，我特别后悔没有在他在的时候，好好聊一聊他的生平。每次说起要不要也写个口述史，他就说没什么好写的，有多家期刊约稿给他写记叙性的文章，每次他都说："我的风格你知道，婉拒吧。"有期刊约稿名家观点，定稿后对方说需要有个简单的小传材料放在封二，他才不得已接受。我和学生整理完材料给他看，他修改了部分文字，说太过誉了。实际上我们知道他一贯谦逊、低调，文字已经很平实了。

老师离世后，在各家期刊、高校、媒体及各界同仁的追思中，我们开始"拼凑"老师的生平，他们文字中的老师与我们心目中的老师既相似，又不同。在董嗥老师发的照片中，他是黄土高原上那个眼里有光、卓尔不群的京城少年；在东南大学的缅怀中，他是那个在工学领域、管理岗位辛勤耕耘的教授和管理者；在教育部相关领导的话语中，他是那个只要工作需要就会应援的老领导；在洪成文老师的追忆中，他是那个推动了北师大中外合作办学和高等教育学科建设的重要贡献者……还有很多认识不认识的同行、同学，每个人都说老师给予了支持、给予了帮助，我们一遍遍地回忆，也一遍遍地心酸，老师在繁忙的工作之余到底做了多少事、帮助了多少人，又有多少我们想象不到的辛苦。

三

当然，无论老师担任过什么重要职务，做过多么重大的项目，在我们心目中他始终是那个爱生如子的老师。

2004年，我从北师大教育学院硕士毕业，作为硕士生代表与博士生一起参加学位授予典礼，此时担任校长的老师挨个为学生拨穗，我清晰地记得，到我的时候，他问我："你是哪里人？"我说："山东。"他问我："你是什么专业的？"我说："教育社会学。"当时天气炎热，他满头大汗，衣衫都湿透了。我从未想过，从此以后与老师的师生缘分会横跨20年！

2015年，我到北师大攻读高等教育学专业的博士研究生，开始了三年的苦读生活。博一的时候，因为孩子小、身体也不是很好，去学校少，见老师并不多，有一次在学校听老师公开讲座，我坐在大教室的最后一排，课间休息时老师被同学们团团围住，就看老师越过人群，径直走到我跟前问我："你怎么样，身体怎么样，学习怎么样？"从博二开始一直在办公室写论文，老师每次出差回来都会到办公室来坐坐，跟我说他去了哪儿做了什么事，然后问我："说说吧，你怎么样？"我那时候拘谨、木讷，只简单回应两句。我选择高考改革做论文选题，2017年跟随老师去厦门大学参加恢复高考40周年论坛，中场休息时他从前排突然起身走向主持人，跟与会代表说："我的学生需要做一份调查问卷，麻烦大家填好后放在座位上，学生会去收。"读书和工作的九年间，他带我参加了浙江、上海、山东、北京、海南、湖南、广东、黑龙江、吉林、江西、陕西、青海、宁夏等五个改革批次13个省份的高考改革跟踪评估，每次他都会对同行的专家、领导说："这是我的学生，她做高考改革研究，请你们多多指教。"我每次都束手而立，不知所措。我也很少说我是老师的学生，直到2018年5月，我完成了博士论文答辩，在英东楼8层的楼道里，同学们簇拥着老师拍照留念，老师主动走向我说："来吧，我们一起拍一张。"那一刻，我才第一次在心里承认我是老师的学生。

2018年留校任教后，在项目实施和学术研究中老师给我了充分的信任，我拥有完全的学术自主权，搞不定的时候才会向老师求助，老师也会毫不犹豫地施以援手，然后轻描淡写地说一句："行了，可以了。"我就一路在自己感兴趣的领域策马扬鞭，他也总不吝啬对我的认可："感谢你的贡献”“都是你自己努力的结果”“在这个领域里你是专家，应该有这个学术自信。”在老师日复一日年复一年的鼓励中，我也愈发自信从容，体会到了学术自由和自我实现的快乐。如果老师是太阳，我就是一颗小星星，慢慢散发着自己的光。老师性情平和，也从来没有批评过我，哪怕说一句重话，我有一次提到这一点，他说：“你要仔细听，能听出我的表扬里也会有批评。”可惜学生生性愚钝，一直也没有听出来。

他对每个学生都是如此，真正做到了因材施教、有教无类，他对生活、学习、研究有困难的学生会付出额外的努力和关爱，在他眼里没有一个孩子不值得教、不值得爱。常有人说：“你导师是钟校长，应该很忙、很难见到吧。”但事实上他只要不出差，每天都在办公室，每个学生都可以推门而入，和他聊一聊；他会参加师门几乎每一场学术沙龙，对学生的分享逐一点评，充分给予鼓励，但也会委婉地表达建议；疫情期间的每个春节前夕，他都会和学生在办公室一起吃饭、一起过年……去年师门毕业或者出站的硕士、博士、博士后一共有 11 个，无论是学习、论文甚至找工作，可以说每一个他都付出了心血。拍毕业照的时候，是他在医院治疗的间隙，校园内每个打卡点都拍了大合影，还与每个学生拍了单独的合照，我担心他身体太累只想尽快结束，但他每拍完一个地方都兴冲冲地说：“好了，再去哪儿拍？”所以，几乎没有人能看出来他生病了，只觉得老师头发白了些，但依然是那么精神矍铄，风度翩翩。

四

老师溘然长辞，所有人包括学生都深感突然，是因为他的教学、研究、社会活动依然保持常态，能参加的就参加，不能到场的就线上参加，直到生命的最后一刻。

他早说过丧事从简，只是那时候我无法接受，每次都打断他的话。我现在很自责很后悔，应该仔细听他说一说，说一说这最后一课的讲义。而此时此刻，他上完课，潇洒转身，只留下我们呆在原地不知所措。听到老师辞世的消息，同门兄弟姐妹陆续回到办公室，他们接受不了这个现实，不知道该去哪里凭吊，不知道该在哪里哭一场，不知道该如何面对未来的日子。也是这最后一课，老师教会我们每个人直面生命的终极意义：如果生命终将逝去，身边的一切都不是永恒，我们又该如何选择、怎样过好这一生。

我一次次围着校园奔跑，一次次泪流满面，有一天坐在牡丹园的长凳上，鸟语花香环绕，一阵微风吹来，我突然释然了。人由原子而来，回归原子而去，皆是寻常。先生这一生，对我们，对他人，对教育事业，对这片土地，深爱过，努力过，无不尽心，不枉此生。我们也一样，做老师的学生，何其有幸！或长或短，或近或远，无不享其恩惠，受其教诲，秉承先生遗志，过好我们这一生，即是传承，是回报，是怀念，是圆满。

所以，至今，我都不觉得老师走了，只是这几天没见到。

（作者为钟秉林教授2015级博士）

师者如炬，师恩难忘

白航源

写下这段文字时，距您辞世已有100天整，翻看手机相册时，看着或静态满眼慈爱的您，或动态与大家在一起谈笑风生的您，又开始无比想念您！

真的很愧疚，毕业后与大家的联系不再频繁，总以为来日方长，总以为好多话可以慢慢讲，可是再次重返学校，您却已经不在！在后主楼慢慢地转了一圈，想起研究生生涯中与您相处的点点滴滴，心中满是温暖与感激。您总是以渊博的学识、严谨的治学态度引领着我们在学术的海洋中探索前行，每一次的师门会议，每一次的讨论与指导，您都可以快速地洞察到问题，通过深入浅出的讲解，让复杂的理论知识变得清晰易懂。

在生活中，您亦是我们亲切的长辈，关心着我们的冷暖，分享着我们的喜怒哀乐。您总是会笑意盈盈地问大家："XX师兄近况如何？""XX师姐最近怎么样？"即便大家已经毕业了很久，也依然时常被您记挂！您对每一个学生的关注和指导，都饱含着您对教育事业的热爱和对学生的殷切期望。您慈祥的笑容、温暖的目光，至今也无法遗忘。

我时常在想，究竟什么才是师者的伟大？是您让我明白，这种伟大在于对教育事业的无私奉献，在于对学术的严谨态度和对真理的不懈追求，在于用自身的智慧和经验，帮助学生塑造正确的世界观、人生观和价值观。我坚信，您对教育领域的卓著贡献，对我们的谆谆教诲，是能够超越时间与空间的强大力量，终将化作我们人生旅途当中最为珍贵的财富。

愿您在天堂安息，敬爱的钟老师，我们永远怀念您！

（作者为钟秉林教授2015级硕士）

伯乐难觅 薪火相承

位 星

千里马常有，伯乐不常有。尝闻先生之风，山高水长，胸怀华夏，至诚报国。山不让尘，川不辞盈，常以为党育人、为国育才之思，召东西南北学子于一堂，聚天下英才而育之。从游学之，同袍乐之，如松柏之茂，无不尔或承。

先生翩翩君子，温润如玉，危不避世，险不辞难。少时插队延安，艰苦奋斗，苦中作乐；青年扬鞭奋蹄，刻苦攻读，成绩斐然。执教东南机械工程，专业突出、游刃有余；履任高校校长、高教司司长，锐意革新、政绩卓著。海外深造，孤身求索，学业有成；学成归国，扎根实践，屡克时艰。先生由理工转攻人文，囊华夏及海外真谛，高瞻远瞩、系统思维，身兼数职、多策并举，横跨基础、高教、职教多个专题领域，探索以师大为典范的强化特色、综合发展道路。先生立功、立德、立言三不朽，皆以精诚竭虑、天下为公、著述不殆，为时人称颂。

承蒙方芳老师引荐，得幸拜入师门。沐春晖，从游虔学古今中外高教义理；怀师恩，常念先生儒雅宽厚为人师范。先生音容犹在眼前，谦然古朴之风深铭心间。一是人格独立、思想开明，敢为天下先。先生常以面向未来之心、国家民生之思、高教学者责任，通盘筹划人才培养、科学研究、社会服务，系统思考《大学的走向》、《教育的变革》，锐意进取，谱高教改革发展新篇章。二是实干当头、虔信笃行，为人民服务。先生坚持边干边学、边学边干，把脉时代脉搏，关切民众心声，掌舵大学转型建设、新高考改革、“全面二孩”等实践研究，心系乡村教师和农村留守儿童，密切关注国家创新人才培养和基础教育改革，躬身实践为人民服务信条。三是自信从容、实事求是，功成不必在我。先生常以海纳百川之心勉励学子、提携后辈，以兼容并蓄之魄鼓励百家争鸣、万花齐放，以泰山稳健之姿拥抱万千新变化、喜迎千难万险苦。先生以赤子之心，身体力行践行“求真求善求实”，以民族脊梁之魂，言为士则垂范“不争不惧不忧”。先生心有大我，仁有大爱，启智润心，乐教爱生，以生命书写教育家精神。

先生已逝，木铎钟声犹在，创新实践之风犹在。吾辈当秉承师志，相承薪火，投身新时代中国教育研究与实践，赓续文脉、扎根实践、虔信笃行。

（作者为北师大高教院 2015 级硕士）

深切缅怀恩师钟秉林先生

谢莹莹

春雨纷飞杨柳絮落谁家，梨花带泪清明后扫墓沙。2024 年 4 月 7 日一早，惊闻恩师钟秉林先生仙逝，不胜悲痛，涕泪交加！

何其有幸得遇良师，这一生的师生情谊是我成长道路上的宝贵财富。我的本科毕业证、硕士毕业证上均有北师大校长钟老师的签名，攻读博士时又有幸投入钟门。这 21 年与钟老师、与北师大的缘分，是我生命中的一段际遇，更是生命中最美的奇迹。尽管此前对钟老师的身体状况略知一二，但内心始终坚信，以老师当年健康矍铄、健步如飞的精气神，击退病魔指日可待，不成想生命终究无常，自然却是无情。

从协和医院跟着车子一路送别到八宝山的漫漫长路上，一遍遍翻看着这几年来与钟老师的信息往来，回忆着成为钟老师学生的这几年的点点滴滴，不禁凉风窗前凝神久、两行清泪湿衣襟。往事依依，泪眼蒙眬，千言万语道不尽对您的思念与感激。

依稀记得 2007 年 6 月 28 日的本科生毕业典礼上，钟老师儒雅谦逊、风度翩翩出席仪式并讲话，他希望毕业生秉承“学为人师、行为世范”的校训，严谨笃学、自强不息、勇于创新，要目标远大、追求卓越。典礼结束后，钟老师面前排起了长长的欲单独合影的队伍，我亦是其中之一，无奈因为后续安排未能拍上，包括后来的硕士生毕业典礼。时光荏苒，满满的遗憾欲言又止却也只能埋藏心底。不承想有一次，钟老师作为调研考察组专家来到我工作的学校，才得以与钟老师建立了联系。恰巧当时我们北师大校友会宁波分会的几位发起人正在为校友会的筹办一筹莫展，我们想到了钟老师，并且主动向钟老师发起了求助，钟老师欣然相助，还于百忙之中多次关心支持校友分会的筹建工作，并在校友分会成立后几次莅临指导，了解分会发展近况，关心分会校友成长。“钟老师仁慈博爱的人格魅力、匠心独具的教育智慧，将永远为北师大宁波校友所铭记和缅怀，也必将激励北师大宁波校友砥砺前行、薪火相传。”这是当时惊悉钟老师逝世后，北师大校友会宁波分会受宁波校友委托所拟的唁函中的一句话，以表达对钟老师辞世的沉痛悼念和深切缅怀。

后来有幸成为钟老师的博士生，在相对近距离了解恩师后，才明白学界对钟老师“学贯中西，学通文理，为民族的发展寻求教育改革之路，为北师大面向现代化的发展作出有深远影响的创新探索”的评价之内涵。钟老师为中国教育改革与发展付出了毕生心血，他坚持用宏观视角与系统思维研究教育，广泛涉及基础教育、高等教育、民办教育等研究领域，是一位令人景仰的著名教育家。钟老师在日无暇晷的学术和行政事务中，仍然秉持着矢志不渝的奋斗精神、精益求精的治学态度、求真务实的学术作风、诲人不倦的育人理念，让作为学生的我们深感叹服和荣幸。读博时，每当带着困惑敲开钟老师的办公室，他总会即刻放下手头工作，给予悉心指导：聊选题、定方向、谈方法、议难点、改瑕疵、论取舍，有时还聊聊工作、家庭甚至孩子，回忆起来这是何其温馨的时刻；每当跟着钟老师团队外出调研，他总能带领我们在“田野”中开拓视野、收获新知、指引方向；每当听说钟老师为钻研学术，常常伏案写作到深夜时，总会心生敬意而备受激励；每当收到钟老师在学术论文上一字一句批注修改的邮件时，总会感动不已、热泪盈眶，这是一位日理万机的大学者手把手地教授、引导学生在学术的道路上成长，这是何其悉心地爱护和浇灌；每当有工作上的棘手之事讨教钟老师时，钟老师定会以其独到的理念见解和丰富的管理经验答疑解惑，令人茅塞顿开；每当短信中收到钟老师回复的“3Q”“U2”等幽默感十足的文字时，立体而可爱的博导形象又不禁跃然纸上，让人忍俊不禁。

不忍再去回忆这点滴画面，苦涩追忆，纸短情长！钟老师的离世，让我们作为学生痛失良师，作为晚辈痛失忘年益友。当我们怀着极其沉痛的心情深切哀悼时，或许缘分已在悄然改变。

恩师，师爱无言，徒爱有声。

（作者为钟秉林教授2016级博士）

青松寒不落 师恩固常怀

王佳明

4月7日在师门群里看到钟老师辞世的消息，一时愣在原地，还没有理解“离我们而去”是什么意思，眼泪已夺眶而出。一整天，消息和慰问反复袭来，不停反复辨认每一个字，不敢相信老师就这么突然离开了。自从去年得知钟老师重病在身，一直不敢也不愿往这上面去想，有几次在视频会议中看到钟老师，发现他精神状态好了一些，心下放松很多。自觉能为钟老师做的实在有限，以为少一份叨扰，老师就多一分休息，没有消息的时候，就会错认时间还有很多，而老师的骤然离世，更增重了子欲养而亲不待的遗憾。

时至今日，仍不敢相信事实，撰文怀念也难以提笔。在路上遇到几分和钟老师相似的人，会不禁多看几眼，想起老师的音容笑貌或者一两件往事。在碰到认识钟老师的人时也会聊起同样不敢相信的感叹。和同门也讨论过为什么会有这么多人怀念钟老师，而恰恰也是这么多的怀念解答了疑问本身。钟老师于学生、于学校、于教育、于社会都是躬行不辍，奉献终身。

回想跟随钟老师学习期间，从初入师门的忐忑，到和钟老师慢慢交流熟悉，乃至攻读博士学位期间，尽管已不在钟老师名下，他也一直给予我指导和帮助。钟老师在专业思想和知识上倾囊相授，潜移默化，对我影响最大的是他说的“对于教育，批评总是很容易的，难的是去改变”。钟老师有时谈起他参与政策制定时是如何考虑的，给我们说明他支持或者反对的原因，让我们领会政策背后复杂的因素纠葛。尽管我们很难像钟老师那样有机会参与决策，但在每每教育被推上风口浪尖或者深觉教育弊处之害不禁批评时，都会想起钟老师这句话，提醒自己要以改善教育为使命，要发现问题，更要思考如何解决问题。钟老师在专业发展上给予我很多参与课题研究的机会，尤其在我刚刚步入二年级时，在钟老师和姚云老师的鼓励和指导下，参与和完成了博士生就业质量的课题，以致我后续参与更多的课题研究都受益于此。钟老师更在日常生活中爱生如子，带我们聚餐、出行游玩，偶尔还会同我们开些玩笑，展示出他幽默的一面。

在每学期初的师门会上，钟老师都会叮嘱不同年级学生的学习事宜，从学三年以及之后偶尔参加，都能在开学初听到这些言近旨远的关怀。尽管老师提的要求不高，我也未能完全做到实处，但把这些叮咛再次陈述，以谨记践行：一年级要把课程修好，修够学分的基础上，一些讲得好的课要多去旁听；二年级把题开好，写写论文，参加些课题研究，也适当做一些事务性工作，为院里、学校和社会做点奉献，不是为了得到什么，而是对个人的成长有益处；三年级的主要任务是完成论文，也要把握好时间找工作。这些平实却深刻的话语，是钟老师指导学生的一个缩影：他鼓励大家多学习，知道自己的不足在哪，理论不足学理论，方法薄弱练方法，补齐短板；他总是谦虚地和学生交流，讨论时他会说，他对某个方面了解得不多，指出哪几位老师会比较擅长，问问他们的意见；有困惑去请教的时候，他会先客观地分析几种可能，之后鼓励学生去尝试，并给出一些建议。

钟老师行胜于言，教化于无形。初入师门时，钟老师的头发黑白相间，神采奕奕，随着时间流逝，白发在变多，但在最后几个月的病痛折磨下已然全白。去年师门拍毕业照，老师拖着病躯到几个“打卡位”和每一位毕业学生单独合影，尽管很累，老师坚持笑着配合，不想让学生留有遗憾。他同我握手，说祝贺你，印象里钟老师经常和毕业回来的师兄师姐们握手，这于我更像是一个小的成人礼。现在回想起来最多的，是钟老师来去匆匆的背影，钟老师的步伐总是很快，工作的路上、会议的路上、调研的路上，不论周末，还是寒暑假，到后主楼，到办公室，迎来送往，大步流星，从没有慢下来。

钟老师走了，他去休息了。和钟老师的短信停留在春节时他发的“开学后有机会再见”，我永远等不到这个机会了。只能以老师之教诲，事上磨练，修己以敬。

（作者为钟秉林教授 2016 级硕士）

追忆恩师，用生命影响生命

李　礼

毕业后我成了一名班主任。工作的头一年，处处都是挫败感，如何从学生角色转换到教师，好难。

那时候每周末都要回一次师门，恍若躲进了避风港，在这个港湾里，我倾诉着自己的困扰，听取师兄师姐师弟师妹们的建议。记得有一次在走廊上碰到钟校长，他笑着问："怎么样？小李啊，做班主任有点累吧！"

我努力掩盖住垂头丧气，用轻松的语气说："我的班成绩怎么都被我带得倒数着呢？我好像带得很差劲。"

钟校长又笑了笑，眼神里透着鼓励和理解："你带的班肯定没问题，你的学生一定阳光灿烂。带班是漫长的过程，不能只用学生成绩定好坏。"

这些话对我鼓励极大。回到学校，我将钟校长的话写在了日记里。工作中时刻提醒自己：教育不能急于求成，先做好德育，用发展的眼光看我自己的学生。

在接下来的日子里，我积极主动向领导、同事请教，逐渐学会了如何倾听学生的心声，关注他们的心理健康，陪伴他们走过成长的每一个阶段。看到他们从困惑到坚定，从稚嫩到成熟，我深感自己所做的一切都是值得的，即使经历了各种起起伏伏，我都告诉自己：我带的班没问题，我的学生要阳光灿烂。我要坚持有自己的评判标准。

2023 年春节，我给钟校长发短信："钟老师，我今天把班级一路磕磕碰碰带到初三啦，最后一学期站好最后一班岗！真希望 2023 年有机会来北师大看您，我讲笑话能力又提高啦！”钟校长的回复让我泪目：“谢谢小李，祝贺工作、生活的新进步！祝新春快乐！兔年吉祥！健康平安！有机会见面时再欣赏你的幽默吧。钟。”

回想起 2019 年下半年我几乎每周末回一趟北师大，师门就是我在北京的家，2020 年到 2023 年回“家”却成了奢望，三年未归，虽然只剩下过年和教师节对老师的祝福，但我对母校的情谊却更浓。

2023 年教师节，我迫不及待地告诉钟校长一个好消息：“亲爱的钟老师！教师节快乐，上一届带的班获得了北京市先进班集体，但说实话，深感不足，还需要继续努力，做一个负责任的班主任！希望下次见您时能告诉您更多有趣的事儿！”钟校长回复道：“同贺，祝贺新进步，有机会再见。”

今天我再翻回短信，看到“有机会再见”，泪如泉涌。

我又想起钟校长给我和佳明的谆谆教诲，想起他在我自我怀疑时的夸赞，让我知道自己也能发光，想起毕业照时他配合我们拍创意照片的慈爱。

在我成长的不同时期，我都感受到了钟校长的关注。教育是他一生的事业，而我也幸运地选择自己的热爱，并也将继续热爱自己的选择。

钟校长的精神与爱，将一直伴随着我。如今，我站在三尺讲台上，面对着一双双渴望知识的眼睛，我感受到了一种前所未有的责任感和使命感。正如钟校长所言，教育是一场漫长的旅程，不能急于求成。我们要用发展的眼光去看待学生的成长，尊重他们的个性，理解他们的困惑，陪伴他们走过人生中的每一个重要阶段。

永远记得钟校长，永远感激成长路上遇到钟校长！

（作者为钟秉林教授 2016 级硕士）

仰之弥高 钻之弥坚

李　虹

京城杨柳惹春忧，动离愁，泪难收。2024 年 4 月 7 日上午，惊闻我的博士生导师钟秉林先生走了，心中无比悲痛。泪眼中，我与先生的点点滴滴浮现在眼前……

身体发肤受之父母，再造之恩源于业师。我是如此幸运，得入钟秉林先生门下，感谢先生接纳我成为他的弟子，博士期间，闻先生授业、感先生人格、念先生对我的殷切关爱和鼎力帮助。先生的为学与为人，是我一生的榜样。

先生是对中国教育具有强烈责任感和使命感的学者。他在“2020 全球智慧教育大会——智慧学习与教育的未来”论坛上做了主题报告《在线教学与学习革命》。许多学者在评论区留言：

> 不愧是大专家
> 不愧是教育界的扛把子
> 报告言之有物，言之有理，言之务实
> 讲得太精彩，理性、客观、丰富、务实
> 举重若轻，讲明了中国教育的许多突出问题，深有同感
> ……

确实，在这样一个充满变化的世界里，年近古稀的先生始终怀着对中国教育的真诚，始终葆有惜时勤奋的工作精神和遵循事实、寻求开放、追求创新的心态，责无旁贷地担当起为中国教育问诊把脉的责任，

穿梭于理论与实践之间，为撑起中国教育的蓝天贡献着自己的力量。

先生是大家庭的严父良师。仿佛一棵树，先生教学生们立定，教学生们扎根，教学生们成长，教学生们去经山历海，期待学生们开放繁花，期待学生们结出硕果，而他自己却驻足"守望"，给我们带来积极而有力的慰藉。仿佛深深的海洋，先生的教诲，从不明说，等我们真正体会到，才明白他的用心良苦。先生对教育事业的热爱，使我们不觉之中便有了觉，尽管有时纷纷扬扬的雨让学生眼里的世界有些模糊，但他始终站在门口"波澜不惊"地为学生们创建一个清净的世界，使学生们拥有眺望远方的心绪。仿佛无边的田野，先生对学生们的关心与爱护因工作繁忙并非无微不至，但总能恰到好处；对学生的学业，先生从来不逼迫，从来不给压力，从来不批评，只有鼓励，只有希望，只有唤醒。先生在浮华世界里总是保持谦谦君子的气度，我观察到，尽管先生很忙，但学生们发的短信从来都是必回，甚至尽量秒回；无论何时何地，当先生遇见学生，都会微笑着问"最近怎么样"；学生不分三六九等，先生总会专门抽出时间深入地和学生谈心和讨论，在先生那里，每一位个体都受到平等的尊重。

对于先生，我在仰望，也在被打动。古稀之年的先生每一天都安排得很满，他身体力行地告诉我们，在躺平的、不确定的时代应该如何有意义地度过每一天。先生是对学生学业严格要求的人，我每次发过去的文章，先生从来都是逐字逐句修改，一丝不苟。跟随先生从学以来，我脑子里常常闪现出先生深夜认真批改我稿子的样子，先生为学生们的成长殚精竭虑，更为学生们树立了榜样。

先生是打开我尘封多年的梦想的那个人，他不仅是我学业上的领路人，更是我人生的成长导师。难忘每次见面时先生都会这样开头："小李，说说你最近的情况吧"，于是我便开始毫无逻辑地诉说我的学业的、工作的、家庭的……杂七杂八，先生总是先微笑着倾听，尔后给出自己的想法，不论是直接的答疑还是婉转的点拨，都蕴含着先生对我的宽容、爱护和理解。每一次我去见先生，我都带着笔记本记下先生的话，以便日后慢慢消化，回想起来，先生的言语字字珠玑，有好多个方面，好多个层次，需要细细地体会和品味。每一次交流之后，我心中那份对生活的慌乱总会安顿下来，变成前进的勇气。有一段时间，我对工作和学业极度焦虑，先生安慰我别着急、慢慢来，并拿自己的成长之路劝导我，耐心跟我讲要冷静，要沉住气，劝导我人生没有太晚的开始，一切都不晚；有一段时间，我对工作自信满满，先生告诫我，身边的人对我工作的认可也许是因为我刚到一个新的工作岗位，所以要时时善待工作，敬畏职责，让我逐渐认识自己，调整自己……每当回忆到此，阵阵暖意涌上心头。

如果不是遇到钟老师，我哪里会知道一叶之外还有大树与森林。他的为人之品、学养之品，帮助我在飞速变化、容易迷失的时代里努力持有自己内在的坚定和坚守，还有那份永远学不来的大气。如今，年逾四十的我愈加晓得，先生给我想法，给我见识，给我空间，给了我学术上的生命，也给了我人生的信条。是先生教着我学业、望着我立业，我求学期间取得的所有成绩都归功于先生的指导。

如今，痛先生驾鹤西去，难言感激之情，无以报答恩师。此时此刻，想起我曾在写给先生的邮件里的承诺："我绝不会让您失望。"而今，回望自己的学业，却是成绩平平，不禁喟然叹曰："仰之弥高，钻之弥坚，瞻之在前，忽焉在后。夫子循循然善诱人，博我以文，约我以礼，欲罢不能。既竭吾才，如有所立卓尔。虽欲从之，末由也已。"(《论语·子罕》)纵有穿越千年和颜渊一样的心境，我恐怕是要辜负先生的期望以及我当初在信中的诺言了。

恩师音容，犹在眼前。恩师教诲，永在心间。

恩师之情，再难报还。恩师之风，山高水长！

永远怀念我的恩师钟秉林先生！

（作者为钟秉林教授2017级博士）

师恩难忘 永存心间

黄凌梅

常恨言语浅，不及情意深。恩师辞世已百余天，每每念及，心中情感如潮水般涌动，千言万语，提笔难书。这期间，从师友亲朋对老师的追忆和哀思中，了解到更多不为人知的细节，思之深、念之切。直到现在，走在校园里时常恍惚，觉得老师似乎未曾离开，虽不能够与老师见面，但老师的音容笑貌、与老师日常相处的点点滴滴历历在目、时时浮现。

一、幸遇恩师，幸甚至哉

能够成为老师的学生，我是幸运的。这份幸运里，饱含着老师在学术、生活上的指导和关爱。

老师因材施教，因势利导。在学术上，他总是给学生无条件的支持和包容。我的博士论文几经易题，老师从未否定，总是鼓励；对我的每一次请教，老师都从学理上、可行性上给予我充分的指导，并总是谦虚地说“我说的不一定对”，鼓励我不要气馁，慢慢来，要博采众长，多与不同的专家、同学讨论交流。老师总是鼓励我要相信自己，有一次在被鼓励后我不经意说了句“谢谢老师，您总是鼓励我，我觉得更加惭愧了”，老师意味深长地说：“无论做什么事情，信心都非常重要……我也不是对每个人都鼓励，对容易掉以轻心的学生，我也会往回拉一拉、提醒提醒，每个学生脾气秉性是不一样的。”

老师关爱学生，无微不至。读博期间我赴美留学，临行前老师百忙之中抽出时间邀请同门师友为我饯行，留学期间老师经常关心我是否适应、学习是否顺利、有没有生活上的困难。犹记得2018年外出调研途中因发烧而不得不提前返程，回京第二天收到老师询问身体状况的短信，备感温暖。后来又知道，老师还特地嘱咐师姐说这是工伤，不能因为提前回京而少发劳务费。这些细枝末节，无不让学生感动，而且工作以后，我对老师工作的辛劳、工作的强度有了更真切的感受后，更理解了老师在繁重的工作中将学生的小事常挂心中是多么难能可贵！

老师虚怀若谷，提携后辈。记得我刚入职工作的时候，面临身份和角色的转换，在一些场合略显不适和拘谨，老师在现场看出了我的不安，特地跟我交流、问我的想法，我知道那是老师在帮助我缓解紧张，更是无声却有力的支持。后来去老师办公室，老师特地嘱咐我要尽快适应工作，适应自己的新角色、新身份，遇到问题多思考，不能急于求成，要用长远的目光看待问题，并教导我说："工作都是复杂的、多线程的，要学会在工作中'弹钢琴'，把事情协调好。"他甚至亲切地说："咱们以后是同事了，欢迎你常来办公室坐坐，不如意的事来给我吐吐槽也行……"这样真挚的话语无论在当时，还是后来的每次想起，都让我倍感温暖、备受感动、倍感力量。我知道，老师和我们学生之间早已超越了师生的情感。

二、德高望重，以身作则

老师是杰出的学者、是德高望重的教育家。他对学术的专注与严谨，对教育实践的探索和推动，对教育事业的热爱和奉献，是一个时代教育工作者的缩影。他的身上包含着无限的"符号价值"。

读书期间有幸得到老师对写作论文的指导，收获和感受历历在目。老师反馈回来的文稿无不是满篇花花绿绿的修正和建议，他对论文逐字逐句审阅，小到表达的规范性，大到论文结构框架都严格把关。缅怀之际，我特地找出老师修改过的一篇文稿的批注，有一处批注为："向你请教，这个理论未查到，是你个人观点还是成熟理论，请做简要说明；另，是否适合应用于本研究中，请斟酌。”看到这里，想念、遗憾、感怀，百感交集……

老师珍惜时间，努力勤奋。有太多次周末看到他的办公室亮灯，敲门后老师应声“请进”，或是戴着眼镜伏案工作，或是参加线上会议，或是与师生交流讨论。老师再忙，他都尽可能参加师门的学术沙龙，即使是生病期间也忍着身体不适线上指导，用他自己的话说，“这也是一种学习”。老师开放包容、与时俱进。他会主动去接触和了解新事物、新技术、新观念，并鼓励我们要主动学习，拓宽知识面，要敢于创新、勇于探索，不断拓宽学术视野，追求更高的学术境界。

我深知老师的学术、阅历、品行、贡献是我终其一生都难以企及的，唯愿在未来疲惫倦怠时、畏惧胆怯时、不思进取时、骄傲自满时，能够想起老师周末在办公室开会研讨的专注，致力于教育改革难题、敢啃硬骨头的责任与担当，时不我待般的努力、开放包容与时俱进的求知精神。

三、精神传承，砥砺前行

老师爱岗敬业，功效卓著，人品高洁，儒雅谦和。作为学生，我万万没有资格评价恩师，那份深深的敬仰与怀念，远非笔墨所能尽述。

直至现在走在校园，偶有看到长者的身形体貌与老师相似，都忍不住多望几眼，过往的记忆交错浮现，回过神来怅然若失。独自走在校园，常有若有所失之感。想到老师走路带风、微笑挥手的样子，不觉眼睛湿润。老师的离去让我思考生命的价值和人生的意义，人固有一死，或重于泰山，或轻于鸿毛。唯愿谨遵老师风范，以老师的人品作风为榜样，秉承老师的学术精神与教育理念，致力于教育事业的发展与进步，为培养更多优秀的人才贡献自己的力量，那便是对老师最大的告慰。

“昔人已乘黄鹤去，此地空余黄鹤楼。黄鹤一去不复返，白云千载空悠悠。”钟老师虽已远行，但他的精神与教诲却如同璀璨星辰，永远闪耀在我们心中。我想再次向我的恩师钟秉林教授表达我最深切的感激与怀念之情。钟老师，感谢您给予我们的一切教诲与关爱！您爱与智慧的光芒永不熄灭！我们永远怀念您！

（作者为钟秉林教授 2017 级博士）

一朝沐杏雨 一生念师恩

于国欢

敬爱的钟老师离开我们一百多天了。和老师相处的场景一幕幕浮现在眼前,却已成为永远的思念了。斯人已逝,徒有伤悲,虽然我还是不肯更不愿相信他真的离开了我们,但我相信他对我们的影响,他对教育事业的奉献与热爱永远都在。

2016 年 9 月 22 日,我紧张地坐在楼道里等待保研面试。只见一位儒雅亲切的学者从身边走过,进入面试的会议室,一个同学小声说了一句:钟秉林校长。我抬头看了一眼,心里纳闷怎么校长亲自来面试。但开始面试后钟老师亲切慈爱的态度让我几乎忘记了紧张,忘记了他校长的身份,就像钟老师自己说的所有身份中他最在意教师这个身份,他也用实际践行着什么是真正的好老师、大先生。作为一个“双非三跨”的学生,我从未想过我真的能被北师大录取,我想钟老师对我的包容和鼓励从那一刻就开始了吧。

2017 年 9 月我正式入学,新生见面会后得知有幸师从方老师、钟老师,我觉得无比幸运,更令我敬佩的是钟老师竟然还能记住面试时我对自己的介绍,关切地问我张家口怎么样啊,西南民大发展都好吧。后来有一次我开玩笑地问钟老师是怎样记住这么多细节的,他笑着说职业素养。我知道所谓职业素养背后点点滴滴都是老师对学生的关爱。

我深知自己的学术能力有限,但每一次钟老师都给我最大的鼓励与支持。无论是去美国交换,参加国际会议,还是论文选题,发放问卷,无论是找工作时的纠结与迷茫,还是工作后的提点与开导,只要需要,只要约老师时间，无论公务多么繁忙，钟老师总是第一时间回应学生，始终把学生的需求放在首位。

除了学习，钟老师还非常关心我们的生活。2018 年 7 月在师兄师姐的支持下，我组织了师门大家庭坝上草原行，那也成为了师门共同的永恒的美好回忆。这次旅行，我们不仅观光了坝上草原风光，在蓝天白云下开怀大笑，更值得怀念的是老师与我家人的相见。在农村老家的院子里，师门欢聚一堂，坐在院子里吃着家常菜，谈着笑着，老师也是亲切地和我的家人交谈，令我印象最深的一个场景是钟老师站在院子里的一棵李子树下和我的爷爷紧紧地握着手，两位老人慈爱的笑容永远不会被磨灭，那一刻不会去想老师所拥有的那么多的头衔，因为一切是那么自然亲切，那晚我在朋友圈写到世界上最幸福的事就是家人与家人的相见。

后来得知老师身体不太好，我很担心但又做不了什么，只是默默为他祈福。去年中秋节前匆忙见了老师，那也是我们最后一次见面，那时老师的状态还不错，他总是那样乐观坚强，即使在治疗期间也时刻惦记着学生。钟老师离开后，我一遍一遍翻看着和钟老师的信息往来，手机相册也总会推荐师门坝上行的照片，我想钟老师于我而言不仅是恩师，更是家人般的存在。李子树下的那张照片成为了永恒，去年除夕去世的爷爷和今年痛别的钟老师的照片摆在我的桌上，钟老师头顶的李子树挂满了李子也代表他桃李满天下，而照片中那两位慈祥的长者却永远离开了我。

每天上下班经过木铎都会想起毕业季有多少学生都希望能和钟老师合影，工作中梳理各种文件时也总能看到钟老师出席相关活动的照片或新闻……一次次流泪，一次次在内心呼喊，一次次痛到无法呼吸，有几次梦到钟老师，醒来一阵恍惚，看着桌上的照片才不得不承认钟老师真的离开了。

七年来，无论是学业、生活还是工作，钟老师都给了我最大的鼓励、帮助与支持。从钟老师身上我学会了严谨地做学问，乐观从容地对待生活，而我还没来得及报答他，却不得不学会接受他的离开。一次次流泪后我告诉自己要坚强，要努力工作，要快乐生活，这才是报答钟老师的最好方式，如果有下辈子，我一定还要做钟老师的学生。

那就祝敬爱的钟老师在另一个世界轻松快乐。

（作者为钟秉林教授2017级硕士）

山高水长 师恩难忘

南晓鹏

很抵触也很害怕写这一篇文字，因为不愿意承认老师已离去。老师离去的消息传来，犹如五雷轰顶，天崩地裂，巨大的悲痛涌上心头，我的大先生走了！那个教诲我、爱护我、对我有再造之恩的大先生永远离开我们了！

这些天除了独处时以泪洗面、转发学界教育界缅怀老师的文章、下班后回到师门在老师指导我们、爱护我们的地方待一待，和师兄师姐师弟师妹一起回忆老师的点点滴滴之外，我好像不能再为先生做点什么了。钟老师培养、爱护了我六年，我竟不能为老师做一点事情，实在痛心、羞愧。

这些天有两位学生给我发消息劝慰我节哀，她们的话点醒了我，她们说：当你跟人谈论钟老师，反复回忆起他时，他就在你身边。因为当你说出他名字的时候，他就存在着，而当你闭口不谈时，钟老师才是真的逝去。死亡不是终点，遗忘才是。她们说的是对的，我应该常常提起钟老师，我应该写点什么，让更多的人了解钟老师，让钟老师的事迹被更多的人传颂，让钟老师为人为学为师的精神激励一代代学人，让钟老师永远陪在我们身边，陪着他倾尽心血的教育事业。

我最早和钟老师结缘是在 2016 年夏天，高教所第一届夏令营，钟老师出席开营仪式作了讲话。钟老师风度翩翩，平易近人，给我留下了深刻的印象。后来在优秀师兄师姐分享环节，白航源师姐作为代表分享了经验，我对师姐能成为钟老师的学生十分羡慕。但那时只是羡慕，没成想有一天能成为老师的学生。2017 年 9 月 4 日高教所师生见面会，现场宣布我的导师是钟老师，我万分惊喜，我竟有幸成为钟老师的学生！自此踏入钟门，成为钟老师的入室弟子，受教于师，受恩于师，受恩师言传身教，受恩师关怀备至，再后来有幸继续跟着钟老师读博士，受业六载，沐恩一生。

钟老师对高教院、对北师大、对学界同仁、对教育事业的关爱与帮助、恩泽与贡献就在那里，有历史的见证、有教育界和教育学界的见证，自不用说，更轮不到我来写。我想写的是一个学生眼中的好老师、大先生，用记忆中那些美好的时光拼图来缅怀恩师。

一、从未缺席学生成长的重要时刻

求学阶段当别人得知我是钟老师的学生，首先就会问我："钟老师那么忙，有时间指导你吗？"我的回答是："老师不仅有时间指导，还把我们指导得很好，老师从未缺席我们成长的重要时刻。"

新生入学的师门见面会，钟老师向新进的学生介绍师门的成员，并嘱咐一年级的同学要好好上课、修够学分、满足培养方案的要求，二年级的同学要提前谋划、做好学位论文的选题，并适时参加师门的课题，在实践中提升研究能力和科研素养，三年级的同学主要任务是学位论文的撰写，同时还要做好毕业的准备。钟老师细致入微，为学生三年的求学生涯做了时间表和主线任务的指导，为学生过好这三年的研究生生活指明了方向。

学位论文预开题/预答辩，为了帮助学生熟悉相关流程，及早发现问题，优化论文，钟老师除了全过程指导外，还在师门设立了相应的环节，安排师门的优秀师兄师姐参照正式开题/答辩为师门的学生把关、提建议。师门的学生根据建议和反馈修改完善，在正式开题/答辩时有更完善的内容呈现和更好的表现。钟老师几乎从未缺席过师门的预开题/预答辩。钟老师很谦虚，很少自己第一个给论文评价定基调，而是先请师兄师姐给我们提修改意见，自己则耐心倾听，认真梳理，在最后将师兄师姐提到的共性问题、重要问题做总结，并补充自己对论文修改的意见。在这样轻松、融洽的氛围中，师兄师姐们畅所欲言、全面直接地指出我们论文中存在的问题，而我们则从这样的活动中得到了中肯的意见和显著的进步。

钟老师说每年有两个最开心的时间：一个是9月份，新的学生进入师门学习，师门有了新鲜的血液；一个是6月份，同学们经过三四年的学习，学有所成，顺利毕业，每年到了毕业的时候，不管钟老师有多忙都会过来看看学生们的答辩，和师门的学生合影留念。即便是在钟老师被病痛折磨的时候，钟老师依然记挂我们。2023年5月28日，钟老师上午在医院做完治疗就马不停蹄地赶来看望我们答辩，这让我们紧张焦虑的心逐渐平静踏实下来。2023年6月20日，钟老师上午在医院做完治疗就急着赶来和师门的学生拍毕业合影，坚持在每一处拍照打卡地和每一位学生亲切合影，为的就是给足学生毕业的仪式感，不让每一个学生遗憾，而钟老师却默默忍受病痛的折磨。

二、从来都把学生放心里重要位置

教育学部的部训是“崇教爱生，求真育人”，钟老师时时刻刻把学生放在心里重要位置，关心学生，爱护学生，用实实在在的行动生动诠释了什么是崇教爱生、爱生如子。

2017年的国庆中秋假期，钟老师知道我们三个没有回家也没有出去玩，专门到学校看望伟琴、国欢和我，请我们三个在学校对面的东方饺子王吃饺子，点了很多菜。钟老师特意关照我多吃，说大小伙子正是饭量大的时候，自己年轻的时候也吃得比较多，让我不要拘谨，我们三个吃得越多，老师就越开心。其间钟老师亲切地询问了我们三个家庭情况、选修课程、学习适应、未来规划等方面的情况，并告诉我们有什么困难需要帮助解决的，他一定全力帮助解决。钟老师亲切随和，关怀入微，那一刻我们三个见到的不是享誉学界的钟校长、钟教授，而是爱学生、牵挂学生的钟老师。

2021 年寒假，因疫情原因，我和师门几位师姐师弟师妹未能回家，在学校过年。钟老师和新凤师姐经常询问我们几个留校学生的身体情况、学习情况。为了让留校的学生能过一个温暖热闹的新年，腊月二十九，钟老师冒着严寒从家里赶来，亲切看望了留校的学生，陪我们吃了一顿热乎乎的饺子，询问了我们的学习情况、寒假安排，叮嘱我们要做好防护，注意身体，安排好各项学习任务。外面是疫情肆虐、天寒地冻，屋里是欢声笑语、其乐融融，那一刻我们无比踏实安心、无比幸福快乐，因为有一位好老师在关心着我们，爱护着我们。

2023 年上半年，临近毕业，有一个意向就业单位要开展对我的政审，需要导师、分管学生事务的党委副书记、同学一起参加。因为收到通知时距离政审的时间很近，我知道钟老师事情多，有点担心临时和钟老师说，他的日程排不开，就抱着试试的心态给钟老师发了短信。钟老师很快回了消息，说那个时间点有个重要的会议，但政审是大事，会抽时间参加，祝一切顺利。收到短信我非常感动，钟老师始终把学生的事情放在更重要的位置，虽然有很重要的活动要参加，可再忙也要抽时间参加我的政审，能受教于这样的大先生何其有幸！后来参加政审的同学跟我说，钟老师给予我很高的评价，和用人单位说相信我能很好地胜任工作。钟老师时时刻刻都在想着学生，爱护学生，托举学生。

三、始终用心指导帮助学生成长

钟老师始终用心指导帮助学生成长。

以身示范，严谨治学。有一次，我和钟老师合写了一篇文章，初稿成型后我请钟老师把关，提修改意见。钟老师的批注至今让我印象深刻，整篇都是标红的修改痕迹和批注，大到文章的标题和结构，小到文字表述和标点符号，钟老师是逐字逐句阅读和修改的。经钟老师修改后的文章，结构更加严密，表述更加简明严谨。我不仅学到了学术论文的写作，更学到了钟老师做学问严谨认真、一丝不苟的态度。钟老师做学问的态度和精神将会一直影响我的求学和学术生涯。

全力托举、帮助学生。我在写博士学位论文的时候，需要收集一部分访谈资料作为质性研究的支撑。访谈的对象是某高考改革省份高校的新高考生源大学生，我想了很多办法，尝试去联系一些人，但存在较大的困难，一直没有成功。思来想去，我就给钟老师发去了求助信息。钟老师第一时间回复了我，说全力支持，不用担心，有了进展再联系。后来钟老师联系了张超师兄，在钟老师和师兄的帮助下，我联系到了几所高校，顺利开展了访谈，收集了资料。正是有了老师的托举和帮助，我的数据收集和论文写作才会那么顺利。每当我们遇到了困难、困惑，钟老师总会在第一时间给我们最有力的帮助和支持。

尊重、鼓励学生。博士学位论文初稿完成后，我请钟老师把关。那次是在钟老师办公室，钟老师坐在那个独立的小沙发上，我坐在大沙发上，离老师很近。钟老师看着自己电脑上的修改符号，态度随和，逐条说对论文的修改意见，那一次足足有一个小时。钟老师对我论文写作的认真程度、工作量饱满程度、一定程度的理论贡献表示了肯定，这给了我很大的鼓励。接下来钟老师说了对文章某一处的看法，并给出修改建议，我认真听了钟老师的意见，在思考片刻后还是觉得之前的写法更符合我要表达的意思，于是向钟老师汇报了我的想法，但当时心里还是有点忐忑。钟老师特别和蔼、谦虚，说在做论文的过程中我做了大量的工作和研究，对文章的内容更加了解，老师的建议要批判着听，对我坚持原先的写法表示支持。钟老师没有以导师、大先生的身份自居，没有给出命令式的修改意见，而是耐心倾听学生的想法，尊重和鼓励学生坚持自己的想法，身体力行，践行着“崇教爱生”的教育信条。

有一些朋友和我说，你的某些方面和钟老师很像。我听后感到很欣慰，钟老师的为人、治学、育人、做事，每一个方面都得当妥帖，成就卓越，备受赞誉。我对先生更是“高山仰止，景行行止。虽不能至，心向往之”。虽然永远无法企及钟老师的高度，但有幸跟在钟老师身边学习六年，聆听教诲。先生身体力行，我耳濡目染，潜移默化间在某一个方面学习到钟老师的优秀品质，这也是对钟老师精神、品格、治学、为人的传承。努力做一个像钟老师一样的老师，崇教爱生，牵挂学生，爱护学生，托举学生，这便是对钟老师的纪念和缅怀。

培养爱护托举再造之恩未报，学生之憾！想念老师！先生千古！

（作者为钟秉林教授2017级硕士、2020级博士）

钟老师好，见字如面

徐伟琴

从北师大毕业后，每隔一段时间，我就会习惯性地打开邮件，与钟老师分享自己近期的学习和生活，常常写着写着便是好几千字。但从2024年4月7日至今，我一直很抵触写这篇文字，因为内心总是不愿意相信我最敬爱的钟老师已经离开我们了。

钟老师与方芳老师是将我领进高等教育研究大门的恩师。我与钟老师的初识，是在2016年师大高教所的夏令营上。此前，我从未想过未来会从事高等教育学的学习与研究，但在夏令营上听完钟老师《我眼中的高等教育》讲座的那一刻，我便认定这就是我今后想要进一步深造的专业。来到师大后，钟老师与方芳老师一起给我们上了《高等教育研究专题》课程，他在课上给我们分享的《高考招生制度改革的价值取向与挑战》开启了我对新高考改革这一领域的研究兴趣。课余时间，我有幸参与了钟老师主持的“浙江省高考综合改革试点第三方评估”“高等学校名称规范研究”“浙江万里学院创新办学二十周年回顾与展望”等多项课题，并在课题组老师的带领下赴北京、江苏、浙江、山西、河南、福建等多地进行调研和交流，先后参与访谈了学校教师、学生和家长百余人。其间，我在课题组老师的指导下负责浙江省高校师生、高中师生和家长五个群体“关于高考综合改革实施效果满意度”的问卷调查工作，主要参与撰写的《浙江省高考综合改革实施效果评估——调查问卷分析报告》得到了浙江省教育考试院的采纳。从师大毕业后，我在钟老师的指导下进一步将自己之前实践中的所思所感凝练成文字，与老师合作发表了论文《“学校优先”还是“专业优先”？——新高考背景下学生志愿填报取向对录取匹配度的影响》。这些实践经历在很大程度上开拓了我的研究视野,并提升了我的研究自信。

钟老师是对学生非常慈爱和有耐心的长者。他身兼数职,日常工作十分繁忙,但生活十分俭朴,每次我们给钟老师带饭时,他总是递上自己的饭卡,交代一声“不要麻烦,去楼下最近的食堂给我带碗牛肉面就好”,然后继续埋头处理工作。平常见到学生走来,总会停下手边的工作,坐下来询问我们学习和生活上的进展,并嘱咐我们在学生时代多看点书,多学点研究方法。钟老师对学生的关心不会随着毕业而停止,哪怕在毕业多年后,我们还是会经常通过邮件与电话交流,钟老师每次都会以长辈的身份听我分享,给我建议。我与晓鹏、国欢是“木铎金钟”师门的 2017 级硕士生,来到师大学习两年半后,一场突如其来的疫情使得我们从研三寒假起便被迫居家学习,我们甚至来不及以毕业生的身份与师门老师、同学合一张影便匆匆离开了师大。幸运的是,在 2019 年李礼师姐和佳明师姐毕业时,我与晓鹏、国欢便与老师们有过一张合影。来到交大读博后,我将这张合影打印出来贴在宿舍一抬头便能看到的地方。即使离开了师大,但只要知道钟老师、方老师依然在那里,我在学习和研究上都始终非常安心,非常有底气。

钟老师是我此生永远怀念的亲人。“钟老师好,见字如面”,这八个字是我给钟老师写邮件时不变的开头。之前的我并未想到,2020 年寒假前在后主楼与钟老师的匆匆一别,竟是我们的最后一次见面。在从师大毕业那年的暑假,我专门购买了一台打印机,用整整一个月的时间为师门老师和同学们准备了一套师门相册,并为在校的每一位老师与同学设计了一套明信片。明信片的正面是钟老师与各位同学的合影,背面则是师大的简笔画和一段文字。我给钟老师的每张明信片都附了一张二维码,背后或藏着一段视频,或藏着一首歌,记录的都是我与师门的点点滴滴。这四年来,我常常想着,钟老师未必会发现二维码后面的视频和歌曲;待我从交大毕业后,一定要第一时间带着爱人回北京看老师,向老师揭示隐藏在二维码背后的小心思,那该是多么温馨的画面。然而,人生的离别总是这么悄无声息,我甚至来不及带上爱人回京见钟老师一面,来不及告诉老师我毕业的工作去向,老师便离开了。往后余生,不论我在学习和研究上取得了什么样的成就,遇到了什么样的困难,他再也不会像之前那样静静听我分享,给我建议。或许此生,也再难有一个人,让我有动力将自己的学习历程、困惑和喜悦转化成文字,一点点记录和分享。

钟老师走后,我将老师生前的视频、音频、文章进行了汇总,并整理成了电子相册。我想,之后不论何时何地,想念钟老师的时候,都能翻开看看。

奶奶在世时告诉我,她去世后,我开心或不开心的时候便抬头看看天,因为她会化成一颗星星,在天上看着我,我想说的话,她都能够明白。钟老师走后,我的世界里又多了一颗星!

(作者为钟秉林教授 2017 级硕士)

忆先生二三事

王馥君

先生在北，我在南，得以相识，何其有幸！2018 年到评估中心开会、办事，第一次见到钟先生。我向先生汇报了备考博士研究生一事，先生鼓励："好好备考，欢迎你到北师大来！"先生音容，历历在目。及至面试前一周，突然收到先生短信："心态乐观，考试沉着，正常发挥，祝你成功！"我备受鼓舞，更为先生百忙中心系学子所折服。

先生学识德行如巍巍高山，得以拜先生为师，何其有幸！考入师大后，我向先生表达了拜入师门的强烈意向，先生同意了，我欣喜若狂。2019 年春，我向先生汇报了关于博士选题聚焦教学评估的想法，先生嘱咐三点：一是在京借调期间完成开题；二是同意聚焦教学评估选题；三是要在国家高等教育发展的历史发展背景下开展研究。至 2021 年中山大学举办高等教育国际论坛年会，会间华中科技大学许晓东副校长提及，先生曾带领专家团队攻关本科教学评估数据库建设项目，这为后期高等教育质量监测国家数据平台建设和评估中心状态数据应用打下了坚实的基础。2023 年，收到评估中心寄来的《普通高等学校本科教育教学审核评估(2021—2025 年)工作指南》，看到先生名字，弟子与有荣焉。今年 6 月，在督导局发来的《中外合作办学高校合格评估指标研制工作考虑》征求意见稿中赫然看到先生的名字，先生当年嘱我跟着方老师、杜老师、莹莹师姐学习并参与到此项目的记忆一时涌现，不觉落泪。先生对我国本科教学评估事业发展投入多、贡献大，弟子将继承先生遗志，继续前行。

先生待人，如春风化雨，润泽万物。2019 年夏，因家中变故，在京工作学习戛然中断。先生得知此事，一是赞成我尽速返穗，在特殊时期内学业得先放一放；二是询我是否需要资源条件。此后几年赴京看望先生，先生每每关心询问。学业搁置几年，先生总说："没关系，慢慢来。"

这几日，记挂着追思会一事，又有两次梦见先生，梦醒后潸然泪下。相隔千里，得以识得先生、拜先生为师、在先生指导下成长，何其有幸！何其有幸！

（作者为钟秉林教授 2018 级博士）

永远怀念敬爱的钟秉林老师

翟雪辰

惊闻钟秉林老师仙逝的噩耗，难掩心中悲痛。跟随钟老师攻读博士学位期间，老师始终像父亲一样关怀着我的成长。老师溘然长辞，对我而言，无异于丧父之痛。三生有幸，能入钟老师师门；此生无憾，能得钟老师教诲！

钟老师虽身居高位，但从来不摆架子。犹记得六年前与钟老师的一次会面。当时我刚确定博士拟录取资格，还未到北师大报到，在南京的学术会议上第一次见到钟老师。彼时只是在网上看过关于钟老师的简介，知道钟老师是一位在学术研究界和政策咨询领域非常有影响力的大家，还担任过北师大的校长。现实生活中，我还从来没有见过这样的“大领导”，第一次见到钟老师时，更是紧张得双手一直在颤抖。钟老师看出了我的紧张和局促，先是温和地跟我闲聊，关心我近况，看我渐渐放松下来之后，才逐渐跟我聊起读博计划以及对博士生的期许和要求。钟老师的温润儒雅，给我留下了深刻的印象，也更加坚定了我跟随钟老师求学的信念。得入师门之后，钟老师非常严肃地教导我们：任何时候、任何地点都绝不能借他原校长的身份在学校谋求特权。

“做研究要脚踏实地，要下真功夫。”钟老师不仅担任博士生导师，还兼任国家教育咨询委员会委员、国务院教育督导委员会总督学顾问、国家教育考试指导委员会委员等职务，每天基本上都在超负荷工作。但无论工作多忙，老师都从来不会缺席师门的研究项目，对每一个课题项目的推进情况都了如指掌，有时候甚至与项目组讨论到晚上十一点钟，我也有好几次收到钟老师凌晨时分回复的电子邮件。每每想到老师这么大年纪还在如此勤奋地工作，我都倍感惭愧，老师以实际行动激励着我们不断刻苦努力，奋勇向前。即便是在病重期间，钟老师依旧时刻牵挂着在研的课题项目，病榻之上还在与团队商讨后续安排。钟老师为学术研究事业鞠躬尽瘁，深深感染着像我这样的后学之辈。先生之精神，永世长存；高山仰止，景行行止。

“一定要把学生的事情放在心上。”钟老师是这么说的，也是这么做的。在学术领域，钟老师非常尊重每个学生的自由发展，老师虽然有许多在研项目，但从来不会指派研究生参加某个课题组，对学生的自选课题也都十分支持，还总是教导我们要用心去做研究、做自己真正感兴趣的课题。在生活上，钟老师一如既往地关心着每位学生的成长，默默地支持、保护着我们这些年轻后辈。其实，钟老师对学生是有些偏爱的，但他偏爱的是家庭困难的学生。每年新生入学时，钟老师都会默默关注学生的助学贷款情况，关心学生们吃得好不好，生活上是否有困难。逢年过节，钟老师会照例统计留守在校的学生名单，亲切地与留校同学一一打电话问候，邀请留校的同学一起庆祝佳节。一件又一件看似不起眼的小事，却是钟老师在繁忙工作之余的心头牵挂，钟老师就是师门的大家长，庇护着年轻的孩子们，温暖着师门的每一个学生。

做钟老师的学生，是一件非常幸福的事情，也是值得夸耀一辈子的事情。每每想起与钟老师相处的时光，都感觉那些日子仿佛就在眼前，似乎钟老师并没有离开，他只是在埋头工作或者去外地出差了。此时此刻，当学生写下这些文字的时候，已经泣不成声，多么希望钟老师还能像以前那样，再与我们一起说说笑笑，再严厉地批评我几句……

钟老师，您一路走好！愿您永久远离病痛的折磨！

（作者为钟秉林教授 2018 级博士）

恩泽永被 风范长存

李　媛

敲下这些文字的时候，心里百感交集。面对电脑屏幕，越发感觉恩师钟秉林先生对我们的温暖与关怀，以及我们对恩师钟秉林先生的尊敬与爱戴是无法用简单的语言、文字来描述的。

依稀记得2018年当我得知自己能够进入北师大继续深造时的激动与喜悦。第一次见到老师是在新生见面会上，坐在对面的老师是那样的儒雅和平易近人，丝毫没有想象中的大师架子。当得知自己能够进入师门学习时，激动得快要当场跳起来，觉得自己真的非常幸运，但也暗自决定一定要好好努力，不辜负师门为大家创造的良好条件。新生见面会结束后，我们便跟着老师一起回到了后主楼2124去和师门的其他兄弟姐妹们见面交流。老师亲切地询问着我们每一位新生的个人情况，说实话当时和这样的名师学者交谈时心里是非常忐忑紧张的，生怕自己会说错话，但是老师却很平易近人，他并没有一上来就和我们聊学业、谈研究，而是关心我们生活适应不适应，是否存在什么困难，并叮嘱我们有任何问题都可以及时和师门的老师、兄弟姐妹们沟通、请教。之后正式开始研究生生活后，由于老师工作繁忙，因此线下见到老师的频率并不是很高，但只要师门有学术沙龙以及重大活动，老师一定会准时出现。当时的我认为自己才疏学浅，也不太敢主动带着问题去向老师请教。

真正让我变得自信是2019年冬天和老师以及师门的兄弟姐妹们一起去浙江进行新高考改革调研，其间我负责跟随老师做会议纪要整理。就是在那一次，我第一次勇敢地打开了自己，向老师就新高考改革汇报了自己的看法和学习成果，虽然我深知自己的很多想法还不够成熟，但老师对我进行了莫大的鼓励和肯定。也是因为这一次调研，我更加坚定了在三年研究生生涯中要在新高考改革这个领域一直学习探索下去。转眼间便到了研三，此时面对是要“继续考博深造还是求职工作”这一人生重大选择时，我陷入了迷茫和纠结，这时我再一次主动给老师发了短信，想要寻求老师的指导和帮助，老师第一时间回复了我的消息。见面当天，他从各个角度给我分析了利弊，同时告诉我不管做什么决定，师门都会给我最大的帮助和支持。从那之后，每次我在求职过程中遇到挫折与困难，想到老师说的话，师门强大的后援，我都觉得十分温暖和有力量。

毕业后，因为工作原因，唯一一次回师大是在 2021 年 9 月回校办理入职手续时，有幸再和老师见面详谈工作近况，并也在工作方面得到了老师的指点，之后便都是通过短信进行节假日问候，但也未曾想到，那竟然是见老师的最后一面！写到这里，越发觉得自己表达的苍白与无力。

恩师钟秉林先生堪称为师的楷模，为人的表率，为学的榜样。如今是我成为人民教师的第三年，我将继续带着恩师对我的指导和关怀，带着他的大爱将这一份温暖和爱延续下去，传递给我的学生。

恩师逝去，无限思念。恩师的音容笑貌将永远铭刻在我们心中，恩师的学术思想和学术精神将永存在我国的教育事业中！

（作者为钟秉林教授 2018 级硕士）

春风化雨 终生难忘

段戒备

我怀着无比沉痛的心情，写下这篇纪念文章，追忆与钟老师共度的宝贵时光。翻看着跟随恩师读书时的照片、短信和邮件，往事依然历历在目，仿佛他从未离开。每一张照片、每一条短信、每一封邮件，都承载着他对我的教诲和关怀，让我倍感温暖。

七年前，我成为了钟老师的学生，这是一件既意外又幸运的事。我从来没想过自己能够进入钟门，成为他的学生。刚入学时，因为不是教育学科班出身，内心充满了担忧，害怕自己无法适应教育学的学习。然而，钟老师总是耐心地鼓励我，建议我发挥原来专业的优势去分析教育问题，他的教导让我逐渐找到了自己的方向。钟老师不仅在学术上给予我指导，还带我们"行万里路"。他带领我们去了很多地方调研，参与这些课题让我对高等教育实践中的问题有了切身感触，这种进入"一线"的感受比起书本上所呈现的内容更加真实、直观，也更富有张力。之后，在准备毕业论文的过程中，钟老师给我营造了一个宽松、自由的氛围，让我可以自由探索感兴趣的领域。我最初低估了研究的难度，加之自己的拖延，导致论文的进展没有按照预期的进度来。因此，我有一段时间很"怕"见到老师，怕老师问我论文的进展，怕自己回答不上来。但是，老师却一直鼓励我按照自己的节奏来，还告诉我要放平心态。有一次，我去老师办公室讨论毕业论文。我提到打算通过访谈来收集资料，还没等我详细说明计划，老师就笑着对我说："你做访谈需要任何帮助，都随时跟我说。如果需要访谈老师，我帮你去联系。"他的支持和关心，总是让我感受到温暖。

老师立身行事的风格也对我影响颇深。老师生活一向简朴，在学校吃饭经常是一碗牛肉面就够了。有一次，老师连续吃了两天的牛肉面，后来第三天我去买饭前，他还是说吃牛肉面。我说："要不给您换个吧，感觉都快吃腻了。"他还是说不用，后来我擅自做主，去教工餐厅给他买了三四个菜。回来后，老师很开心地说："嚯，这么多菜，太丰盛了，你带走一半吃。"然后他就用筷子把菜给我分了一半。他把饭卡给我时，会经常说："你吃饭就用我的饭卡买，随便刷，钱不够了跟我说，我再充钱。"实际上，老师之所以经常吃牛肉面，很大程度上是因为这个窗口离办公室近，他不想麻烦我们去更远的地方买饭。

来清华读博后，我依旧和老师保持着联系。由于疫情，很少有机会回学校探望老师，但在师门的线上学术沙龙中，总能见到老师的身影。去年 5 月，我负责学院博士生论坛的筹备工作，给老师发短信邀请他作特邀报告。老师很快回复："戒备好，信息收到，谢谢邀请！我先记下时间，6 月上旬再联系吧。祝顺利！"后来，老师又发短信："戒备好，抱歉不能到现场参加活动了，估计在线发言或视频录制也不合适，以后有机会再效力吧。"老师的谦逊是出名的，但我还是没有想到德高望重的他竟然用"效力"这个词，可见老师的谦逊是发自内心、浸透在日常言行中的。另一方面，我隐约意识到老师的病情要更严重。之所以有这种感觉，是因为老师对我从来都是有求必应，这是老师第一次"拒绝"我的要求，我心想老师一定是有难言之隐。在此之前，我只是听说老师在养病，以为只是调理一下身体。

时间很快到了 8 月，我邀请老师来参加我的婚礼。老师回复说身体欠佳，医生不让外出，他让师门同学代表他给我送了鲜花和祝福语。这是老师第一次向我提及自己的身体情况。9 月，我回到北京，想着去探望老师，老师再次提到在医院检查治疗，医生不建议参加聚集活动，并说有机会再见面聊。2 月 10 日，我给老师发了拜年短信，像往年一样，老师很快回复了新年祝福。我怎么都不会想到，这竟是和老师最后一次交流！两个月后，老师永远离开了我们。

朱镕基总理曾用“水木清华，春风化雨。教我育我，终身难忘”来表达对母校的深情。在此，我想借用总理的话表达对钟老师的全部感情：“木铎金钟，春风化雨。教我育我，终生难忘。”钟老师的离世是教育学界的重大损失，但他的精神和教诲将永远铭刻在我们心中。他让我见识到了什么是温润如玉，谦谦君子；他让我明白了什么是桃李不言，下自成蹊；他让我领悟到了什么是学为人师，行为世范。这些珍贵的记忆和精神将永远铭刻在我的心中，伴我前行。

（作者为钟秉林教授2018级硕士）

师恩永铭记

——追忆敬爱的钟老师

滕丽美

2024 年 4 月 7 日早上，突然传来钟老师离世的噩耗，不敢相信这是真的，直到师门群里看到消息那一刻，顿觉时间静止，竟一语哽咽，无言泪奔。难以相信 3 月中旬还收到了恩师的信息“最近一直在医院，还算平稳。祝健康顺利！”而如今却天人两隔，不敢相信也不愿相信，敬爱的钟老师就这样永远地离开了我们。那一刻我一遍遍翻看手机上的信息，一次次告诉自己这不可能是真的！虽然一年前从知道老师病开始，曾经无数次地默默祈祷，希望奇迹可以发生。可是，最终还是传来了最不愿接受的消息。哀伤至极难以言表，悲恸之情无以言喻。任凭哀伤情绪蔓延，心情无比沉痛，无以寄托哀思，唯有泪流满面地看着一张张照片，追忆与钟老师的师生情谊，缅怀钟老师高尚的品格，寄托无尽的哀思与悲痛。

师者匠心，止于至善，师生之缘时短情长。三生有幸入钟门，得遇良师，乃人生最幸。那一年我如愿收到博士研究生的录取资格，当看到导师名单上有钟秉林先生的名字时，觉得与心目中遥不可及又极其敬仰的先生那么近又那么远，让学生望尘莫及。钟老师是所有学生心目中非常敬仰的学者，如果能成为钟老师的学生真是三生有幸！5 月 26 日，我清晰地记得那是一个下雨的周日，鼓起勇气给钟老师发了短信息，表达了想申请加入师门的意愿。当时钟老师还在出差，但是非常及时地回复了我，并约了时间面谈。第二天，我怀着惴惴不安的心情推开了 2111 办公室的门，没想到的是，钟老师满面春风走上前来，并主动和我握手，和蔼可亲，平易近人，让人毫无距离感，那一刻紧张的心落了下来，第一次近距离真正感受到了如沐春风。在北师大学习和工作的15年来，能在钟老师门下学习，是我生命中最为宝贵、最为难忘的经历。

师者如炬，山高水长，先生大爱精神永存。钟老师学识渊博，始终坚持将教书和育人结合，既教授知识，也传递着对教育事业的理想和信仰。他一生潜心育人、严谨治学、淡泊名利，一言一行践行崇教爱生，为中国教育事业倾尽一腔热血。记得每年钟老师坚持为本科生和研究生讲授高等教育专题课程，坐在教二的教室里，钟老师在讲台上的风采依然历历在目，他对高等教育高屋建瓴的思想、深刻洞见的学识和谦逊儒雅的风范都深深吸引着我们认真聆听。

为师者，因材施教，一丝不苟。在钟老师的眼中，每个学生都有自己的闪光点，而我们每个学生都切身感受到了老师的温暖。记得在论文选题时，我表达了自己的困惑，因为本科和硕士都不是教育学科班出身，对选题没有信心。这时，钟老师笑着鼓励我说："我也是半路出家。你已经做得非常好了！"正是这句话，不仅成为我读博士的指路明灯，也让我更加懂得了人生需要不断地接纳他人，悦纳自己。他鼓励学生们一定要做自己感兴趣的选题，这样才能在学术的道路上走得远。在老师眼里，他的每位学生都是平等的独一无二的个体，每个人都有独特的优势特长，也值得尊重且平等地对待。

钟老师学识渊博，坚守初心，匠心育人，具有远见卓识。每次向老师汇报工作和学习进展后，都为先生一丝不苟、严谨治学的精神所感动。从博士论文选题到开题，钟老师悉心教导、一字一句指点我的开题报告，打下扎实的研究基础，才得以让我的博士论文顺利推进。2023年，当我看到博士论文中摘要、绪论和研究结果等各部分老师认真做的一字一句的批注、密密麻麻的修改，我的内心羞愧难当，同时又充满了敬佩之情，钟老师让我看到了师者的严谨治学和对学生培养的呕心沥血，用心良苦。短短的四年师生情，短短的1400余天，甚至可以用分秒来计算的师生缘分，成为我一生最宝贵的回忆和最刻骨铭心的人生经历。师者，如一把火炬，燃烧自己，照亮他人。在前行路上，钟老师就是这样默默地点亮自己，无私奉献，为每位学生照亮了前进的方向。

钟老师悉心教导，谆谆教诲，春风化雨，时刻将学生挂在心上。还记得师妹感慨钟老师的繁忙程度："咱们老师的时间是按分钟计算的。"钟老师总是悉心指导每一位学生，无数次开会回办公室，甚至顾不上吃食堂打回来的盒饭，也要先为学生答疑解惑。每次有学术困惑，给钟老师发完邮件，不管有多晚，钟老师当天晚上必会回复，很多时候邮件收到已是深夜甚至凌晨。读博士四年期间，即使每天都有按照分钟排满日程的工作，在学生每次需要帮助的时刻，钟老师从来都是有求必应，事事必有回响。不管是工作上还是生活上的困难，钟老师永远都是尽其所能地为学生安排见面沟通的时间，这让每一位曾与先生有交集的人，都深切感受到一种真实、真诚、善良、无微不至的关怀和厚爱。

钟老师始终以更宏观的学术视野、更高的思想高度来研究教育，一言一行都在传递对教育事业的追求和热爱。他教会我们要将教育理论与实践进行深入结合，拓宽学术视野，重视跨学科合作。2019 年 12 月在厦门举办的第七届全国教育博士论坛，钟老师发言时说道，教育博士也是博士，不能区别对待。他致力于推进我国研究生教育分类培养创新机制，将"学术学位与专业学位研究生教育两种类型同等地位、同等重要"的观念融入育人过程，致力于推进我国高层次创新人才培养。

行胜于言，钟老师对师门的每一位在职工作的教育博士都倍加地关注和呵护。不管他工作多么繁忙，每月定期出席师门的学术研讨会，为学生科研指点迷津，指明方向。读博期间，我也常常因为工作、家庭和学习的冲突而陷入低谷，而每次这个时候，都是钟老师的关心和鼓励，让我重新找回自我效能感。恩师风雅通透、至真至善、谆谆教诲犹在耳边。

生命中总是有太多无法预测的无常。2023 年通过预答辩后，我去找钟老师签字，老师告诉我近期都在检查身体。一种不祥的预感让我浑身发冷，突然我的眼泪喷涌而出。一向豁达乐观的钟老师笑着安慰我说，已做好一切安排。此后的一年里，钟老师依然兢兢业业，坚持工作。无法想象他以何等的毅力在与病魔抗争的同时，还能认认真真为每位学生指导论文的写作与修改。每次钟老师出席各种重要会议发表致辞的时候，看到老师日益消瘦的面容和满头的白发，想到先生的PPT从来都是自己亲力亲为、字斟句酌，心里涌现出无比的敬佩和心疼，更加无法想象是如何承受常人难以忍受的病痛依然在坚持工作，这是何等的追求和信念。钟老师永远以这种忘我工作的奉献精神，践行对中国教育事业的热爱和奉献。

钟老师心系天下，倾尽一生心血，奉献给了中国的教育事业。先生以大格局、大胸怀以及对中国教育事业的热爱书写了一部光辉的人生篇章。先生的精神激励着每一位学子砥砺前行，崇真向学。

每天从后主楼的东侧路过，眼前时常浮现钟老师的背影。那是2017年的一个下午，老师从后主楼21层办公室电梯下楼，他拎着公文包，步履匆匆地向大东门走去。钟老师的身影永远定格在我的回忆里，就像生命中的一束火光。

先生已去，恩情此生无以回报。

我想，在为北师大、为教育事业工作的余生几十年里，得以延续钟老师的精神，与您同在。

（作者为钟秉林教授2019级博士）

春风化雨润无声

——深切缅怀恩师钟秉林先生

王瑞朋

在繁花似锦的季节，恩师钟秉林教授仙逝了。恩师是一棵大树，他矗立在京师校园里，成为我们永远缅怀的精神象征。恩师是一颗启明星，他在天空绽放永恒的光芒，指引我前进的方向。恩师是一座灯塔，他总是浮现在我的脑海中，让我在遇到困难时明确在大海中的航向。

2024 年 4 月 7 日上午，听闻钟秉林教授病逝，我瞬间悲痛难已，不由得掉下眼泪。虽然我之前已经知晓老师的病情，但还是感到难以接受。老师病逝前几日，我还写了两首祝福老师生日的诗歌，祝愿老师身体康健。老师的离去给我带来深深的悲痛与长久的思念。同时，老师对我的温暖使我觉得他一直活着，一直在我的身边。

还记得 2023 年下半年，我最后一次和老师见面，老师关心我在单位的工作情况。临别之际，老师特意叮嘱我，凡事要慢慢来，从长计议，不可着急。我当时还不太理解老师的意思，现在才理解了老师的用意。老师是在提醒我，对待事情，要平和，心胸要开阔，这是人生最宝贵的品质。在老师身边的几年时间，是我提高为人处世能力的重要时期。老师平和的心态、理性的思维方式对我有很大的影响。在老师潜移默化的影响下，我也学会了与不同性格的人打交道，可以说是“春风化雨润无声”。我慢慢学会了明辨是非，知己知人，不是一味感情用事，而是要在明事理的基础上处理问题，要根据不同人的性格说话做事。在知识水平提高之外，还有两样东西最能打动人心，一是思维水平的提高，二是做人道理的升华，老师在这两方面让我受益匪浅。教师不惟是经师，更是人师，这句话用来形容恩师，再合适不过。

老师对我的关心与期待让我永远难以忘怀。记得刚到北师大时，高等教育研究院开师生座谈会，老师专门在会议上对大家提起我，说我以后很有前途。我知道这是老师鼓励我的话。这体现了老师对我的重视，也让我明白自己要更加谦虚谨慎，不断进步。在师门聚餐的时候，老师让我坐在他的身边，老师对学生的亲切与爱护、师门融洽的氛围，至今记忆犹新。在北师大学习期间，我曾遇到困难，老师用他在延安时起早贪黑，同时教书育人的故事开导我，让我明白人生并非永远一帆风顺，要耐心，要吃苦。点点滴滴，深入人心，恩师对我的教导，真是至理名言，让我受用终生。人生最重要的心态是平稳，这是老师对我的教诲与期待。在我博士毕业之前，我感到时间紧迫，老师鼓励我渡过难关，并用实际行动帮助了我。他帮我修改大论文的提纲，帮我仔细修改小论文的细节，没有老师的帮助，我无法想象自己如何度过博士几年时间。

我多么想再回到北师大，在后主楼 21 层的办公室里见到老师。过段时间，我曾经在北师大住过的寝室楼前，应该是雨打芭蕉，深深的思念将我的心与北师大连在一起，将我的日常工作与北师大的几年充实时光紧密相连。老师是一位温和谦虚的长者。老师从不因自己的地位而傲于他人，他对人谦和，平易近人。他关爱学生与下属，热情友善。君子温润如玉，这句话用在老师身上，真是恰如其分。老师对教育有情怀，他倡导用科学的态度与方法研究教育问题，认为教育的发展要与时代的发展紧密契合，要实事求是，契合中国的国情，不能用抽象的理论去强行切割中国的教育发展。老师教导我要辩证地看待教育现实，不能用片面的观点分析教育现象。

在人生的长河中，世事如过眼烟云，可能转瞬即逝。但是，人的思想与精神是长存的，这种影响从先生传递到我身上，以后可能又传递给我身边的人，让对真理的追求与人间的温情永恒不灭，让世间的感情熠熠生辉。“不知乘月几人归，落月摇情满江树”，我多么希望能再和老师再在京师校园的楼上，探讨学术问题，放眼京城的繁华。

深切缅怀恩师钟秉林先生！学生永远怀念您！

（作者为钟秉林教授 2019 级博士）

成长与离别

姜 涛

从2024年4月7日的暴雨倾盆，到100多天后的阴雨连绵，只要生命是连续的，思念便会潜伏在人生的长河之中，或深或浅。因离别而滋生的伤口，注定伴随着漫长的悲伤，嵌入生命的年轮，在反复开裂中长成一个个遗憾。

或许钟老师的离开，就像是我在2124，他在教二教四；我在教室上课，他在后主楼审阅文章；等我上完了课，跟师兄一起去后主楼找老师，问他晚上想吃点什么的时候，他又恰巧出了差——钟老师永远都在，只是今后每次都会与我们擦肩而过。

2019年9月6日，在高教院师生见面会上，我第一次见到钟老师，会后老师第一时间将我和沈可心叫到身边，先让我们记下他的电话，有需要他做的事情随时给他发短信、打电话。随后又嘱咐我们要好好上课，认真读书，做好吃苦的准备。老师平易近人的态度与温和而不失坚定的学业建议让我在备感安心的同时，也不敢对学业有所懈怠。

2020年9月，升入研二，我参与了师门的一些课题，承担了一些日常事务。有时候事情比较急，情况比较复杂，钟老师面对我的求助总是"秒回"短信，帮我细细梳理问题或者联系其他老师跟我对接，解决我的困惑，让我少了一些浮躁，多了一些沉稳。

2020年11月17日，学位论文开题前夜，在外地出差的钟老师给我打来电话，一方面，让我再细细查一遍开题报告，不要有语病与格式错误；另一方面，夸我文笔不错，给我加油打气，让我紧张焦虑的心情逐渐平静。

2021年2月，我决定新学期去中学代课，毕业后去中学教书。3月返校后，我怀着忐忑的心情向钟老师汇报了我的规划，老师先是祝贺我找到了人生方向，让我下学期逐渐完成师门事务的交接，以有更多的时间来扎根教学，并让我在教学实践中不忘提升研究能力与科研素养，成为一名研究型教师。后来，新凤师姐与我聊天时谈到了老师对我“选择”的态度，他提到为什么优秀的孩子一定要去读博？——这既是老师对我的认可，也是老师对我的包容。

2022年4月4日，距离学位论文提交送审还有两周，因为代课的繁忙与自己的拖延，我堪堪完成学位论文初稿，无比惭愧地给钟老师发邮件，请老师把关。四天后，老师拿着纸质版的学位论文逐条跟我说了修改意见，从论文的标题结构、语言表达到标点符号的使用，甚至脚注中的错漏之处也一一指出，我在感受到老师对学问的严谨认真的同时，也羞愧于自己的不自律与“不成器”。通过查重与外审后，老师又把我叫到了办公室，在了解了我找工作的情况后，不忘提醒我“做事要有节奏，千万注意各个时间节点”。

2022年6月26日，受疫情影响，钟老师不能入校跟我们一起拍毕业照，于是在线上给我和凌梅师姐开了毕业生欢送会，给足了我们仪式感。

今年2月10日，我跟往年一样，给钟老师发拜年短信，今年老师的回复速度比往年稍慢，但我没有太过在意，只当是老师累了需要休息。

4月7日，在师门群中得知钟老师离去的消息，悲伤、震惊夹杂着后悔瞬间冲入内心，就像自己不紧不慢地走了很久的路，总觉得受老师照顾、爱护的日子还够怠惰消磨，可下一个平常的步子就迈到了分岔路口，路分两道，绵延到不同的方向，与老师擦肩而过……

7月20日，我入职后的第一批学生陆陆续续查到了高考录取结果，在分享喜悦的同时，也跟我聊了一些高中学习生活中的喜与悲。这时，我又想到了自己的求学经历，想到了钟老师的坚定、谦逊、严谨、包容，为我创造了良好的学习条件，使我一点点成长，也让我明白了分别之所以如此难受，是因为身为学生的我，从老师身上学到的东西实在太多太多。

想念钟老师！先生千古！

（作者为钟秉林教授2019级硕士）

师恩深重 永刻心间

杨瑾瑜

4月7日早晨上班途中，惊闻恩师仙逝的噩耗，心中悲痛难以言表，那些与恩师共度的时光如潮水般涌上心头，泪水夺眶而出，肆意流淌。

自2020年起，我有幸跟随恩师学习工作。犹记初次联系恩师时，得知我工作时间紧迫，恩师立刻联系了几位负责老师为我安排了面试。那一刻，我深刻感受到了恩师时刻为他人着想的处事之风，也更加坚定了我追随恩师的信念。

恩师对学生，始终关爱备至。每次见面，老师总是首先关心我们的生活和家庭状况，这份温暖让人备感亲切。

恩师对学生有求必应，让我们在任何困难时刻都能感受到坚实的依靠。恩师总是叮嘱我们，如有困难一定要告知。他不仅这么说，更是这么做。无论是学业还是生活，我们提出的任何需求，恩师都竭尽所能予以帮助。

恩师对教育事业充满热情，具有宽广的眼界和格局。他关注高考改革、民办教育的发展，以及教育与科技的最新动态。与他的交谈中，总能获得独特的视角，收获新知。

恩师敬业精神令人敬佩，年逾古稀仍全力以赴，一周数次出差，周末亦不懈怠，加班加点，师门的很多学术会议都在周末开展，老师都会亲自指导。

难以忘怀与老师的最后一面，在6月的炎炎烈日下，恩师身受病痛折磨，带着化疗后的疲惫，几乎走遍大半个校园，陪伴我们拍摄毕业照，只为见证和陪伴学生们毕业的喜悦时刻。这份坚守，让我们永远铭记在心。

恩师虽已仙逝，但他高尚的风骨、优雅的为人处事风范，以及严谨有爱的治学育人精神，将永远如明灯般照亮我们前行的路。我相信，恩师并未真正离开，他的人格魅力和智慧之光，将永远熠熠生辉。

（作者为钟秉林教授2020级博士后）

先生一课，绵延千古

罗启轩

恩师钟秉林先生是德高望重的校长、学识渊博的教授，更是和蔼可亲的老师。老师的辞世，令师门弟子和教育界陷入了巨大的悲痛中久久不能平复。老师虚怀若谷、宽厚仁爱的气度，严谨细致、实事求是的学风，矢志不渝、孜孜不倦的执着，一直温暖着我们，激励着我们。

老师一生璀璨，延安插队，名校毕业，拥有众多头衔，但最在乎的身份是老师。老师出身工科，投身教育，将自然科学与社会科学融会贯通，将深厚的学术积淀与丰富的阅历融为一体，灌溉于中国教育这片广袤的土地上，无声中滋养了莘莘学子和教育工作者不断进步、成长，悉心培养了大批在各个领域发光发热的优秀学生。老师作为教育领域的领路人，重大项目、重要会议、学术研究等工作几乎占据了他的全部时间。老师恪尽职守，兢兢业业，在推动教育教学改革、促进教育思想理念提升、优化教育资源配置、完善人才培养质量保障体系等方面做了大量扎实细致的工作，用几十年的时光与热忱来诠释他对我国教育事业的信念与坚守，为教育理论的创新发展、为我国教育政策和教育实践的改革和完善作出了巨大贡献。

老师治学严谨，对学生又十分宽厚谦逊，在老师的指导下开展学术研究是非常宝贵和幸运的科研学习之旅。一次，老师在百忙中专门腾出时间来指导我一篇论文的修改，从题目的确定到摘要的措辞，从资料数据的分析到行文的规范，从逻辑的梳理到文章的结构与有序展开，再到一个标点、一个数字等细节，老师一一耐心指导，我在一旁认真聆听，真切地领略到潜心钻研、精益求精的治学态度，深深被他的大家风范所感染。老师还特别鼓励我大大方方地表达自己的观点，不要怕犯错，这给了我莫大的信心和前行的动力，让我受益终生。

老师给了我们太多无微不至的关怀，虽然无比忙碌，但学生的重要时刻他都未曾缺席。老师会在百忙中抽出时间参加定期举行的师门学术沙龙，对学术分享给予专业指导。在毕业答辩时，老师会亲临现场，为学生加油。平时老师一有时间便就会看望大家，与学生们围坐一起，询问每个人的生活近况，分享自己难忘的经历，谈笑间，为学生指点迷津。对年节假期留校的学生，老师都会关怀备至，悉心了解学生的需求，竭尽所能帮助学生解决实际困难。老师对学生从来没有硬性要求，而是满满的支持、包容与鼓励，鼓励学生在感兴趣的领域闯出一片天地。学生的邮件和短信，老师总是及时回复，让我们时刻都感受到身后永远有一个最为坚强的后盾。在彷徨的求职阶段，我们更是得到老师太多的关心与帮助，他始终坚信每位同学最终都会有一个理想的选择。

校园生活不短不长，往常的毕业季满是留恋，也是最令人期待的时节，因为在这个时刻，您都会与师门同学一起在学校各个标志地合影留念，绿树茵茵打碎了阳光，镶嵌在您洁白的衬衫上。我们把您簇拥在中间，一起漫不经心地怀念旧时光，畅想未来，不经意间留下一张张灿烂的笑脸，这也彻底定格在了师大最美好的瞬间……如今，六七月的滂沱大雨已把校园冲洗一新，却再也无法簇拥着与您在校园的小路上走走停停，再也无法聆听您的谆谆教诲与嘱托，再也无法与您共同记录生活中的瞬间点滴……细数与您相伴的日子里，在日常与细微之中，藏匿着道不尽的温暖。您的人格魅力无形中感染着身边每一个人，激励着身边每一个人，也帮助着身边每一个人，您是我们一生的榜样、一生的挂念。

先生一课，绵延千古。缅怀恩师！

（作者为钟秉林教授 2020 级博士后）

那座灯塔永远指引我们前行

程奕嘉

从听闻老师离开的噩耗至今，内心始终无法释怀，以至于每当提及、想起，都不能自已。

2020 年 9 月，我入学北师大，与老师的师生缘分不长，但足以铭记一生。我本科学习公共事业管理，跨专业、跨学校来到这里，教育学理论基础并不好。老师了解后，仔细叮嘱我要把基础打好，就算日常工作繁忙，也时刻关注、常常问起我的学业成绩。第二学年毕业论文开题前，我带了几个意向选题，和老师预约了时间在办公室汇报，老师仔细听完我的选题思路和研究计划，用近一下午时间逐一分析各个选题的研究价值和可行性，最后说："最终选题仍由你决定，我的意见仅供你参考。"一位老教授对自己的硕士生如此贴心照顾，让我深受触动。当时，我对其中一个选题有研究基础，有点得意地告诉老师，老师还多加嘱咐："要立足新的学习阶段，更多围绕教育学科的专业视角，把问题扎下去研究清楚。"这给当时抱有讨巧心理、打算少做点工作的我敲响了警钟：问题时刻在变化，研究要与时俱进。

与老师接触最多的是在师门的各种活动里。学术沙龙中，从发言人的陈述内容、语言节奏到详略呈现，老师无不细细关注，并在发言后给出中肯建议；在生活活动中，老师幽默亲和，就像家中的长辈，对围坐在侧的晚辈满是慈爱。

每当想到老师已经离开，都觉得满是遗憾：一是遗憾毕业前，没能有机会向老师汇报，仅求职时在政审环节，叨扰老师出席了单位对我的政审谈话，也因老师有工作安排，结束后没有停留，没能跟老师多说几句话；二是毕业后，虽然在北京工作，却始终没能回师大看望老师，总觉得来日方长，会有大把时间返校欢聚，却不知……我多么想向老师讲述入职后的所行所思，遗憾的是再也没有机会了，只剩无尽的酸楚。

虽有遗憾，但老师锐意进取、崇教爱生、攻坚克难的精神将始终鼓舞我，如明灯，如航标，如丰碑。

道之所存，师之所存。先生永存！

（作者为钟秉林教授2020级硕士）

秋水蒹葭 不忘恩师

刘晓霞

2024 年 4 月 7 日，惊闻先生仙逝噩耗，万分错愕，久久难以置信。回过神来，确认了消息来源，才不得不相信，钟老师走了。此日天公同恸哭，中国教育界巨星陨落，北师大痛失一位教育学泰斗。

心中悲痛难掩，往事历历在目。第一次见到钟老师，是 2020 年 9 月在高教院的新生见面会上。钟老师虽然身兼数职，却永远把学生放在最重要的位置，从 PPT 的排版到具体内容的呈现，他都会对每个汇报的学生进行耐心的指导，并鼓励我们积极探讨，畅所欲言。研二我有机会参与老师的大课题，老师总会定期细致了解每个人的进展、遇到的问题和需要的帮助，并耐心细致地答疑解惑，指点迷津，给我们提供最好最新的资料。三年里，我是何等幸运，能够在为人、做事、做学问等各方面全方位向老师学习，感受来自钟老师春风化雨般的关爱！老师永远是我们为人、为学、做事的大先生，塑造学生品格、品行、品位的大先生。在老师的身上，“谦谦君子、温润如玉”得到了最好的体现。

当时只道是寻常，不承想仅仅三载竟与钟老师天人两隔。掩涕难抑，千言万语不知从何说起。我们不会忘记钟老师在中国教育领域作出的杰出贡献，我们更不会忘记钟老师为学生的成长付出的一切。我遗憾，我懊悔，毕业后没能有机会拜访您，当面向您请教，但老师的精神会一直鼓励我，激励我。心之所铭，便是长存；得遇良师，三生有幸。

钟老师，我们永远怀念您！

（作者为钟秉林教授 2020 级硕士）

阳光里的先生

陈　枫

2024 年 4 月 7 日，一早收到消息——老师离开了。室友士茹一边自己难过，一边努力想要安慰我，所以在我身后走来走去，不断叹气又不停吸鼻子。旁边水房里两位同学在闲聊，感叹今天终于迎来了久违的好天气。不知道老师走之前有没有看到今天灿烂的阳光和辽阔的天空。

4 月 3 日，我去医院探望老师。病房显得大了些，像一件过于肥大的衣服套在老师身上，让人无端担心他会不会觉得冷。在老师旁边坐下时，我有一瞬间分神，想着要是病床离窗户再近一些就好了。如果再近些，阳光就能一直洒在老师身上了。临走时，老师还答应我，等到了 6 月，就和我一起拍毕业照。

2021 年 4 月 25 日，那天也是大片明媚的阳光洒在空中飞舞的杨花上，让人不由得心情很好。我到英东楼 851 参加博士生复试的面试，在那里第一次见到了老师。老师腰杆挺拔，坐在面试现场显得儒雅和善。我当时没敢设想过会成为老师的学生，所以在看到公示名单之后还忐忑恍惚了好一阵子。入学之后，老师找我谈话，希望我在就读期间好好读书，好好做研究，不要有顾虑，尽量自由探索，有任何需要都可以找他。那时的我还不明白这句话的分量，不明白老师给了我多么难得的自由空间，又给了我多么珍贵的兜底承诺。

在此后的三年里，我选自己喜欢的课，读自己感兴趣的书，结识了许多温暖善良的师友，去过很多不同的地方见识各色风景，还做了一项不那么主流但是让自己受益匪浅的研究。我从不曾担心自己的某一个选择会带来无法承受的后果,因为在这三年里,面对我的每一次突发奇想或横冲直撞,老师都微笑着温和地点点头:“好啊,去吧,有什么困难再来找我。”老师便是这样温和而坚定地慢慢带我走过了博士生活,将我送往人生的下一站。

第一次见面,没想过跟老师的缘分会那么长。

最后一次见面,没想到跟老师相处的时间会这么短。

4 月里有很多的相遇和离别,因为是老师,所以引来长久而深沉的回响。

6 月里迎来了我的毕业季,毕业照里没有钟老师,但是灿烂的阳光和深远的天空一如两个月之前的那天。

今年 7 月份,我结束了长久以来被老师庇护着的学生生活,奔赴了一段新的旅程。我会继续好好读书,好好做研究,没有顾虑地自由探索,一如三年前初相见时,老师嘱咐的那样。

(作者为钟秉林教授 2021 级博士)

读不尽的一本书

李传宗

我与恩师钟秉林先生的缘分始于三年前的大学生夏令营。尽管时值疫情，只能隔着一方小小的电脑屏幕聆听讲座，但钟老师的出场仍然让我们激动不已，大家在评论区的发言满是尊敬而又难掩兴奋欣喜之情。钟老师的声音温和有力，面容和蔼可亲，生动地展现了一位德高望重的学者对教育事业的拳拳之心和对学术后辈的殷切期望，深深感染着在场的每一个人。现在回想起来，老师的奕奕神采仍然历历在目。那时候的我还不曾想到，自己有朝一日能够跟随先生学习。后来有幸被学校录取，开学后的新生见面会上，当听到自己的导师是钟秉林老师时，我受宠若惊地抬起头，正迎上钟老师温和的目光。老师和我相视一笑，从此对如沐春风这个词语有了生动的切身体验。

在与钟老师相处的过程中，他的形象在我心中发生过多次变化。与老师刚刚相识时，他在我的眼里是一位学术大师的形象。钟老师总是很忙，他的身影辗转于课堂上、讲座中、师门的学术沙龙里、网络的新闻发布会上和各式各样的学术活动中。向别人介绍起我的导师，对方总是肃然起敬，赞叹钟老师的学术成就，我也与有荣焉，但同时不免感到战战兢兢，担心自己有损老师的名声，所以最初与老师交流显得怯生生的。后来渐渐发现，钟老师其实是一位十分接地气的学术大师。每有困惑向老师请教时，他总能用极平实的语言点出问题所在，让人豁然开朗。钟老师从不限制或批评学生，而是鼓励大胆思考、勇于质疑、积极探索，尊重学生的兴趣与想法。在交流硕士论文选题时，他十分支持我自主选题，并强调学术研究要面向高教实践中的真问题，嘱咐我做好研究计划。

随着生活化互动的逐渐加深，钟老师又变成了一位亲切长者的形象。他永远是那样宽厚，那样温和，以极大的耐心体谅和包容对待身边的人。无论何时给老师发送短信，他总是第一时间回复并安排时间面谈，学生在学习和生活上有任何困难，他都热情地帮忙解决。无论线上交流还是线下见面，老师都会关心我的生活近况，嘱咐我保重身体，有任何事情随时和他联系。疫情期间我忽然接到通知，因为监测到密接风险而需要隔离住宿，十分紧张。老师得知后发来短信安慰我说“既来之，则安之”，我的心一下子便落了地，生出一股镇定的力量。钟老师就像学生生活里的定海神针，有老师在，我们总是很安心。

钟老师曾经说过，在他的一大串头衔中，最在乎的身份是老师。作为学生的我们一直以来也以老师的形象看待钟老师，甚至有时会因为他平易近人的谦谦风度而忘掉了这是一位德高望重的教育家。直到钟老师离开了，整理老师的生平资料、看到全国各界纷纷表示悼念时，我才惊觉平时如此熟悉的那位长者居然变得有些陌生，大量的事件和细节更加清晰地勾勒出钟老师一生的轨迹以及他对中国教育事业的重大贡献，老师的形象变得更加亲切而高大。

追忆老师成了一场心灵的洗礼，就像读一本大书，在不断翻阅中重新认识和深入理解先生的教育情怀、学术精神、工作作风与生活态度。我忽然明白，老师从未离开，他之于我们的意义从日常生活的陪伴与教导转变为精神世界的导师与榜样。

悲痛难复，信念弥坚。老师，我们大家都很好，请您安心！我们也必将继承您的遗志，为中国教育事业作出自己的贡献。

（作者为钟秉林教授2021级硕士）

做有理想的高教行动者

齐昌政

在师门群第一时间得知先生远去，很是震惊，之前听闻先生身体欠佳，却未料变化如此之快。回想与先生为数不多的交往片段，不时萦绕心中。

工作以来，怀着对人生价值的追求，我又燃起了回母校读博的愿望。2022 年，我被母校录取为教育博士生，欣喜之余，面临选择导师的问题。从事研究生教育管理工作的我，很想投身于先生门下，多方打听，先生基本不再新招教育博士学生，我怀着疑虑的心情给先生发了邮件，先生很快回复，后来经过电话沟通，先生将我纳入门下，并鼓励我做个有理想的高教行动者。我读硕士时，先生是校长，当时我未曾料到，若干年后，我会求教于先生门下，这真是莫大的幸运和缘分。

在高教院新生见面会后，先生与我进行了长谈，我顿感如沐春风。他有着丰富的教育管理经历，提及我家乡的高校、我此前学习和工作的高校，他都如数家珍，了如指掌，充分体现了他作为曾经的国家教育行政部门领导以及高教界的理论专家，对高等教育领域倾注了很多关怀、关注和心血。

由于疫情原因，我与先生见面不多，但有过多次短信和电话沟通，有一次我代表学校邀请他来校参加“双一流”建设中期考核专家论证会，他因身体原因未能亲自赴会，但专门给我回电话，讲了一些他的看法和建议。还有一次，我工作的高校申报评选国家教学成果奖，先生也提供了很好的建议。

先生时刻站在高等教育的学术和实践前沿，笔耕不辍。在 2022 年国家颁布新的学科目录后，先生即发表了解读文章《高质量高等教育体系建设进程中的重要事件》。2023年教育部发布《关于深入推进学术学位与专业学位研究生教育分类发展的意见》后，先生又著文《深入推进学术学位与专业学位研究生教育分类发展，助力教育强国建设》。这些正是我所从事和关注的工作领域，读这些文章，对相关政策的把握更加清晰透彻，仿佛一位良师正向我娓娓道来，指点迷津，受益良多。

未能在先生的指导下完成学业，颇以为憾，但先生谦谦君子的风范、追求真知的品格、孜孜不倦的精神、理论与实践相融的志趣，时刻影响着我，激励着我。

钟老师永远活在我们心中！

（作者为钟秉林教授2022级博士生）

教诲永铭　长怀师恩

陈昱泽

记得研一的时候，我曾陪同钟老师前往教室上课，接连两个小时的时间，老师在讲台上侃侃而谈，各种理论观点、实践事例信手拈来。尽管大家听得非常认真，可进入提问环节时，大家却面面相觑：因为预习课程时遇到的各种问题已经在听讲的过程中通通被解答了。我的同桌凑在我的耳边小声说：不愧是钟老师！

研一暑假，几次与钟老师偶遇，老师每次都会亲切地询问我的近况，并给我一些建议，我也时常将我的学术思考向老师汇报，老师鼓励我结合高等教育的话题，将这些思考转化为学术论文。于是我开始着手撰写，终于在研二开学之际，有幸和老师合作发表了《大学排名的时代挑战与理性超越》一文。硕士开题期间，尽管我已将几乎所有可调用的时间都用于准备开题，但还是遇到了一些困难和挑战，这一度让我感到迷茫。之后的一段时间里，我仍在对研究计划进行持续的修改。到了学期末，学校的道路上人影寥寥，窗外是盘旋在枯树上空的乌鸦，用粗粝的尖叫宣告着冬季的到来。正当我在盯着文本思索时，钟老师突然推开了办公室的门，亲切地向我们打招呼。寒暄过后，钟老师仿佛看穿了我的心事，走到我的面前说："我知道，你想要把问题说得深入、透彻，不过在这个过程中，要更多地考虑读者的感受，所以最好在表述上更加突出文章的主线。那么，文章里有一些与主线的逻辑链延伸较远的，可能就要忍痛割爱吧！后面看看怎么均衡和调整一下，相信你可以改得更好！"老师越说，我越是激动，感到血液在心脏中汩汩流淌！因为这个让我自我怀疑的文本，居然得到了钟老师的认可！老师的指点与鼓励，他的从容不迫，重新点燃了我的信念。当时我就下定决心，永远不要灰心丧气，永远要对自己有信心，锁定自己的目标就要持之以恒地走好每一步路。

后来，先前和老师合作发表的文章被人大复印转载，我立即将这个讯息分享给了老师，老师知道以后也很高兴，然后就在后来的一次见面时对我说："小陈文章写得不错，不过别骄傲啊。"我连忙说"绝对没有"，内心却在暗自窃喜！再后来，老师回消息的频率开始变低，隐约之中我也感受到了什么……在我的人生中能够遇到这样一位尊重、理解并愿意全力支持自己的老师，于我而言真是三生有幸！

疾风亦有归途，钟老师度过了精彩而充实的一生，我们也要像老师那样，怀着信心与希望，走进属于自己的时光。

（作者为钟秉林教授2022级硕士生）

泰山其颓，吾将安仰？

赵丹宁

时间匆匆流逝，距离那令人沉痛的日子转眼间已过三月。心中始终涌动着一股冲动，想要为敬爱的钟老师留下文字，以作永恒的纪念。但每当起笔之时，却又不由自主地退缩逃避，似乎只要不去直面，就能掩耳盗铃地自我安慰，幻想老师依然在我们身边，未曾离去。

4 月 7 日的清晨，我刚刚坐到办公桌前开始一天的工作，便接到了一位熟识同事的电话。电话那头的声音带着一丝迟疑和不安，问我是否听说钟老师已经仙逝。那一刻，噩耗如同晴天霹雳，让我的心猛然一紧，声音和手指都不由自主地颤抖起来。虽然早在一年前，我们就已经得知老师身患重疾，每次见到老师日渐消瘦的身影，心中都会默默哀伤，但内心深处，总还存着一丝希望，期盼着老师能够战胜病魔，祈祷着现代医学的奇迹能够降临。直到一个小时后正式接到师门群里的消息，才不得不接受这一悲痛的事实。

我与钟老师的缘分始于 2016 年。那时，我只是一个刚刚踏入教育领域的新人，而老师已经是教育界备受尊敬的泰山北斗。因工作和会议的机会，我有幸与老师有过几面之缘。老师深厚的学术造诣、出众的人格魅力、儒雅亲和的气质以及高尚的教育情怀，都给我留下了深刻的印象。他的每一次言传身教都让我受益匪浅，仿佛一盏明灯，照亮了我前行的道路。

2023 年，我有幸成为钟秉林教授门下的一员，攻读博士学位。在新生入学的师门见面会上，老师亲自迎接我们，并逐一介绍我们与师门前几届的同学认识。他细心询问每个人的学业状况，并语重心长地叮嘱我们要先认真完成学校培养方案中的课程学分要求，打好基础，不要急于求成。老师的平易近人和亲切关怀，极大地缓解了我们初来乍到的紧张感，也让我们迅速融入了这个大家庭。

老师对学生的关爱，如同对待自己的孩子一般。无论是每月的师门学术沙龙，还是预开题和预答辩，老师总是亲临现场，给予我们悉心的指导。即便是在出差的旅途中，他也会通过线上的方式，确保我们每一个学术环节都能得到充分的指导。由于疫情和工作的双重影响，我无法像在校的同门一样频繁地见到老师，但每当我遇到难题向老师求助时，他总是第一时间给予我建议和帮助。即便在生病期间，老师也未曾停下他那辛勤耕耘的脚步，依旧坚持安排好所有工作和师门的各项事宜。去年5月底的博士生答辩，老师拖着病体来看望我们。答辩结束后，我与老师留下了唯一一张合影，这将成为我毕生珍藏的宝贵记忆。

老师去世的那个夜晚，他的许多学生从北京各地自发地赶回学校。在熟悉的办公室里，我们聚集一堂，时而静默哀思，时而情不自禁地回忆起与老师之间的点点滴滴。看着一张张真挚而悲伤的面孔，听着一段段生动感人的故事，我既为老师的亲切仁爱而深感动容，又不禁懊悔自己没有更加充分地珍惜与老师短暂的相处时光。同时，我更加深刻地感受到老师的离去，不仅是我们个人和师门的巨大损失，更是整个教育界的巨大损失。老师用一生的伟大奉献，诠释了什么是真正的教育家精神。虽然老师已经离我们远去，但他那勤学笃行的学术态度和大爱无私的道德情操，将永远厚植在我们的心中。

（作者为钟秉林教授2022级博士生）

钟老师，您仍在教育着我

韩子祥

钟老师以其卓越的道德品格、深厚的学术造诣、无私的育人精神，在中国教育界与学术界树立了不朽的丰碑，成为了众多学者与教育者的楷模。他不仅是真理的探寻者与知识的传播者，更是灵魂的工程师，用自己的一言一行诠释着何为“学高为师，身正为范”，照亮着无数学子前行的道路，将思想与温情的薪火代代传递。

自己与老师的缘分尚浅，除去视频会议等间接途径外，只有简单的两次见面，但正是这短短的一瞬，在我的人生中烙下了深刻的印记。与老师的第一次见面是一次楼道的意外邂逅，虽然缺乏正式的仪式感，却以一种更为质朴而深刻的方式在我心中留下了难以磨灭的记忆。那时的他已面容消瘦，但眼神依旧明亮。听闻老师即便在病榻之上，仍心系校园与学子，凡事都要亲力亲为。这份坚持与奉献，让我心生敬意，深刻体会到了学者的勤劳笃行与师者的慷慨无私。第一次见到老师，我紧张得不知所言，但老师的亲切瞬间打破了尴尬，他十分热情地向我伸出了手，关心起我生活与学业上的近况。老师的手精干有力，定是经历过无数风雨的磨砺，但他话语中流露出的温柔与随和，使我一时忘却了我们如此巨大的年龄与身份差异，只有师生间纯粹的交流与关怀。温润如玉、刚柔并济，这是我对老师的第一印象。

与老师的第二次正式会面是在 2023 年底师门有关毕业论文开题的学术沙龙上。对学生而言，毕业论文的开题报告无疑是学术旅程中的一个重要里程碑，而老师的深切牵挂与亲自指导，为我们提供了宝贵的支持与鼓励。在休养与康复的过程中，老师正面临着身体上与精神上的挑战,但他依然关心学生的方方面面。在老师的人格魅力引领下,师门沙龙的学术风格是多元开放与严谨认真的,老师不会轻易否定学生的想法,而是积极鼓励,提供建议,大到研究选题、小到语言表述,老师耐心地解答学生的全部疑惑,力求做到尽善尽美。这场沙龙不仅是学术知识技能上的指导,更是精神上的引导,老师的关怀与期盼伴随始终,鼓励我们勇于探索、敢于创新,以严谨的态度和扎实的功底去完成一个个艰巨任务。在师兄师姐的帮助中,我又进一步看到了这种教育精神的传递与延续,文稿中密集的修改符号与批注建议,是白纸黑字中的温度,是对学问的敬畏与对后辈的关怀。

然而,噩耗来得如此突然,听闻老师仙逝的那一天,遗憾与悲伤并行,我遗憾于未能更多地认识老师,遗憾于曾经的期待未能实现。没想到最后一次与老师见面是在师门沙龙上,那时想着第二年老师也能亲自指导我。我遗憾于再也没有机会坐在老师身旁,感受老师的风范、聆听老师的教导,更遗憾于老师走得太过突然,一位德高望重、诲人不倦的先生本该有更多时间安度晚年,一代巨星陨落也是教育界、学术界的重大损失。在翻看老照片和视频的过程中,我仿佛也亲身经历了那一段时光,在物是人非的不真实感中无比悲伤,老师的笑容从未离我如此近,我意识到,老师的影响从未消失,他的精神定会有人继承。尽管客观上的时间很短,但哪怕只作为钟老师的学生一天,对我来说都是无比荣幸的,今后我还将继续珍惜这次相遇,延续这场缘分,我将永远骄傲地表示自己是钟先生的学生,也希望自己能不辜负恩师传递至今的求真创新、崇教爱生、行为世范的信念,将思想与温情的薪火传递下去。

或深或浅,或长或短,遇到,就是师生一场的缘分,愿恩师一路走好、精神永垂不朽。

(作者为钟秉林教授 2023 级硕士生)

探寻教育变革之路

——钟秉林先生的教育变革思想

姚文建

一、引　言

在当代中国教育领域，钟秉林先生无疑是一位极具影响力的标志性人物。1990年代以来，钟秉林先生投身教育管理与政策研究领域，凭借深厚的学术造诣与卓越的领导才能，在教育变革方面更是成果丰硕。他不仅在理论上对教育变革的本质、路径与策略进行了深刻剖析，构建起一套系统且富有前瞻性的教育思想体系，而且更在实践中积极参与各类教育改革项目，致力于将理论转化为推动教育发展的实际动力。他聚焦教育公平与质量提升两大核心议题，针对教育教学改革、人才培养模式创新、教育治理体系完善等诸多关键领域展开深入探究，提出一系列极具前瞻性、科学性与可行性的真知灼见，为我国教育事业的改革发展作出了自己独特的贡献。

剖析钟秉林先生的教育变革思想具有多重目的与深远意义。从理论层面而言，系统梳理其思想有助于丰富与完善我国教育变革理论体系。在我国教育由规模扩张迈向内涵式发展的进程中，钟秉林先生诸多关于教育质量提升、人才培养模式创新等见解，能够为理论研究注入鲜活实践案例与深度思考维度，促使教育理论更加贴合国情与时代需求，为后续研究搭建坚实基石。从实践维度而言，这能为教育决策者、管理者及一线教育工作者提供可资借鉴与推广的建议。面对教育资源分配不均、人才培养与社会需求脱节等现实困境，先生倡导促进教育公平策略、推动高校分类发展，恰如其时，可以帮助各方在教育改革中找准方向，优化教育决策，革新管理模式，改进教学实践。

着眼于教育发展趋势研判，其思想更是洞察未来的一扇窗口。伴随现代信息技术、人工智能等科技信息领域的迅猛发展、经济社会转型升级、社会需求持续更迭，教育领域不断涌现出新的挑战与机遇。钟秉林先生对教育信息化、国际化走向的前瞻洞察，能够启迪教育界未雨绸缪，积极主动适应乃至引领教育变革潮流，推动我国教育事业稳健迈向现代化，培育契合时代发展需求的高素质人才，为国家发展与民族复兴筑牢人才根基。

本文旨在尝试对钟秉林先生在教育变革领域的主要观点进行初步的梳理和剖析，以期展现其深邃的教育思想与实践智慧，为当前及未来的教育改革提供有益的借鉴与启示。

二、钟秉林先生教育变革思想的时代溯源

（一）全球化浪潮的冲击与启示

20世纪末以来，全球化进程以前所未有的速度席卷世界各个角落，成为不可逆转的时代潮流。这股浪潮犹如一场深刻的变革之风，对人类社会的方方面面产生了深远影响，教育领域自然也难以置身事外。钟秉林先生敏锐且精准地捕捉到了全球化给教育带来的诸多挑战与深刻变革，其教育变革思想在很大程度上正是源于对这一时代背景的深入洞察与深刻反思。

随着全球化的日益深入，知识经济蓬勃兴起，逐渐成为主导世界经济发展的核心力量。在这种全新的经济形态下，知识的创造、传播与应用成为推动生产力发展的关键要素，同时也对人才的知识储备、创新能力以及终身学习能力提出了前所未有的要求。[①] 传统教育模式侧重于

① 钟秉林：《高等教育的时代任务：提高质量促进公平》，《中国高等教育》2008年第8期。

知识的灌输，以应试为导向，注重记忆与复述，显然难以满足知识经济时代对创新型、复合型人才的急切需求。钟秉林先生深刻认识到这一点，他多次强调教育只有与时俱进，打破传统教育观念的束缚，积极创新教育模式与方法，致力于培养具有国际视野、创新精神及实践能力的高素质人才，方能使受教育者在全球化竞争的舞台上崭露头角。

信息技术的飞速发展是全球化时代的又一显著特征，它如同一股强大的洪流，重塑了人们的生产、生活与学习方式。互联网特别是移动互联网的普及让信息传播突破了时空界限，海量知识触手可及，知识更新换代的速度呈指数级增长。在线教育、远程教育等新兴教育形式应运而生，为人们提供了更加便捷、多样化的学习途径。面对这一变革，钟秉林先生前瞻性地指出，只有主动拥抱信息技术，将其深度融入教育教学的各个环节，实现教育的数字化、智能化转型，教育才能跟上时代步伐。他积极倡导线上线下混合式教学模式，推动智慧教育平台的搭建，致力于打破学习的时空禁锢，让优质教育资源能够广泛覆盖，惠及更多学习者。

全球化还使得国际竞争愈发激烈，作为培养人才的摇篮，教育肩负着提升国家竞争力的历史重任。钟秉林先生深知，在这一背景下，我国教育必须进行深刻变革，不仅要注重人才数量的增长，更要聚焦人才质量的提升，确保培养出的人才能够适应全球化的挑战。他反复强调教育公平的重要性，认为只有实现教育资源的均衡配置，让每一个孩子都能享受到优质教育，才能从根本上提升整个国家的人才储备与竞争力，为民族复兴筑牢坚实基础。

在全球化的浪潮中，他呼吁教育界打破传统教育观念的枷锁，以创新驱动教育发展，培养适应时代需求的国际化人才；强调借助信息技术之力，拓展教育边界，提升教育效率与质量；始终将教育公平作为教育变革的核心价值追求，致力于缩小城乡、区域之间的教育差距，让教育公平的阳光普照每一个角落。这些思想不仅是对全球化挑战的有力回应，更是为我国教育迈向现代化、国际化助力良多，对推动我国教育事业的蓬勃发展具有重要的指导意义。

（二）国内教育现状的机遇与困境

钟秉林先生认为，我国教育变革在取得显著成就的同时，也面临着诸多挑战与机遇。他指出，当前我国教育变革面临的主要挑战包括教育观念落后、教育资源配置不均、教育质量参差不齐等问题；机遇则主要体现在国家对教育的重视程度不断提高、教育投入持续增加、教育信息化快速发展等方面。[①]

钟秉林先生结合我国教育发展的实际情况，深入分析了教育变革面临的挑战。他认为，要克服这些挑战，必须深化教育改革，创新教育体制机制，加强师资队伍建设，提升教育质量。他强调，教育信息化是推动教育现代化的重要手段，可以极大地提高教育的效率和质量，在教育变革中发挥着重要作用。

三、钟秉林先生教育变革思想的核心架构

（一）教育发展观：内涵式发展之路

钟秉林先生敏锐洞察到我国教育发展阶段的深刻转变，极力主张教育要由外延扩张转向内涵式发展。[②] 在过往数十年间，我国教育历经大规模扩张，各级各类学校数量持续攀升，入学率稳步增长，成功构筑起庞大的教育体系，为国民素质提升与国家发展奠定基石。然而，伴随时代演进，单纯数量增长难以满足社会对教育的多元诉求，教育发展的主要矛盾已从“有学上”转为“上好学”。

在此关键节点，先生高瞻远瞩地指出，内涵式发展聚焦教育质量提升与结构优化，是教育迈向更高层次的必由之路。一方面，要深挖教育

---

① 钟秉林：《深化综合改革是当前教育领域的关键任务》，《小学教学研究》2021 年第 24 期。

② 钟秉林：《内涵式发展：教育发展的必由之路》，《中国教育报》2015 年 5 月 10 日，第 3 版。

内部潜能，全方位提升人才培养质量，涵盖知识传授、能力培育、品德塑造等诸多维度；另一方面，要精准对接社会需求，动态调整教育结构，涵盖层次、专业、区域布局等层面，力求教育资源合理配置，达成教育与社会发展的良性互动。

第一，质量至上，重塑教育价值根基

在钟秉林先生的教育理念架构中，教育质量是核心要义，承载着教育的根本价值与使命。[①] 他多次指出，在当今高等教育领域，部分高校陷入“重科研、轻教学”的泥淖，已然成为阻碍教育质量提升的一大顽疾。钟秉林先生以其敏锐的洞察力，深刻剖析了这一现象背后的深层次问题。在一些高校，科研项目申报、论文发表成为教师竞相追逐的目标，大量的资源如人力、物力、财力被过度倾注于此，人才培养的主阵地本科教学却陷入资源短缺、师资投入不足、教学用心不够等诸多困境。这种本末倒置的发展模式，使得人才培养质量这一教育的核心价值受到严重冲击。

钟秉林先生反复强调，人才培养质量是衡量高校办学水平的首要标尺，是教育的根本使命所在。高校必须回归育人初心，将优质师资、充足经费、先进设施等资源向教学一线倾斜。在师资配备方面，要选拔一批教学经验丰富、专业素养深厚的教师投身本科教学，为学生提供高质量的课堂教学。同时，需要加大对教学经费的投入，用于更新教学设备、建设实验室、丰富教学资料等，为教学活动创造良好的硬件条件。[②]

课程体系建设是提升人才培养质量的关键一环。先生倡导淘汰那些陈旧过时、与社会需求脱节的课程，引入前沿知识、新兴技术，打造“金课”集群。[③] 例如，在信息技术飞速发展的当下，高校应及时开设人工智能、大数据、区块链等前沿课程，让学生接触到最前沿的知识领域，拓宽他们的学术视野。创新教学方法同样不可或缺，摒弃传统的满堂

① 钟秉林：《论教育质量的核心地位》，《教育研究》2016 年第 8 期。

② 钟秉林：《以中国式教育现代化助力新时代新征程》，《中国基础教育》2022 年第 11 期。

③ 钟秉林：《课程体系改革与人才培养质量提升》，《高等教育研究》2017 年第 6 期。

灌式教学，推广研讨式、项目式教学。在研讨式教学中，学生围绕某一学术问题展开深入讨论，各抒己见，激发他们的主动探索精神与批判性思维；项目式教学则让学生组队完成实际项目，在实践中提升解决问题的能力、团队协作能力以及创新能力。

完善教学评价体系是保障教学质量持续提升的重要手段。构建多元主体参与、全程动态跟踪的评价机制至关重要。[①] 除了传统的教师评价，还应引入学生评价、同行评价、企业评价等多元主体，从不同角度全面考量教学成效。通过全程动态跟踪，及时发现教学过程中存在的问题，并精准诊断，为教学改进提供有力依据，促使教学质量稳步进阶，真正实现教育的高质量发展。

第二，结构优化，精准对接社会需求

随着时代的飞速发展，高等教育专业设置滞后于产业变革步伐的问题愈发凸显，犹如一道鸿沟横亘在教育与社会需求之间。[②] 在新兴科技如人工智能、大数据、新能源等迅猛崛起、产业结构深度调整的当下，部分高校的专业目录却依然陈旧，传统专业占比较高，新兴专业培育迟滞。这直接导致人才供给与市场需求出现严重错位，一方面大量毕业生面临就业难题，所学专业知识难以满足市场需求；另一方面，企业亟需的创新型、复合型专业人才却供不应求。

钟秉林先生深刻认识到教育结构优化调整的必要性与紧迫性，大力主张教育结构调整应秉持前瞻性、适应性原则，紧密追踪产业动态，预判人才需求走向。高校需建立专业动态调整机制，定期开展专业评估，以市场需求为导向，淘汰那些就业低迷、契合度差的专业，以前瞻性眼光布局战略新兴专业。例如，某高校敏锐捕捉到当地新能源产业蓬勃发展的趋势，果断淘汰了部分传统工科专业的冗余方向，集中资源开设新能源材料、新能源汽车工程等专业，与当地企业深度合作，共同制

---

① 钟秉林：《构建科学的教学评价体系》，《中国大学教学》2018 年第 5 期。

② 钟秉林：《高等教育专业结构调整与产业需求对接》，《职业技术教育》2019 年第 12 期。

定人才培养方案，学生毕业后迅速成为企业的技术骨干，为地方产业升级注入强大动力。

校企合作是实现教育结构优化、人才培养与产业需求无缝对接的关键路径。高校应加强与企业的深度合作，共建产业学院、实习实训基地。企业投入先进设备、选派技术骨干担任兼职教师，将最新的行业技术、实践经验带入课堂；院校依据企业岗位标准定制课程体系，确保学生所学知识与技能与企业实际需求紧密契合。在具体实践中，某职业技术学院堪称典范。学院精准锚定区域产业集群需求，与当地模具、化工等优势产业紧密联动，创设特色产业学院。企业全程参与专业设计、教学实施，学生在学习过程中不仅掌握了扎实的理论知识，还通过大量的实践操作熟练掌握专业技能，毕业后能迅速融入职场，成为技术骨干，有力推动地方经济蓬勃发展。

（二）人才培养观：全面与个性共融

在钟秉林先生的教育理念体系里，人才培养是教育的核心使命，他矢志不渝地倡导促进学生全面且具个性地成长，这一理念和初心贯穿始终。[①] 先生深知，在当今时代，社会对人才需求日益多元复杂，单一化、模式化培养路径难以为继，唯有兼顾全面素养与个性彰显，方能培育出契合时代浪潮、勇立潮头的栋梁之材。这意味着教育需打破传统藩篱，既筑牢德育、智育、体育、美育、劳动教育协同发力的全面发展根基，又尊重学生兴趣、潜能、志向差异，为他们个性发展空间，让每个学生都能绽放独特光芒，成长为最好的自己。

第一，全面发展根基，五育并举

在钟秉林先生的教育理念体系中，德智体美劳全面发展始终被视为人才成长的基石，是教育不可动摇的核心价值追求。[②]

德育，作为育人之首，承载着铸就学生正确的价值观、道德观与社

① 钟秉林：《全面发展与个性发展：人才培养的双重目标》，《教育探索》2020 年第 4 期。

② 钟秉林：《坚持全面发展，培养时代新人》，《中国教育学刊》2021 年第 5 期。

会责任感的重任。[①] 钟秉林先生曾多次在教育研讨会上指出，部分学校在教育实践中重智轻德，过度聚焦知识技能的传授，却忽视了学生品德操守的培育，致使一些学生虽在学业上取得优异成绩，却在道德层面栽了跟头，难以成为真正有益于社会的人才。

为扭转这一局面，先生大力倡导将德育融入学科教学、校园文化、社会实践等各个环节，贯穿于教育的全过程。以语文课堂为例，教师可以深度挖掘经典文学作品中的道德教诲，借古人智慧启迪学生心灵，引导学生在品味文学之美的同时，汲取为人处世的道理；组织红色研学旅行，让学生亲赴革命圣地，触摸历史温度，体悟先辈精神，厚植爱国情怀，使德育不再是空洞的说教，而是化为学生内心深处的精神力量。

智育绝非单纯的知识灌输，更注重思维启迪与创新培育。[②] 钟秉林先生主张打破应试教育的藩篱，引入项目式、探究式学习方法。在科学课程中，学生组队攻克环保课题，从自主调研、实验操作到论证分析，全过程亲身参与，在探索实践中提升问题解决能力与创新思维，培养独立思考、勇于质疑的科学精神，为未来投身科技创新领域奠定坚实基础。

体育是强健体魄、磨练意志的关键途径。先生深切关注学生身体素质的发展，呼吁保障学生充足的体育课时，丰富校园运动项目，让学生在多样化的体育活动中找到自己的兴趣。校园运动会增设趣味挑战、团队竞赛项目，不仅激发全员参与热情，更锤炼学生的拼搏精神、团队协作能力，使学生在体育锻炼中塑造坚韧不拔的意志品质，以健康的体魄迎接未来的挑战。

美育滋养心灵、提升审美素养。艺术课堂引领学生赏析经典画作与乐章，让学生在欣赏艺术之美的过程中，培养敏锐的感知力与鉴赏力；校园文化节搭建舞台，展现学生才艺风采，为学生提供表达自我、展示个性的空间，让美的感悟融入日常学习生活，使学生具备发现美、创

---

① 钟秉林：《德育为先：人才培养的根本》，《思想教育研究》2022 年第 3 期。

② 钟秉林：《智育的内涵与创新培养》，《教育理论与实践》2023 年第 2 期。

造美的能力，提升精神境界。

劳动教育培育实干精神与生活技能。校园开辟劳动实践基地，让学生躬耕播种、养护收获，亲身体验劳动的艰辛与收获的喜悦，懂得珍惜劳动成果；将家务劳动纳入综合素质评价体系，促使学生自理自立，培养责任感与担当意识，为成长注入劳动力量，全方位夯实全面发展之基，让学生成长为德智体美劳全面发展的建设者。

第二，个性发展观：释放学生潜能光芒

为充分挖掘学生的个性潜能，钟秉林先生不遗余力地呼吁为学生创造宽松包容、多元选择的成长环境。他深知，每个学生都是独一无二的个体，拥有各自独特的兴趣、潜能与志向，教育唯有尊重这些差异，才能真正激发学生的内生动力，帮助他们绽放自己的光芒。

在高等教育领域，先生积极倡导高校完善选课走班、学分制、辅修制等制度，赋予学生自主规划学业路径的权力。以某综合性大学为例，该校打破专业壁垒，打造跨学科课程"超市"，文理工课程交叉可选，学生可以依据自身兴趣制定个性化学习方案。在专业分流环节，尊重学生志向与成绩，实行双向选择，确保专业与学生适配度；实践教学与企业深度合作，实习项目精准对接职业方向，为学生就业创业铺就多元道路，让学生在大学阶段既能拓宽知识视野，又能精准聚焦个人职业发展，实现学业与职业的无缝衔接。

在基础教育阶段，先生同样高度关注学生的个性发展。他倡导开展生涯规划教育前置，自初中起引导学生探索兴趣爱好、职业憧憬，借助职业体验日、专家进校园等活动，助力学生明晰成长方向。个性化辅导因材施教，教师精准识别学习困难与学有余力的学生，分层教学、个别指导，让不同起点的学生都能在原有基础上拾级而上，以个性飞扬拥抱多彩未来。

在某初中学校，教师通过定期的学情分析与个性化测评，深入了解学生学习状况，为学习困难的学生制定专项帮扶计划，从基础知识巩固到学习方法指导，全方位帮助他们克服困难；对学有余力的学生，则提供拓展性学习资源,引导他们参与学科竞赛、科研小课题等活动,激发潜能。这种因材施教的教育模式,让每个学生都能在适合自己的轨道上加速奔跑,充分展现个性风采,为未来发展积蓄能量。

(三)教育管理观:多元协同治理

置身于新时代教育发展浪潮之中,钟秉林先生深刻洞察到传统单一主体教育管理模式的积弊,呼吁构建政府、学校、社会协同发力的现代教育治理体系。在过往的教育管理实践里,政府大包大揽,学校自主性受限,社会力量参与不足,致使教育决策缺乏灵活性、学校发展活力匮乏、教育服务难以精准对接社会需求。

先生指出,多元协同治理是破解困局、激发教育活力的必由之路。政府应精准定位宏观统筹角色,学校需依循章程迈向自主善治,社会力量要深度融入助力发展。三方各司其职、紧密协作,方能凝聚合力,优化教育资源配置,提升教育治理效能,为教育现代化征程注入源源不断的动力,推动教育事业稳健前行,切实满足人民群众对优质教育的热切期盼。①

第一,政府宏观统筹,把握教育发展方向

在教育治理的宏大格局中,政府肩负着提纲挈领的宏观统筹重任,犹如一艘巨轮的舵手,掌控着教育发展的方向。钟秉林先生强调,政府的角色定位与作为对教育公平的实现、教育质量的提升以及教育事业的稳健发展起着决定性作用。

一方面,政府需着眼全局,对教育资源进行科学、合理配置。长期以来,我国城乡、区域之间教育发展失衡的问题较为突出,偏远地区、农村地区教育资源匮乏,成为制约教育公平发展的“瓶颈”。为扭转这一局面,政府应加大对这些薄弱地区的教育投入倾斜力度。在师资配备上,实施特岗计划、银龄讲学计划等专项举措,选派优秀教师到偏远乡村学校支教,为当地输送优质师资,充实教育力量;在经费划拨方面,设

---

① 钟秉林:《关于基础教育集团化办学的若干思考》,《中国教育学刊》2017年第12期。

立专项扶持资金，专款专用，改善贫困地区的硬件条件，逐步缩小区际教育鸿沟，保障每一个孩子都能站在相对公平的起跑线上，享受优质教育资源，为其未来发展奠定坚实基础。

另一方面，政府要充分发挥政策引导职能，精准锚定教育发展方向，为教育质量提升筑牢制度根基。通过出台教育中长期发展规划，政府明确各阶段教育发展的目标任务，为各级各类教育机构提供清晰的行动指南；制定教育质量国家标准，涵盖课程、师资、教学设施等核心指标，引导学校对标提升，促使教育品质稳中有进。以基础教育课程改革为例，政府制定统一的课程标准，确保全国各地学生在知识与技能、过程与方法、情感态度与价值观等方面得到全面培养，避免教育质量参差不齐的现象，切实以政策引领保障教育公平，促进教育事业蓬勃发展，向着更高质量、更加公平的方向大步迈进。

第二，学校自主善治，激活内生办学动力

在钟秉林先生勾勒的教育治理蓝图中，学校作为教育实施的主体，依章程自主管理是激发内生动力、释放办学活力的关键。以高校为例，章程宛如学校的“宪章”，明确界定学校办学定位、治理结构、师生权益等核心要素，为学校自主运行提供坚实的制度保障。

诸多高校依据章程深化内部管理体制改革，完善学术委员会、教职工代表大会等制度架构。学术委员会严把学术质量关，评定科研项目、审议学位授予，凭借专家学者的专业智慧与严谨态度，确保学术研究严谨规范，营造浓厚的学术氛围，推动学科建设与学术创新；教职工代表大会广纳教职工心声，审议学校重大决策，保障教职工民主参与权，凝聚全体教职工的智慧与力量，共同为学校发展出谋划策，让学校决策更科学、民主。

在人事管理、财务管理等领域，高校依据章程自主招聘人才、优化薪资结构，打破传统人事制度的束缚，广纳贤才，为学校发展注入新鲜血液；合理调配经费、提升资金使用效益，将有限的资源精准投向教学、科研、师资队伍建设等重点领域，全方位激活办学潜能，彰显办学特色，提升教育质量与竞争力，为社会培养更多高素质创新人才。

第三，社会参与助力，汇聚教育发展合力

钟秉林先生深切认识到，社会力量参与是现代教育治理不可或缺的关键拼图，犹如为教育发展注入一股磅礴的外部动力。在职业教育领域，企业深度参与校企合作堪称范例，为人才培养与产业需求的无缝对接搭建了坚实桥梁。

企业与职业院校密切合作，共建实训基地，企业慷慨投入先进设备，选派技术骨干担任兼职教师，将生产一线的最新技术、宝贵实践经验带入课堂，让学生在真实的职业场景中锤炼技能；院校依据企业岗位需求定制课程体系，精准对接产业用人标准，确保学生所学的知识、技能与企业实际需求紧密契合，实现毕业即能上岗，上岗即能胜任的人才培养目标。以某职业院校的汽车维修专业为例，他们与当地知名汽车制造企业合作，共建实训车间，引入企业真实维修项目，学生在实践中不仅熟练掌握汽车维修技术，还了解行业最新动态与企业管理模式，毕业后迅速融入职场，成为技术骨干，为产业升级注入人才动力。

与此同时，各类教育社会组织蓬勃兴起，在教育质量监督、第三方评估等领域发挥独特优势。社会组织凭借专业视角、独立立场，对学校办学质量、教育政策实施成效展开客观评估，犹如一面镜子，清晰映照出教育实践中的亮点与不足。其评估结果为政府决策、学校改进提供精准参考，促使政府优化教育政策，引导学校提升办学质量，形成政府、学校、社会互相监督、协同共进的良好生态，推动教育治理水平持续跃升，助力教育事业迈向更高峰，为国家发展与民族复兴提供坚实的人才支撑。

四、钟秉林先生教育变革思想的实践回响

（一）助推高等教育普及化新征程

第一，质量提升攻坚，应对生源多元挑战

随着我国高等教育进入普及化阶段，高等教育毛入学率持续攀升，

2019年已然超过50%。这一历史性跨越带来了生源结构的深刻变化，不同知识基础、学习能力与兴趣志向的学生如潮水般涌入高校，使得高校人才培养面临前所未有的复杂局面。在此关键节点，钟秉林先生前瞻性地提出了一系列针对性的应对策略，为高校破解生源多元化难题、提升人才培养质量提供了及时有效的应对方案。①

在师资队伍建设方面，先生强调高校必须双管齐下，一方面加大高层次人才引进力度，通过搭建优质科研与教学平台，以优厚待遇、良好学术氛围吸引海内外杰出学者。例如，某"双一流"高校为吸引顶尖人才，专门设立了人才特区，提供充足的科研启动资金、宽敞舒适的实验室以及个性化的人才发展支持计划，成功吸引了一批在国际前沿领域崭露头角的学者加盟，为学科发展注入了强大动力。另一方面，重视校内教师培养同样不可或缺。高校应组织常态化专业培训、学术研讨活动，助力教师更新知识、提升教学技能，以适应多元生源的教学需求。如某地方高校定期举办教学工作坊，邀请教育专家、教学名师与校内教师面对面交流，分享最新教学理念与方法，同时鼓励教师参加国内外学术会议，拓宽学术视野，该校教师在教学能力大赛中的获奖数量逐年递增，教学质量显著提升。

课程体系优化是提升人才培养质量的关键一环。钟秉林先生倡导打破传统学科界限，构建跨学科、模块化课程集群。以新兴科技领域课程设置为例，许多高校敏锐捕捉到科技发展趋势，整合计算机科学、生物学、医学知识，打造生物信息学课程，让学生融会贯通多学科思维，拓宽知识视野。同时，依据学生学习能力分层设计课程难度梯度，增设拓展性、挑战性学习项目，满足学有余力学生深度学习需求。某高校在大学数学课程中，设置了基础、提高、拓展三个层次，学生可根据自身情况自主选择，拓展课程引入数学建模、数学竞赛等内容，激发学生学习兴趣与创新能力，该校学生在全国大学生数学建模竞赛中的获奖成绩斐

① 钟秉林：《高等学校内涵式发展的重要机遇》，《中国高等教育》2023年第1期。

然，充分彰显了课程体系优化的成效，全方位提升人才培养质量，确保高等教育普及化阶段质与量同步提升。

第二，特色凝铸突破，竞逐教育版图新篇

在高等教育普及化的浪潮中，激烈的竞争促使高校不得不寻求差异化发展路径，凝铸办学特色成为众多高校脱颖而出的关键抉择。钟秉林先生深刻把握这一趋势，呼吁高校深挖自身潜能，立足区域特色与学科优势，精准发力，开拓独具特色的发展之路。诸多地方高校同声相和，立足区域产业特色与文化底蕴，在办学实践中取得了令人瞩目的成绩。

以某沿海城市高校为例，该校精准瞄准海洋经济崛起的大势，整合海洋科学、渔业、海洋工程等学科资源，全力打造海洋特色学科群。学校不仅加大对相关学科的科研投入，建设了一批先进的海洋科研实验室，还积极引进高层次海洋科研人才，组建了一支实力雄厚的科研团队。在此基础上，该校创设海洋产业学院，与当地渔业、航运企业开展深度产学研合作，实行定制化专业人才培养。学院根据企业需求设置课程体系，学生在校期间不仅学习理论知识，还深入企业实习，参与实际项目研发，毕业后迅速融入职场，成为技术骨干。该校研发的多项海洋科技成果直接服务区域海洋产业升级，为当地海洋经济发展注入强劲动力，同时也在高等教育版图中凭鲜明特色崭露头角，生动践行了钟秉林先生倡导的特色发展路径，实现高校与区域发展双赢共进，为其它高校提供了极具借鉴意义的范例。

（二）开拓教育信息化变革前沿阵地

第一，教学模式革新，重塑课堂学习生态

置身于信息时代浪潮之中，钟秉林先生敏锐洞察到信息技术对教育变革的颠覆性潜能，早在20世纪末便投身教育信息化前沿探索。他深刻认识到，信息技术绝非教育的简单点缀，而是撬动教育现代化的有力杠杆，能够重塑教育生态，革新教学模式，拓展学习边界。

钟秉林先生便以其非凡的眼光，洞察到信息技术对传统教学模式的重塑潜能，大力倡导在高校试点推行线上线下混合式教学模式。[①]这一开创性举措，犹如一颗石子投入平静湖面，激起千层浪，为教育教学改革注入了全新活力，引领教学实践步入数字化、智能化的崭新时代。

以某高校专业课程为例，该课程在课前阶段，教师充分借助在线学习平台的强大功能，精心推送涵盖微视频、电子文档等形式丰富的预习资料。这些预习资料犹如一把把钥匙，帮助学生提前开启知识之门、自主构建初步的知识框架，激发学生对新知识的探索欲望，让他们带着问题、带着思考走进课堂。

课中，教师聚焦课程重点难点，巧妙组织小组研讨、项目实践等多样化教学活动。小组研讨环节，学生各抒己见，思维碰撞出智慧的火花，在交流互动中深化对知识的理解；项目实践环节，学生组队攻克实际问题，将理论知识应用于实践操作，提升解决问题的能力。同时，教师运用智能教学工具实时反馈学习成效，精准把握学生的学习进度与难点，及时调整教学策略，确保教学过程紧密贴合学生需求，激发学生主动探索精神，让课堂成为知识的盛宴与思维的赛场。

课后，教师布置线上拓展任务，依托大数据技术精准分析学生的学习轨迹。通过对学习数据的深度挖掘，教师宛如拥有了一面“智慧之镜”，清晰映照出每个学生的学习特点与需求，进而为学生定制个性化辅导。这种因材施教的方式满足了不同学生的学习需求，让每个学生都能在原有基础上实现最大程度的成长与进步。

这一教学模式的广泛推行，不仅显著提升了教学效率，使有限的课堂时间得到更充分的利用，更激发了学生的学习热情，将学生从被动接受知识的“容器”转变为主动探索知识的“行者”，培养了学生自主学习、团队协作、创新思维等一系列适应未来社会发展需求的关键能力，为创

---

① 钟秉林、南晓鹏：《后疫情时代我国高等教育发展的宏观思考》，《教育研究》2021第5期。

新人才成长筑牢根基。这种新模式在全国高校范围内引发热烈反响，成为教学改革的典范之作，淋漓尽致地彰显了钟秉林先生的前瞻眼光与卓越智慧。

第二，教育资源共享，跨越城乡数字鸿沟

在推动教育公平、实现优质教育资源普惠共享的征程中，钟秉林先生多年来矢志不渝地推动优质教育资源的数字化整合与共享，为打破城乡、区域之间的教育资源壁垒作出了重要贡献。国家教育资源公共服务平台便是这一愿景的生动实践载体，它宛如一座汇聚知识宝藏的“数字图书馆”，汇聚了涵盖各级各类教育的课程、课件、试题等方面的海量优质资源，为偏远地区、薄弱学校的师生架起了一座跨越时空的知识桥梁。

借助这一平台，乡村教师可以便捷观摩名校示范课，学习前沿教学法。他们可以近距离领略教育名家的授课风采，汲取先进教学理念，借鉴成熟教学技巧，并结合本地学生实际情况灵活运用，从而快速提升自身教学水平，为乡村孩子带来更高质量的课堂教学。

对乡村学生而言，他们同样能够通过平台畅享名校名师课程，拓宽知识视野。在此之前，由于地域偏远、教育资源匮乏，他们的学习视野相对狭窄，知识获取渠道有限。如今，借助国家教育资源公共服务平台，他们足不出户就能听到名校名师的精彩讲解，与城市孩子站在同一起跑线上，共享优质教育资源带来的成长红利。

在新冠疫情肆虐的特殊时期，这一平台更是发挥了无可替代的关键作用，成为保障全国亿万学生“停课不停学”的坚实后盾。当线下教学被迫按下暂停键、线上学习成为唯一选择时，平台凭借其丰富的资源与稳定的运行，实现了优质资源的“一键即达”，确保学生的学习进程不受疫情干扰，极大缩小了城乡、区域教育鸿沟，让公平而有质量的教育之光普照华夏大地。这一伟大实践，为我国教育公平发展书写了浓墨重彩的一笔。

(三)开启教育国际化交流新窗口

第一,理念借鉴升华,注入教育创新活力

在当今全球化浪潮汹涌澎湃的时代背景下,教育国际化已然成为不可阻挡的历史潮流。钟秉林先生敏锐捕捉到国际先进教育理念对我国教育发展的巨大借鉴价值,积极倡导引入国际前沿理念,并结合我国国情进行本土化改造,为我国教育创新发展注入源源不断的活力。[①]

以芬兰教育为例,其“以学生为中心”的个性化教育模式闻名遐迩,举世瞩目。芬兰教育体系依据学生的兴趣、能力与需求,量身定制专属学习计划,课程设置灵活多样,充分满足不同学生的个性化成长需求。课堂教学注重启发、引导,教师宛如智慧的导师,巧妙激发学生的自主探索精神,鼓励学生积极思考、勇于质疑,培养学生独立解决问题的能力。钟秉林先生多次深入研究芬兰教育模式,并在国内大力倡导我国中小学借鉴芬兰经验,打破传统班级授课制“一刀切”的僵化模式,推行分层教学、走班制等个性化教学举措。让不同起点、不同天赋的学生都能在适合自己的学习环境中得到充分发展,真正实现因材施教,挖掘每个学生的潜能,为学生的未来发展奠定坚实基础。

在高等教育领域,欧美高校重视本科生科研训练的传统同样引起了钟秉林先生的高度关注。欧美研究型大学普遍引导本科生早进实验室,参与导师课题,让学生在科研实践的第一线锤炼创新思维与科研能力。先生鼓励我国高校积极学习这一先进经验,加强本科生科研训练体系建设。在具体实践上,许多高校纷纷设立本科生科研基金,开放实验室资源,选派优秀教师担任本科生科研导师。学生在导师的悉心指导下,参与各类科研项目,从选题、调研、实验到撰写论文,全过程亲身经历,不仅提升了专业素养,更培养了严谨的科学态度、创新精神与团队协作能力,为我国高等教育注入新活力,促使教育理念与时俱

---

① 钟秉林:《推进教育国际化,促进学校内涵建设》,《中国教育学刊》2014年第9期。

进,契合时代发展需求,助力我国高校培养出更多具有国际竞争力的创新人才。

第二,交流合作拓展,铺就师生国际视野之路

为拓宽师生的国际视野,提升我国教育在全球的影响力与竞争力,钟秉林先生多年来不遗余力地推动高校国际交流合作项目落地生根,搭建起一座座连接中外教育的桥梁。

在国际联合办学方面,先生凭借其卓越的国际教育交流积累与广泛的人脉资源,促成多所国内高校与世界名校携手合作,举办本科、硕士学位项目。这些合作项目实现了课程互认、学分互认、学位互授,为学生提供了不出国门便能畅享国际前沿知识盛宴的宝贵机会。例如,某“985”高校与美国常春藤盟校联合创办工程学院,充分融合双方优势学科资源,引进原版教材、外籍教师,采用国际化教学模式与课程体系。学生在国内学习期间,既能接受到本校教师深厚学术底蕴的熏陶,又能领略外籍教师国际化教学风格与前沿知识视野,毕业后兼具扎实专业知识与流利外语交流能力,成为国际职场上的抢手人才,为我国高校人才培养开辟了新路径,提升了我国高等教育的国际声誉。

在师生交换项目上,钟秉林先生积极协调各方,推动大批师生赴海外名校访学交流,同时热忱欢迎国际学生来华深造。国内教师通过海外访学,深入国外高校课堂、实验室,学习先进教学方法、学科前沿知识,与国际同行展开深入学术交流与合作。归国后,他们将所学所思反哺教学,为国内课堂带来全新理念与活力,推动教学改革不断深化。学生在异国他乡浸润多元文化,结交国际友人,亲身体验不同国家的教育模式与社会风情,拓展全球视野,培养跨文化交流能力。这些经历为他们未来投身国际舞台,参与全球竞争奠定了坚实基础,以教育交流合作铺就我国教育国际化发展的通途,为我国教育事业在全球化浪潮中砥砺前行注入强大动力。

五、钟秉林先生教育变革思想的省思与展望

（一）思想传承的坚守：点亮教育前行灯塔

钟秉林先生的教育变革思想中所蕴含的质量意识、“以学生中心”的理念以及前瞻性眼光，引领着教育工作者一路前行。

在高等教育领域，众多高校深受钟秉林先生质量意识的启迪，矢志不渝地踏上优化课程体系的征程。他们以壮士断腕的决心淘汰“水课”，精心锻造“金课”，让课堂焕发出知识的魅力与智慧的光芒。加大师资队伍建设力度，不惜重金招揽海内外贤才，同时精心培育校内教师，为人才成长提供肥沃土壤。这些努力只为向学生呈献更高的教育品质，助力学子茁壮成长为栋梁之材。某高校在课程改革中，引入行业前沿案例，邀请企业专家参与授课，使课程内容紧密贴合实际需求，学生的实践能力与创新思维得到显著提升，毕业后迅速成为行业中的佼佼者。

“以学生中心”的理念犹如指南针，精准指引着教育实践的航向。中小学纷纷大力推行个性化教育，教师仿若敏锐洞察学生需求的知心人，尊重个体差异，因材施教，为每个学生量身定制成长路径。他们不再只是知识的灌输者，更是成长的引路人，他们让不同天赋的学生皆能在教育的滋养下绽放光芒。在某初中学校，教师根据学生的兴趣爱好与学习能力，开设了丰富多彩的选修课程，涵盖艺术、科技、体育等多个领域，学生们得以在自己擅长的领域深耕细作，展现出独特的风采，为未来发展奠定坚实基础。

前瞻性眼光更是先生思想宝库中的璀璨明珠。面对新兴技术浪潮的汹涌冲击，广大教育工作者主动张开双臂拥抱变革，积极探索教育信息化融合之道。他们借助智能技术赋能教学，打破时空藩篱，让优质教育资源触手可及，为教育现代化注入澎湃动力。在线教育平台如雨后春笋般涌现，教师运用直播、录播等技术，将精彩课程传递到千家万户，

让偏远地区的学生也能同步享受到优质教育,向着公平而卓越的教育新境界奋勇前行。

钟秉林先生的这些教育理念,已然深深扎根于教育实践的沃土,持续激发着教育的活力与创造力,推动着我国教育事业在新时代的浪潮中扬帆远航,向着更加光明的未来砥砺奋进。

(二)实践挑战的洞察:砥砺奋进攻坚克难

尽管钟秉林先生的教育变革思想为我国教育事业发展勾勒出一幅宏伟壮丽的蓝图,然而在落地生根的实践中,却不可避免地遭遇诸多棘手难题,亟待各方齐心协力去破解。

首当其冲的便是教育资源分配不均这一沉疴痼疾。城乡之间、区域之间,教育资源落差显著,仿若一道难以逾越的鸿沟横亘其中。偏远乡村学校师资匮乏,优秀教师如凤毛麟角,难以满足学生对优质教育的渴望;教学设施陈旧落后,教室简陋、实验器材稀缺,与城市学校的现代化装备形成鲜明反差。先生极力倡导教育公平,力推资源均衡配置举措,政府也在不断加大投入,实施诸如特岗计划、银龄讲学计划等专项行动,为乡村学校输送师资;设立专项扶持资金,助力改善硬件条件。但受限于经济发展不平衡、地域差异等诸多复杂因素,短期内彻底弥合这一鸿沟困难重重,仍需长期坚守,持续发力。①

再者,教育改革推进阻力重重,传统教育观念根深蒂固,"唯分数论""唯升学论"的阴霾久久不散,部分教育者墨守成规,对新理念、新模式接纳迟缓,习惯于在旧有的轨道上按部就班地开展教学。既得利益群体担忧改革触动自身权益,或明或暗阻碍改革进程。诸如改革教师评价体系、破除"五唯"的呼声虽高,但在落地实施时却遭遇重重阻碍,一些前沿改革设想难以顺利落地,因此,亟需打破思想藩篱,凝聚改革共识,为改革清障护航。

此外,教育信息化建设亦存在短板。部分地区、学校受资金短缺、

---

① 钟秉林:《我国教育正逐步走进教育家主导的时代》,《基础教育论坛》2012 第 36 期。

技术人才不足制约，信息技术与教育教学融合浮于表面，优质数字教育资源未能普惠，在线教学、智慧教育等实践成效大打折扣。一些偏远地区学校网络信号不稳定，设备老化，无法顺畅开展线上教学；教师信息化素养参差不齐，有些教师不能熟练运用信息技术优化教学。面对这些困境，亟需各方协同发力，政府加大资金投入与政策支持，企业助力技术升级与资源共享，学校强化教师培训与实践探索，以更大的决心、更实的举措攻坚克难，为钟秉林先生教育变革思想畅行开辟通途，推动教育事业迈向新高峰。唯有如此，方能让教育变革的曙光穿透重重迷雾，照亮每一个孩子成长的道路，实现教育公平与质量提升的美好愿景。

（三）未来发展的期许：拥抱变革再创辉煌

展望未来，在新兴技术赋能、经济社会发展、社会需求变化、国际交流深化等多元驱动下，钟秉林先生的教育变革思想有望持续深化拓展，为我国教育事业发展开辟更为广阔的天地。

随着大数据、人工智能、区块链、量子计算等前沿技术的蓬勃兴起，教育领域正迎来一场更为深刻的变革。钟秉林先生倡导的个性化教育将借智能技术之力精准落地，为每个学生定制专属学习路径。通过对学生学习数据的全方位采集与深度分析，智能教育系统能够精准洞察学生的学习进度、兴趣偏好、知识薄弱点等个性化特征，进而为其推送高度适配的学习内容、练习题目以及学习建议，真正实现因材施教。教育评价也有望依托大数据、区块链技术实现全方位、可信追踪，构建更为科学、公正的评价体系。从学生的日常学习表现、作业完成情况、考试成绩，到参与实践活动、社团活动的经历等多维度数据，都能被系统、全面地记录与分析，为学生综合素质评价提供坚实依据，打破传统单一评价模式的局限，助力学生全面发展。

社会发展催生新需求，如老龄化社会对老年教育、终身教育需求激增，绿色发展理念下对生态教育、可持续发展教育呼唤。钟秉林先生的教育变革思想将指引教育拓展边界、创新内容，构建全生命周期、全方位素养教育体系。一方面，教育将突破传统学龄阶段的限制，向学前教育、老年教育两端延伸，打造贯穿个体一生的教育链条，让不同年龄段的人群都能在学习中实现自我提升，适应社会发展。另一方面，教育内容将更加紧密围绕社会发展主题，融入生态保护、可持续发展理念，培养学生的社会责任感与全球视野，使其成为具有时代担当精神的高素质公民。

在国际舞台上，随着我国教育国际影响力的稳步攀升，钟秉林先生推动的教育国际化进程将迈向更高层次。中外教育将实现深度互鉴，国际教育合作项目多元拓展。我国将以更加自信的姿态参与全球教育治理，分享中国智慧，为世界教育发展注入东方活力。一方面，我国将继续引进吸收国际先进教育理念、教学方法，结合国情加以创新应用，提升教育质量；另一方面，我国优秀的教育成果、传统文化也将通过国际交流平台走向世界，吸引更多国际学子来华学习，共同推动全球教育事业蓬勃发展，而钟秉林先生的思想恰似航标，引领我国教育在全球浪潮中稳健前行。

六、结　语

钟秉林先生穿透教育领域的重重迷雾，洞察当下诸多棘手问题，为教育的长远发展提出了一系列清晰的变革思路。

在高等教育普及化的汹涌浪潮中，先生面对生源多元化带来的全新挑战提出的优化教育资源配置、推动高校分类发展、创新人才培养模式以及强化质量保障体系等一系列策略，将积极推动高校成功应对挑战，实现从规模扩张向内涵式发展的转变，确保高等教育在普及化进程中质与量同步提升。

置身于教育信息化的变革前沿，先生早在20世纪末便以高瞻远瞩的眼光投身教育信息化探索，积极倡导将大数据、人工智能、云计算等前沿技术深度融入教育教学各环节。从线上线下混合式教学模式的率先推广，到智慧教育平台的精心搭建；从教育资源数字化整合的全力推动，到精准教学决策支持系统研发的执着坚持，先生全方位推动教育信息化落地生根，为师生跨越时空藩篱、畅享优质教育资源铺就通途，进而大步迈向智能化、个性化、终身化的全新发展阶段。

在教育国际化进程中，先生又是智慧引路人。凭借深厚国际教育交流积累，一方面助力本土教育精准借鉴国际前沿理念与模式，推动教育教学改革创新，让中国教育汲取世界智慧，焕发全新活力；另一方面积极为我国教育“走出去”搭建桥梁，促进国际学术合作、师生交流，以教育国际化赋能我国教育高质量发展，向着教育强国目标稳步迈进。

然而，我们必须清醒认识到，教育变革之路绝非坦途，而是充满艰辛与挑战。资源配置不均、改革受阻、信息化短板等诸多难题，亟待各方携手攻克。展望未来，在新兴技术赋能、社会需求变迁、国际交流深化的时代浪潮中，我们应当矢志不渝地传承、完善与深化这一思想体系，勇于创新实践，不断反思总结经验。同时，积极借鉴国内外先进经验，紧密结合中国教育实际，全力推动教育改革与发展向纵深迈进，向着公平而卓越的教育梦想奋勇前行，为国家昌盛、民族复兴筑牢坚实根基。

钟秉林先生的拔尖创新人才教育思想

翟雪辰

全面提升拔尖创新人才自主培养能力是应对激烈的国际竞争，加快实现高水平科技自立自强，迎接新一轮科技革命和产业变革的关键“先手棋”。改革开放以来，我国先后尝试以少年班、理科试验班等方式打破选拔、培养拔尖创新人才路径的常规。进入21世纪，又出台了一系列促进拔尖学生脱颖而出的改革举措，如2009年启动“基础学科拔尖学生培养试验计划”，2013年启动“中学生科技创新后备人才培养计划”（简称“英才计划”），2020年起在36所一流大学建设高校试点实施“强基计划”，2021年相继公布第二批、第三批基础学科拔尖学生培养计划2.0基地建设名单等。在我国拔尖创新人才选拔与培养政策不断完善的同时，学术界对此类政策公平性、有效性的研究也渐趋深入，出现了多种不同声音。

钟秉林先生始终关注拔尖创新人才培养的理论与实践问题，主持多项相关课题，率领的团队形成了丰厚的研究成果，成为拔尖创新人才培养理论研究、实证研究、政策评估等领域的高影响力学者。近年来，钟秉林先生承担国家自然科学基金项目“基础学科拔尖创新人才选拔与培养机制研究”、教育部委托项目“拔尖创新人才早期发现与选拔培养机制研究”、国家高端智库课题“以教育评价改革牵引教育领域深化综合改革的实践路径研究”等课题6项；在全国范围开展大规模实证调研，组织22所“双一流”建设高校、23所典型案例中小学、5个科研院所和协会，106人次参与座谈会，组织面向“拔尖计划”2.0、“强基计划”、高校少年班问卷调查1919份，面向高中和大学生发放创造力等评价问卷10万份以上。先生带领团队向教育部相关部门提交了《加强拔尖创新人才自主培养服务国家重大战略需求》《关于拔尖创新人才早期发现和选拔培养的政策建议》《完善拔尖创新人才选拔培养的政策协同机制》等多项政策咨询建议;在《高等教育研究》《清华大学教育研究》《中国高教研究》等期刊发表《拔尖创新人才选拔培养的政策协同研究》《我国高校拔尖创新人才选拔政策变迁与机制优化》《我国高校拔尖创新人才自主培养模式与实践难点》等论文,形成广泛学术影响力。

2023年,在前期研究基础之上,钟秉林先生牵头北京师范大学承担“十四五”国家重点研发计划项目,组织中国科学院、中国科学技术大学、清华大学等多家单位专家骨干聚焦拔尖人才早期选拔标准、培养机制、评价机制等进行大规模、跨领域、多学科的有组织科研攻关,受到科技部高度重视与全力支持。2024年1月20日,项目正式启动,先生在病榻上以线上方式参加了项目启动会,对项目进行总体部署,对研究方案严格把关,为我国拔尖创新人才选拔与培养事业鞠躬尽瘁。

一、聚焦党和国家战略需求,开拓教育理论创新

钟秉林先生的教育思想体现了鲜明的人民属性,在拔尖创新人才选拔与培养领域,他指出:“回应人民群众对优质教育资源的诉求,主动服务国家与社会发展的战略需求,保证人才选拔与培养的效率,实现真正意义上的因材施教,是重要的现实议题。”①

国家教育委员会(教育部)高等教育司司长、北京师范大学校长、中国教育学会会长等一系列教育管理领域的工作经历,奠定了钟秉林先生以服务国家教育实践改革发展为导向的研究倾向。美国科学政策学者唐纳德·斯托克斯(Donald Stokes)按照“是否追求基础知识”和“是

① 钟秉林:《深入实施科教兴国战略 着力造就拔尖创新人才》,《中国高等教育》2023年第5期。

否具有实际应用目标”两个维度对科学研究的类型进行划分，包括：以基础知识探索为核心目标且不考虑实际应用的纯基础研究、以解决实际问题或实现技术目标为主且不注重基础知识拓展的纯应用研究、既追求对基础知识的拓展又致力于解决实际问题的结合性研究、既不以拓展基础知识为目标也不直接服务于实际应用的研究（通常被认为是低效的研究或探索性实践）。[①] 其中，结合性研究又被称为“巴斯德象限”的研究，主要是以实际需求为导向的基础性研究，其研究问题源于社会实践中的现实需要，其研究成果最终应用于实践，促进实践问题的解决或改善。

钟秉林先生关于拔尖创新人才选拔与培养的研究大多属于“巴斯德象限”的研究类别，尤为注重学术研究对国家教育政策、高校管理实践以及高校人才培养实践的促进作用。作为国家教育咨询委员会委员，钟秉林先生致力于以实践应用为导向的基础研究，以学术研究为国家教育政策的制定与完善提供学理支撑，其研究课题的选取、论文成果的发表、咨政报告的撰写，无不围绕着国家教育领域的战略重点，引导团队关注教育管理者、教育实践者的切实需求，扎扎实实地把论文写在中国大地上，以教育研究的理论探索与创新推动高等教育实践的新发展。钟秉林先生主动把政策的思考融入学术研究，十分注重研究成果向决策服务的转化，多次向教育部提交完善我国拔尖创新人才自主培养政策体系的咨政建议。

早在2000年，担任高教司司长的钟秉林先生指出：“21世纪的大学，理应成为培养和造就高素质的创造性人才的摇篮，成为认识未知世界、探求客观真理、为解决人类面临的重大课题提供科学依据的前沿，成为知识创新、推动科学技术成果向现实生产力转化的重要力量，成为民族优秀文化与世界先进文明成果交流借鉴的桥梁。”[②]世纪之交，我

---

① Donald E. Stokes, *Pasteur's Quadrant: Basic Science and Technological Innovation*, Brookings Institution Press, 1997.

② 钟秉林：《培养适应21世纪需要的高质量人才》，《中国高教研究》2000年第1期。

国高校需要从时代发展的战略高度，通过深化改革逐步解决制约高质量人才培养的体制机制障碍，培养适应21世纪需要的高质量人才。为此，钟秉林先生提出，要提高大学教学水平，促进经济社会发展；加强素质教育，培养高质量人才；深化教学改革，建立充满生机与活力的人才培养体系；加强国际高等教育交流与合作等主张，不仅为当时高校的人才培养工作提出了明确的思路，而且在今日看来仍具有前瞻性。

二、创新型人才培养体系的理论构建

创新型人才的培养不仅是高等教育改革的核心任务，也是创新型国家建设的重要基础。《国家中长期科学和技术发展规划纲要(2006—2020年)》中明确提出建设“创新型国家”的目标，同时提出需要培养和造就大量创新型科技人才。在此之后，创新型人才的培养问题受到教育领域的广泛关注。担任北京师范大学校长的钟秉林先生在学校开启全方位的创新型人才培养改革探索，实践改革的不断深入，他对创新型人才培养体系的理论思考也日臻成熟。

钟秉林先生首先关注人才培养的系统性，认为创新型人才培养是一项复杂的系统工程，涵盖知识、能力、人格等多方面的有机整合。要实现这一目标，就要将科学研究与教育实践深度结合，通过个性化的教学设计、实践导向的学习模式以及国际化视野的培养，全面推动人才素质的提升。

（一）创新型人才培养的教学论探索

钟秉林先生多次在公开场合指出，创新型人才的显著特征在于具备强烈的创新意识、深刻的创新思维以及卓越的创新能力。创新型人才的培养应以创新能力为核心，注重全面素质的系统化提升。培养过程不仅需要扎实的知识基础作为支撑，还需着力于逻辑思维、批判性思维与创造性思维等多维能力的全面发展。[①] 创新型人才培养的核心在于知识的广度与深度的有机结合，创新能力的生成离不开深厚的文化积淀与高水平专业知识的相互支撑，即博与专的有机统一。从教育理念的角度来看，创新型人才要通过跨学科、跨领域的知识融合，建立系统化的认知框架。[②] 这一观点与麻省理工学院前院长基利安提出的“通识教育与专业教育相结合”的理念高度契合，进一步阐明了知识的广泛性与专业性的整合对创新能力发展的重要意义。

创新型人才的培养应高度重视学生的个性化发展和自由探索，以激发学生的创造潜能。创新能力的形成以个性化发展和自由探索为重要前提，因此培养过程中必须充分尊重学生的个性特质与多样化需求。这要求教育管理者和实践者构建灵活的教学路径，为学生提供更多自主选择的机会，从而增强其学习的主动性和创新精神。[③] 从实践层面看，个性化课程设置、灵活的教学内容以及多样化的学习方式是培养学生自由探索精神的核心手段。这不仅为学生提供了多元化的学习路径，还为他们的个性发展创造了广阔空间。

钟秉林先生高度重视科教融合在创新型人才培养中的重要性。他认为实践能力的提升是创新型人才培养的关键环节，实践教育不仅是创新型人才培养的重要路径，也可以为高等教育质量的提升提供理论支持与实践示范。在创新型人才培养领域，科学研究与教学活动的深度融合不仅可以为学生提供早期参与科研的机会，还能通过真实问题的解决激发学生的创新思维与实践能力。钟秉林先生敏锐地洞察到研究型大学在这一过程中承担的重要责任，其名师资源、实验室设备、科研项目及学术氛围等，为学生提供了实践探索的丰富条件。[④] 研究型

---

① 钟秉林:《推进大学科教融合 努力培养创新型人才》,《中国大学教学》2012 年第 5 期。

② 钟秉林:《国际视野中的创新型人才培养》,《中国高等教育》2007 年增刊。

③ 钟秉林:《协调改革 协同探索 努力培养创新型人才》,《国家教育行政学院学报》2011 年第 1 期。

④ 钟秉林:《推进大学科教融合 努力培养创新型人才》,《中国大学教学》2012 年第 5 期。

课程的设计，以及学生在教学活动中直接感知到的科学研究过程与方法等，对学生创新精神与实践能力的培养尤为重要。

在全球化背景下，拔尖创新型人才还必须具备国际化视野与全球竞争力。通过培养具有全球视野的人才，高校能够更好地满足国家经济社会发展的需求，并为全球科技竞争贡献力量。这不仅要求他们掌握国际通用的规则和惯例，还要求他们具备在跨文化背景下解决复杂问题的能力。高等教育需通过国际交流与合作、跨文化学习以及全球性议题的教学设计，增强学生的国际竞争意识。同时，国际化背景下的教育更需注重学生多元文化理解能力的培养，使其在全球化语境中具备开放的意识与跨文化的沟通能力。①

（二）创新型人才培养的体制机制改革理念

钟秉林先生提出，创新型人才的培养是从基础教育到高等教育的共同任务，强调创新型人才培养是一项贯穿小学、中学、大学的持续性任务。因此，从基础教育到高等教育，各层级教育机构都要在教育理念、课程体系与培养模式上协同探索，这样才能在新时代背景下形成面向未来的高质量人才培养体系。

在高等教育阶段，创新型人才培养并非孤立的、单一的改革探索，而是与高校的发展目标定位、治理体系与结构、学科专业建设、资源投入与保障机制等紧密结合。2015 年 10 月，国务院印发的《统筹推进世界一流大学和一流学科建设总体方案》提出“加快建成一批世界一流大学和一流学科”，并指出培养拔尖创新人才是“双一流”的建设任务之一。在此基础上，钟秉林先生从学术层面论证了创新型人才培养与高校一流学科建设的辩证关系。一方面，培养创新人才是建设一流学科的重要内容，是高等学校的重要使命，也是建设一流学科的重要推动力。学生培养质量是衡量高校办学质量的重要指标，我国高校若想跻身世界一流学科之林，就必须重视学生培养质量的提高，特别是在培养

① 钟秉林：《国际视野中的创新型人才培养》，《中国高等教育》2007 年增刊。

创新人才方面下足功夫。另一方面，一流学科的建设能够为创新型人才的培育提供有力支撑，可以从精神激励、制度环境、高水平师资、国际化平台等方面助力创新型人才的成长。

在“双一流”建设背景下，研究型大学应当积极主动担当起培养创新人才的重担，在建设一流学科的进程中着力加强创新人才培养，积极构建培养创新人才的制度环境，包括优化高校内部治理结构，为创新人才培养提供组织制度保证；加强高校人事制度改革，为培养创新人才提供高水平师资队伍；建立稳定的经费和物质资源保障机制，为培养创新人才提供条件。

三、高等教育普及化阶段精英教育的学理洞见

新中国成立以来，我国教育领域关于拔尖创新人才选拔与培养的实践不断深入，但是对与之相关的教育公平性的争议也从未停止。作为从教育管理实践走来的学术研究者，钟秉林先生对拔尖创新人才选拔与培养的学术研究，向来与一线的教育管理实践紧密结合，并总是能够从教育实践的发展演变中抽象出对教育理论的深入思考。随着我国高等教育迈向普及化阶段，高校的人才培养战略任务更加复杂化、多元化，人才培养的难度不断升级，人才培养质量、效率与高等教育机会公平之间的平衡更加难以把握。

钟秉林先生敏锐感知到高等教育普及化阶段高校人才培养质量面临的严峻挑战，率先提出我国高校在普及化阶段开展精英教育的逻辑基础与实践路径，认为“普及化教育”的功能在于进一步实现高等教育入学机会的公平，普及化阶段的精英教育则是为了实现高等教育对卓越或优秀的价值追求。[①] 钟秉林先生率先对高等教育普及化阶段开展

---

① 钟秉林、方芳：《高等教育普及化阶段精英教育的逻辑基础与实践路径》，《中国远程教育》2023 年第 1 期。

精英教育的必要性与重要性进行了学理阐释，呼吁学界纠正对精英教育的片面认识，为我国高校深入实施拔尖创新人才选拔与培养探索，以及教育部深入推进“基础学科拔尖学生培养试验计划”“强基计划”“基础学科拔尖学生培养计划 2.0”基地建设等改革举措提供了坚实的理论支撑。

钟秉林先生的理论视野从不局限于教育领域，而是善于将不同学科领域的理论融会贯通，结合我国高等教育实践进行创新阐释。先生指出，从法律到政策，再到公平和效率视角，高等教育的发展需要在多个维度上达成平衡：在普及化阶段，既要保障教育公平，也要强化教育效率；既要尊重学生个体差异，也要服务国家发展需求。在高等教育普及化阶段，采取适当、合理方式开展精英教育实践探索，具有法律视角、政策视角、公平视角、效率视角等多重理论逻辑的合理性。

从法律视角来看，高等教育应当提供与学生能力相匹配的教育机会，以此消除“反向歧视”，确保教育机会的平等与正义。受教育权是公认的基本人权，各项国际公约和法律文件均强调教育应该向所有人平等开放。在高等教育领域，高校应根据不同群体的实际需求，合理分配资源，避免因“一刀切”政策导致的“反向歧视”。高等教育应为不同能力水平的学生提供合适的受教育机会，避免因不合理的条件限制教育的普及性。高校有责任对有天赋的学生提供更高挑战的教育机会，这样不仅能体现法律的公平原则，还能有效发挥教育的最大社会效益。

从政策视角来看，高校承担着为国家战略需要培养拔尖创新人才的重要使命。新一轮科技革命对创新人才提出了更高要求。为了回应这些需求，我国制定并实施了诸如“珠峰计划”等拔尖人才培养政策，意在通过高校教育体系培养学术大师和科技领军人才。这一政策响应了国家科技发展和产业升级的需求，高校在其中扮演了关键角色。特别是在基础学科领域，高校承担着从原始创新到技术突破的重要任务。

作为培养拔尖创新人才的核心阵地，研究型大学不仅为国家科技“卡脖子”问题提供了有力支撑，也通过推动学术和技术的双重进步，为国家战略的实施注入了持续动力。这种政策导向进一步彰显了高等教育在国家发展中的战略意义。

从公平视角来看，高校实施拔尖人才培养计划符合因材施教与差异化教学的教育逻辑。教育公平并不等于教育的平均化，而是基于个体差异实施针对性教育。差异化教学主张根据学生的天赋、兴趣和能力设计灵活的教学方法，让每个学生都能在适合自己的教育环境中成长。在高等教育普及化阶段，学生群体多元化和个体差异化显著，教学实践需要满足这种多样性需求。无视差异而追求表面的均等公平，不仅会降低教育资源的效率，还可能阻碍部分学生接受高水平教育的机会。尊重差异、设计差异化教育模式，可以让更多学生发挥潜能，同时优化整体教育质量。

从效率视角来看，普及化阶段的精英教育实践是促进高等教育分类发展和特色发展的必然要求。高等教育的发展必须在公平与效率之间寻求平衡。党的十八大以来，我国高等教育事业在分层分类发展方面取得了重要突破。研究型大学致力于拔尖创新人才培养，而职业型和应用型高校则承担技能型和技术型人才的培养任务。这样的分类发展不仅优化了高校的育人功能，也为不同层次的人才提供了适合的成长路径。在高等教育普及化阶段，实施精英教育能通过挖掘高潜力学生的能力，提高教育资源的利用效率，并推动整体教育质量的提升。以效率促进公平的发展模式，不仅契合高等教育的本质要求，也为构建高质量教育体系提供了重要支持。

四、拔尖创新人才自主培养体系的政策倡议

全面提高拔尖创新人才自主培养质量、构建中国自主知识体系，需要基于教育本土实践经验，从教育实践的感性材料出发，抽象、概

括、凝炼拔尖创新人才选拔培养的基本概念，构建基本概念框架和理论体系。[①] 鉴于此，钟秉林率领团队开展了全国范围的大调研，涵盖“拔尖计划 2.0”“强基计划”试点高校、设有少年班的高校、开展超常儿童教育或者具有创新教育特色的优质中小学、牵头科教融合育人的教育行政部门或者科研院所等不同类型教育主体，深入访谈百余人次。

钟秉林先生指出，中华人民共和国成立以来，我国实施了一系列面向拔尖创新人才培养的计划与举措，积累了丰富的实践经验，形成了多种培养模式；同时，拔尖创新人才的选拔和培养目前还存在一些制约因素，人才自主培养质量还有待提高。面对新使命，要进一步加强理论研究与政策引导，统筹教育领域内外不同部门，统筹教育不同学段，提升拔尖创新人才培养成效；合理借鉴国外相关理论与成功经验，结合国情进行本土化探索。[②]

（一）始终坚持服务国家战略需求的政策导向

近年来，我国的拔尖创新人才选拔与培养政策在摸索中不断发展完善。学界关于拔尖创新人才选拔与培养政策的逻辑分析可以分为个人主义与国家主义两条路径：从个人主义视角来看，拔尖创新人才的选拔与培养是为了发挥学生个体的最大潜能，促使学生能够获得充分的成长机会；从国家主义视角来看，拔尖创新人才的选拔与培养首要服务于国家战略需要，目的和意义在于为国家关键核心领域培养所需人才。

钟秉林先生旗帜鲜明地指出，全面提升拔尖创新人才自主培养质量应遵循个人发展与国家需求相结合的原则，不仅要成为个人成长的重要保障，同时也是服务国家战略需求、提升综合国力和教育核心竞争

① 钟秉林、陈枫、王新凤：《我国拔尖创新人才培养体系的本土经验与理论构建》，《中国远程教育》2023 年第 12 期。

② 钟秉林：《深入实施科教兴国战略 着力造就拔尖创新人才》，《中国高等教育》2023 年第 5 期。

力的必然要求。[①] 在国际竞争越来越聚焦于尖端科技竞争和产业升级的形势下，着力造就拔尖创新人才，为国家自主创新能力提升提供不竭的动力源泉，关系到国家的竞争优势和战略全局。改革开放以来，我国各项拔尖创新人才选拔与培养政策遵循国家逻辑，政策的出发点与落脚点始终围绕国家的战略需求。“强基计划”聚焦基础学科领域，通过动态进出机制强化培养过程的质量保障；科教融合政策强调通过科研与教学的深度融合，为解决“卡脖子”技术难题提供人才支持。这种政策目标的一致性体现了拔尖人才培养政策在服务国家创新驱动发展战略中的重要作用。

（二）以提升政策协同性为重要抓手

拔尖创新人才的培养需要多个主体共同参与，包括基础教育、高等教育、科研院所和行业部门等。例如，“强基计划”要求试点高校在招生和培养过程中实现自主探索与国家政策引导的有机结合；科教融合的实践则通过高校与科研机构的合作，整合优质资源以提升拔尖人才的培养质量。钟秉林先生指出，当前我国已在基础教育和高等教育不同学段协同探索拔尖创新人才选拔培养，但相关政策协同机制尚未完全建立。若借鉴政策协同的宏观、中观、微观层面的划分标准，可以将当前政策的协同性问题归结为相关立法政策的缺位、多项政策目标协同机制缺乏、选拔培养衔接机制不顺畅等，不同政策主体各自为政，形成政策的“碎片化”状态，严重影响了政策效能的发挥，继而制约了拔尖创新人才培养的效果。

钟秉林先生分别从宏观、中观、微观层面剖析了我国拔尖创新人才选拔与培养政策的协同性问题。在宏观层面，拔尖创新人才政策的法律保障问题仍有待解决，国家层面仍缺乏对拔尖创新人才选拔培养的教育政策和法律法规保障。在中观层面，政策目标的协同性受到抑制，

---

① 钟秉林：《深入实施科教兴国战略 着力造就拔尖创新人才》，《中国高等教育》2023 年第 5 期。

政策的制定主体、目标主体、执行主体之间难以统合;拔尖创新人才选拔培养虽然主要是教育领域的问题,但拔尖创新人才服务于各行各业的需要,涉及不同学段、不同培养主体和不同学科领域,尤其需要加强政策目标协同或者整合。在微观层面,不同学段学生选拔培养政策的衔接性仍有待加强。

在宏观战略层面,应着重完善国家层面的政策协同机制、政策研究机构、相关政策法律法规,确定拔尖创新人才选拔培养的合法性。既要进一步完善政策法规,为拔尖创新人才选拔培养建立制度保障,还可以尝试在国家层面成立拔尖创新人才教育研究中心,组织跨学科的专兼职结合的专家团队开展拔尖创新人才早期发现和选拔培养的基础理论研究,制定人才评价与选拔标准,开发人才评价与选拔工具,研发相关课程资源,开展第三方评估,指导学校开展试验和实践探索。

在中观治理层面,应着重完善涉及不同主体和政策领域的决策协同机制,包括制度化的协商机制、信息交流与共享机制等,提高拔尖创新人才选拔与培养政策效能的协同性。具体而言,要着重加强政策统筹、经费支持、师资队伍建设,研发国家层面的信息管理系统,一体化管理拔尖学生的选拔、培养、评价。

在微观层面,应着重完善教育系统内部不同学段之间、选拔与培养之间的政策一致性,实现拔尖创新人才选拔培养机制的有效衔接,包括完善中高考制度,落实高校招生自主权,强化高校拔尖学生培养的主体责任。①

(三)重视国外经验的本土转化

拔尖创新人才的选拔与培养既要立足本国实际,也要充分借鉴国际有益经验,尤其要审慎对待国外相关实践探索的多重影响,取其精华,去其糟粕。钟秉林先生较早关注了国外英才学生的早期识别、个性

---

① 王新凤、钟秉林:《拔尖创新人才选拔培养的政策协同研究》,《清华大学教育研究》2023年第1期。

化教育、多样化培养路径等实践，借助国际比较的视野深化对我国拔尖创新人才自主培养体系的认识。先生的研究涉及美国、荷兰、澳大利亚等国家拔尖创新人才的发现、选拔与培养政策，形成了一系列前瞻性研究成果。

钟秉林先生始终坚定国家和人民的立场，坚持以学生个体的全面发展为核心，关注英才儿童的早期发现、识别与培养，关注高等教育阶段精英人才的培养塑造，强调拔尖创新人才自主培养体系的贯通性。拔尖创新人才是我国教育领域的一个本土概念，如何在学术层面与国外实践开展有效对话，是国际比较研究中面临的第一个难题。在研究探索中，钟秉林先生发现在不同教育阶段，国外拔尖创新人才选拔与培养的政策指向存在较大差异：基础教育阶段，国外政策主要关注天赋超常的“天才儿童”，注重为天才学生提供满足其发展需求的教育支持；高等教育阶段，国外政策主要关注“荣誉学生”，尤其注重引导荣誉学生在科研探索中取得突出成绩。

从国家政策经验角度来看，各国的思路与举措也存在较大差异，采用了不同的策略，也积累了自己的经验。澳大利亚部分地区开设有专门培养英才学生的选拔性学校。通过严格选拔后择优录取的学生，不仅能享受学校提供的优质学习环境与教育机会，而且能与同样具备高天赋和高水平的同辈共同学习。在拔尖学生培养过程中，澳大利亚早期英才教育偏向于在普通教育体系内为英才学生提供特殊支持，随着各界对英才学生发展给予越来越多的关注，政府对英才学生的培养变得日益集中化与专门化，学校更加注重综合运用课程差异化、分组式学习和加速式学习等多种培养策略。[①] 荷兰高度重视对天才儿童的识别和甄选，注重考察多种类型的特征，以了解学生在不同环境中的表现、兴趣、创造力、动机和学习特点等指标；注重来自不同群体的意见，如教师、家长、同龄人和学生本人等；侧重在不同时间段对同一学生进行评

---

① 方芳、吕慧、钟秉林：《澳大利亚英才教育：政策演进、实践路径与经验审思》，《比较教育研究》2023 年第 6 期。

估，以确保真正有天赋的学生不会因为在某次识别中表现不佳而被遗漏。在天才儿童的识别与发现阶段，荷兰采取智力测试、非语言能力测试、创造力测试相结合的方式，注重来自教师、家长、同伴和学生本人的多方提名。[①]

钟秉林先生发现，澳大利亚、荷兰政府非常重视对天才儿童（天赋较高的儿童）的早期识别与发现，对我国基础教育阶段英才儿童的识别、发现与选拔提供了可资借鉴的宝贵经验。在我国，中小学阶段的英才教育政策与实践发展尚趋于保守和单一，政策覆盖范围与适用群体数量有限。根据天赋儿童产生的比例测算，我国有大量有天赋的儿童没有得到应有的帮助，容易产生学习适应问题或在普通教育轨道上被忽视甚至埋没。当前，我国政策对天赋儿童的关注仍十分不足，国家政策层面应当为天赋超常儿童创造更多优质教育机会与教育途径。

不可忽视的是，国外拔尖创新人才早期识别、选拔与培养的政策演变中，不仅有可供我国借鉴的有益经验，也潜藏了可能的政策风险。例如澳大利亚英才教育的发展因其对受教育者的差异化对待和在实践过程中面临的复杂情况而饱受争议，甚至一度陷入停滞，在联邦政府与各州和各领地政府及英才教育协会等专业组织的共同努力下，促成了多项调查报告的出台，指明了当时英才教育的实施现状及弊病。[②]

在国际政策的比较研究领域，钟秉林先生及其团队始终保持清醒的头脑，批判性看待国外拔尖创新人才识别、选拔与培养策略。对照国际相关政策的演变趋势，钟秉林先生重新审视我国拔尖创新人才选拔与培养的“大中小”一体化路径，为构建我国拔尖创新人才自主培养体系出谋划策，多次向教育部提交相关领域咨政报告，为我国拔尖创新人才选拔与培养政策的完善提供了强有力的智力支持。

---

① 方芳、钟秉林：《荷兰天才儿童的早期发现与培养机制探析》，《清华大学教育研究》2024年第1期。

② 方芳、吕慧、钟秉林：《澳大利亚英才教育：政策演进、实践路径与经验审思》，《比较教育研究》2023年第6期。

钟秉林先生与中国高考改革

王新凤

钟秉林先生作为高考改革政策评估的开拓者，他领衔研究团队与新高考同向同行，见证了新一轮考试招生制度改革的全过程；作为高考改革共识的凝聚者，他面向公众解读政策、回应争议，发挥专业精英的力量推进政策沟通进程，引导形成理性社会舆论；作为高考改革研究的实践者，他以教育家的睿智聚焦高考改革重大议题，形成了极具建设性的思想体系，对中国高考改革实践探索与理论研究作出了重要贡献。

一、高考改革评估的开拓者

钟秉林先生曾担任国家教育咨询委员会委员、国家教育考试指导委员会委员，为国家和地方教育发展与改革决策提供专业咨询意见，尤其是在新一轮考试招生制度改革过程中，他领衔北京师范大学研究团队持续跟踪高考综合改革的实施过程，是我国高考改革政策评估实践与研究领域的开拓者，为高考综合改革政策设计、执行与评估作出了重要贡献。

21 世纪以来，党和政府将基础教育作为科教兴国的奠基工程，率先启动了基础教育课程改革，期望以课程改革引领考试招生制度改革和教育评价制度改革，推进中小学全面实施素质教育。但在高考指挥棒没有变的情况下，课程改革实施步履维艰，亟待形成新的合力和改革自觉。而与此同时，无论是学术界还是社会、媒体，对高考制度有越来越多的争议，唯分数论、一考定终身、加分造假、违规招生等问题成为当时社会舆论争论的焦点。因此，在教育部等相关部门牵头专题调研的基础上，《国家中长期教育改革和发展规划纲要（2010－2020 年）》提出了深化考试招生制度改革的任务，计划以考试招生制度改革为突破口，克服一考定终身的弊端，推进素质教育和创新人才培养。从 2010 年开始，教育部组织专家分十几个专题对高考改革进行全国性的调研和论证，包括过去历次高考改革的成绩、不足以及对改革的种种设想。

为了提升改革的专业性，加强科学决策，2012 年 7 月 19 日教育部成立了由来自教育、科技、经济、法律、管理等领域的 26 名专家组成的国家教育考试指导委员会，对高考等国家教育考试改革进行调查研究和咨询指导，提出决策意见或建议。恩师钟秉林先生担任首届国家教育考试指导委员会委员，参加高考综合改革方案制定的部分调研以及专题研讨和政策咨询工作。2014 年，《国务院关于深化考试招生制度改革的实施意见》发布，新一轮考试招生制度改革正式启动，31 个省份分六个批次陆续启动高考综合改革。作为国家教育考试指导委员会委员，先生先后带领教育部专家组对浙江、上海、海南、天津、山东、湖南、广东、黑龙江、吉林、江西、陕西、青海等不同批次改革省份进行高考综合改革基础条件评估，向教育部等部门提交调研报告、政策咨询建议 20 余篇，为国家和地方推动高考综合改革工作和政策优化提供决策参考。

2014 年，我打算重回母校攻读恩师钟秉林先生的博士研究生，硕士导师刘慧珍老师建议我做高考改革领域的研究，她说钟校长正在牵头一个高考改革相关的教育部重大课题攻关项目。我很感兴趣，就选择以高考制度公平性为选题拟定了研究计划。当时看似随意的决定，确定了以后与老师合作十年的研究主题——高考改革政策评估。2015 年我顺利成为先生的入门弟子，也跟随先生参与高考综合改革基础条件评估，主要协助开展调研报告撰写等工作。评估工作时间安排特别紧凑，每天要参加多场次座谈会，调研内容由秘书组当天完成反馈意见汇总，先生一般会等我们到凌晨12点左右，然后接手修改报告，第二天上午向省厅反馈评估意见。每次评估几天时间跟下来，我都觉得非常辛苦，但先生返京第二天就又投入到新的工作中去了。2018年5月在广东省进行高考综合改革基础条件评估时，先生家中突发急事，但因为天气原因没有直飞的航班，先生一路奔波，周转回到家中，上午料理完事情又马上赶回了广州。我问他为什么非要那么着急赶回来，先生说："我是组长，肯定以工作为重。"高考牵一发而动全身，高考综合改革部署的每一步，对先生来说，都是头等大事，耽误不得。

除了参加教育部相关部门组织的官方评估之外，2014年起，钟秉林先生领衔北京师范大学研究团队承担了教育部哲学社会科学研究重大课题攻关项目《高考改革试点方案跟踪与评估研究》等系列研究课题，持续十年之久跟踪评估高考综合改革实施进程，对陆续启动高考综合改革的省份保持了不同程度的跟踪评价。他先后带领团队到浙江、北京、海南、广东、湖南等地进行实地调研，组织了上百场次座谈会，地方教育厅和考试院的管理人员、高校教师与学生、高中师生与家长等逾千人次参与座谈，从高考改革不同利益相关者的视角了解高考改革实施效果。

特别值得一提的是，先生领衔研究团队在2018年、2019年、2024年三次受浙江省教育考试院委托对浙江省高考综合改革开展跟踪评估工作，我作为项目执行负责人深度参与了全过程。作为首轮试点省份，浙江省改革难度大，改革过程中无论是行政部门还是教育一线都承受了巨大的压力，尤其是首轮新高考试点落地后，各方反馈如何，改革方向是否要坚持，改革措施如何调整，都亟待加强循证评估与科学决策。2018年底，浙江省有关方面邀请先生领衔北京师范大学研究团队对高考综合改革情况进行第三方评估，为教育厅下一步决策提供依据和参考。时值岁末年关，各方工作压力都比较大，但先生毫不犹豫便答应了。

2018年12月25日，我们与浙江省教育考试院初步形成《浙江高考综合改革方案评估方案》。2019年1月9日，先生就亲自带领研究团队南下，北京师范大学研究团队20余人参与了这次调研。我们分三队在浙江进行了为期一周的实地调研考察评估，组织了20余场次座谈会，面向浙江省高中教师、高中学生、高中生家长、高校教师、高校学生发放并回收了7万余份有效问卷。1月31日我们如期提交了北京师范大学的第三方评估报告。在一个月的时间里从制定研究方案、组建研究团队、开发研究工具、开展实地调研、撰写评估报告等，从无到有完成一项对全省教育战线实施新高考的评估工作，这是一件看似难以完成的事情。但先生的态度只有一个，地方教育改革实践需要我们的支持，我们要不遗余力。

在2020年延迟高考、强基计划颁布实施、体育和艺术招生等政策调整过程中，先生也参与了决策咨询和研讨，他说："高考改革过程中，我个人体会最深的是改革的复杂性和艰巨性。每一条改革措施要达成共识都不容易。不同群体对同一项改革措施认可度差异很大，同一个群体对同一个政策的认知也存在差异。对于我们来说，就是尽量将不同的声音和政策建议呈现给决策者，可能最终出台的政策不能让所有人满意，但可以肯定的是，在当前的背景下是最合适的选择。"①

2023年6月，全国人大常委会科教文卫委委托先生领衔对考试招生制度改革相关问题开展评估研究，为审议国务院考试招生制度改革工作提供参考。先生当时需要经常去医院，但依然是第一时间响应，迅速组建了研究团队，制定研究方案，并启动了这项工作。我们在对第一、二批省份跟踪评估的基础上，对第三批启动改革的8省市发放并回收了17万份有效问卷，形成了《考试招生制度改革实施情况评估报告》，先生字斟句酌地审读了这份报告，并在7月份提交。2023年10月，全国人大常委会听取和审议国务院关于考试招生制度改革的报告，12月1日，全国人大常委会科教文卫委评价这份报告："内容丰富、数

---

① 钟秉林：《破解"一考定终身"》，《中国教育报》2022年8月22日，第1版。

据详实，全面总结了十年来考试招生制度改革的实施过程和取得的成效，客观分析了改革面临的困难、问题与挑战，并提出了具有很强针对性和可操作性对策建议。报告定位准确，观点鲜明，科学规范，具有重要的参考价值，得到了委员会领导的高度重视与好评。”

2024年1月10日，浙江省教育考试院联系先生，表示浙江省新高考已经实施十年，希望对浙江的改革实践进行总结，作为十年系列活动最重要的内容，想请先生再次率队承接浙江省的总结性调研评估工作。当时先生已经进入深度治疗阶段，虽然精神很好，但人消瘦了很多。我觉得应该以先生身体为重，想婉拒这次评估工作，但先生一口答应了这件事，给浙江省教育考试院回复说：“感谢考试院的信任，我们研究团队会尽心尽力做好调研评估。”在先生心里，支持地方开展好高考综合改革工作，自己及团队责无旁贷。按照先生的部署，我们迅速组建了研究团队，在前两次评估基础上设计了研究方案，并在3月20日抵达杭州与浙江省教育考试院就评估内容和方案交换意见，晚上我给先生发短信汇报了各项工作进展。先生当天并没有回复信息，我心里一直七上八下的。3月21日晚上八点，我们落地北京，打开手机就收到了先生发来的短信：“信息收到。你们辛苦了。”我又放下心来，但我没有料到，这竟是先生发给我的最后一条短信。

我们计划在4月8日这周到浙江省进行实地调研，希望尽快完成评估工作，也了却先生这桩心事。调研需要离京一周，我心里很不踏实，临行前希望见先生一面，因为春节后就没有再见过他了。征求了师母的意见，4月5日在医院见到了先生，他像一片羽毛一样覆盖在洁白的被单下，柔软，轻盈。师母说他因为高烧已经昏迷了很久，但还是轻声地喊他，说我们来看他了。特别意外的是，先生醒了过来，看着我，目光跟以前一样的温暖，就像刚刚从熟睡中醒来，很有精神。他嘱咐我们赶紧去忙，目光转向我很清楚地说：“你也多注意身体”，就像他最后这段日子里经常跟我提及的一样，我也说工作等事情请他放心，他双手合十放在胸前，意思是“拜托了”。看先生说话很吃力，我就赶紧辞行要走，先生目光一直追随着我，用力举起手跟我示意再见。4 月 7 日，先生就永远离开了我们。

我无数次想起最后这一幕，知道先生已经郑重地跟我说过再见，就觉得没有那么遗憾；也知道他对人对事依然有诸多牵绊，我也不能让先生有遗憾。送别先生后，4 月 16 日我就和杜瑞军老师带领研究团队到达浙江，马不停蹄地开始了为期一周的调研评估工作。之后我们还在浙江省教育考试院的协调下，到上海、北京、西安等顶尖高校调研，从省外高校师生视角评价浙江省高考改革实施情况。我们向浙江省内外高校、省内高中学校回收了 20 余万份调查问卷，撰写了《浙江高考综合改革十年跟踪评估报告》等系列报告并于 7 月 3 日提交给浙江省教育考试院，按时保质保量地完成了浙江省教育考试院委托的第三次评估工作。先生走后，我第一次在先生的办公室，坐在我之前坐过的位置上，泪流满面。

2024 年 12 月 10 日，在浙江省学习贯彻教育强国建设规划纲要暨高考综合改革十周年座谈交流会上，浙江省教育考试院在总结十年高考改革路程时，专门向先生致敬："特别向十年三次把脉会诊浙江高考综合改革的著名教育家、北京师范大学原校长钟秉林先生表示深切的缅怀和感谢！"然后由我代表研究团队汇报了十年来先生带领我们对浙江高考综合改革进行跟踪评估的结果。报告获得了与会领导、专家的高度认可，他们认为我们的报告"是一份科学客观的评估报告"，"新高考改革十年，因为有了你们的跟踪评估，改革的科学性、可信性大幅增加"，他们握着我的手说谢谢，我感觉那一刻，他们一定把对老师的怀念加持到了我身上。

那一刻，先生一定在。

二、高考改革共识的凝聚者

钟秉林先生说，"高考改革牵一发而动全身"，每次政策调整都可能引起广泛的社会关注，甚至引发舆情问题。因此，发挥专家力量加强政策解读、回应社会关切、凝聚各方共识，是引导形成理性社会舆论、保障改革顺利推进的关键。在国家和地方高考改革政策出台、优化的过程中，先生作为资深教育专家多次参加教育部官方新闻发布会、接受媒体采访、撰写评论文章，对人民关心、社会关切的舆论焦点问题进行解读，为高考改革平稳实施作出了专业贡献。

据不完全统计，2007 年以来，先生在《人民日报》《光明日报》《中国教育报》《解放日报》《人民政协报》、新华网、中国新闻网、央视网、搜狐网等媒体撰写评论文章或者接受访谈近 80 篇(次)，评论主题涉及高考加分政策、自主招生政策、强基计划、综合素质评价、考试次数、高考命题、高考移民、艺体招考、高考赋分政策、拔尖创新人才选拔、高考改革趋势与挑战等不同主题。①

（一）高考改革政策解读

因为高考改革的高利害性、高风险性、高关注度，每一项改革政策的出台都可能会引发广泛的社会关注和舆论争议，因此教育行政部门

① 钟秉林:《取消这些高考加分项，是为了更好保障教育公平》，2022 年 9 月 22 日，http://www.rmzxw.com.cn/c/2022-09-23/3209359.shtml；钟秉林:《自主招生需加强监管 提高透明性 接受监督》，2014 年 3 月 9 日，http://www.rmzxw.com.cn/c/2014-03-09/304514.shtml；钟秉林等:《“强基计划”:拔尖创新人才培养新路径》，2021 年 5 月 6 日，http://www.jyb.cn/rmtzgjyb/202105/t20210506_566822.html；钟秉林等:《学生综合素质评价引关注 与高考录取挂钩有风险》，2014 年 6 月 11 日，https://www.chinanews.com.cn/edu/2014/06-11/6267483.shtml；《钟秉林:高考英语一年多考可实行 但不要一刀切》，2013 年 3 月 4 日，http://www.chinadaily.com.cn/dfpd2013qglianghui/2013-03/04/content_16274326.htm；钟秉林:《中国教育学会会长:高考统一命题并非统一试卷》，2015 年 3 月 12 日，https://www.chinanews.com.cn/edu/2015/03-12/7121527.shtml；钟秉林等:《“高考移民”屡禁不止的背后》，2015 年 1 月 22 日，http://epaper.gmw.cn/gmrb/html/2015-01/22/nw.D110000gmrb_20150122_2-06.htm；钟秉林:《艺体招考迎来大变革》，2021 年 9 月 21 日，https://news.gmw.cn/2021-09/27/content_35192913.htm；钟秉林等:《选科面临困难，赋分遭遇质疑:新高考改革在争议中前行，2020 年 11 月 22 日。https://weibo.com/ttarticle/p/show? id=2309404570365346316305；钟秉林等:《解读来了！强基计划:为新时代选拔培养拔尖创新人才》，2020 年 1 月 15 日，http://www.jyb.cn/rmtzcg/xwy/wzxw/202001/t20200115_288195.html；钟秉林等:《十四省市开启高考改革，未来高考将有哪些新趋势》，2019 年 5 月 8 日，http://zqb.cyol.com/html/2019-05/08/nw.D110000zgqnb_20190508_6-01.htm；钟秉林:《高校要应对高招改革新挑战》，2015 年 3 月 17 日，http://epaper.gmw.cn/gmrb/html/2015-03/17/nw.D110000gmrb_20150317_1-13.htm。

或者报刊、网络等媒体会在政策出台前后进行政策的宣传和解读，先生在高考加分政策、自主招生、强基计划、高考延期等政策调整时都应邀发表了评论。

2020年1月13日，《教育部关于在部分高校开展基础学科招生改革试点工作的意见》印发，决定自2020年起在部分高校开展基础学科招生改革试点，即实施“强基计划”。强基计划是在服务国家重大战略需求的背景下，在基础学科拔尖人才的选拔培养上进行的创新性探索，而且强基计划实施后，自主招生也不再实施。前期广受社会关注的自主招生政策取消，一个全新的拔尖创新人才选拔培养政策出台，无论是哪一项都会引起教育系统内外热切关注。《人民日报》《中国教育报》《新京报》等连续发表评论，解读强基计划招生政策，回应社会关切。

1月15日，先生在《人民日报》发表评论文章，总结了强基计划五个方面的主要特点：一是服务国家重大战略需求，以国家重大战略需求为导向确定招生的学科专业，突出基础学科的支撑引领作用，体现了引导大学主动适应和引领经济社会发展的政策导向；二是深化教育领域综合改革，包括“双一流”建设、基础学科拔尖学生培养计划、高校加强科技创新、高考综合改革等，体现了深化教育领域综合改革、创新人才培养模式的政策导向；三是探索中国特色招生模式，将高考成绩作为入围高考考核的门槛，与高校综合考核结果及综合素质评价情况等合成综合成绩，择优录取，注重综合评价，体现了立足中国国情，完善了中国特色现代考试招生制度的政策导向；四是注重人才培养质量监测，重视建立在校生、毕业生跟踪调查机制和人才成长数据库，根据质量监测和反馈信息持续改进招生和培养工作，体现了质量为本、引导大学内涵发展的政策导向；五是促进人才选拔公平公正，强基计划的实施面对自主招生政策备受争议的社会现实，积极回应人民群众的关切，着力解决自主招生工作中存在的问题，体现了促进人才选拔的公平性、实现社会正义的政策导向。①

① 钟秉林：《专家解读：实施强基计划 培养拔尖创新人才》，2020年1月15日，https://mp.weixin.qq.com/s/E6wdqRLIR3RWWTHXjxD6Dg。

同时，先生也指出，无论是自主招生还是“强基计划”的实施都不能回避我国的基本国情，也就是说高等教育迈入普及化阶段之后，人民群众对优质高等教育资源的选择性需求与优质高等教育资源的不充分、不均衡之间的矛盾将会持续存在。“强基计划”的实施既要解决自主招生存在的问题，又要探索一条中国特色拔尖创新人才选拔与培养的路径，依然任重而道远。

迄今为止，强基计划已经实施了五年，政策依然在调整、在优化，但任何政策实施效果的评价都不能回避政策出台时所回应的社会现实问题，这也是今天回看先生当时进行强基计划政策解读时的重要启示。

（二）高考改革争议解析

高考改革所涉及的利益相关者众多，各种利益诉求很难权衡和满足。自主招生、高考加分政策、异地高考政策、高考移民等问题都会成为社会舆论争议的焦点。对此，先生认为“高考改革确实很难”，但“走出一步就比原地踏步强”，应该建立风险评价和反馈、纠错机制。

每一次高考政策调整都会有争议，改革推进也十分艰难，对此，先生认为高考改革确实很难。一方面是高考承担的功能很多，除了最基本的选拔人才功能外，它还是社会流动的阶梯。一些孩子想通过考上大学，改变个人和家庭的境遇，尤其对于农村考生而言，考取大学还是目前跨越城乡二元结构的主要通道。人员阶层流动是社会进步的表现，高考承担了这个功能，所以社会关注度非常高。另一方面，随着高等教育规模的迅速扩张，高等教育利益相关者增多，关注高等教育的群体也很多，不同群体都会强烈表达自身的利益诉求，但这些利益诉求是多元化的，体现出来的价值取向是不同的，有的是矛盾的，甚至是冲突的，可以说高考改革每一项举措的背后都充满利益博弈。①

随着中国市场化、城市化进程不断推进，进城务工人员子女在流入

---

① 钟秉林：《高考公平性面临新挑战！关于高考改革，中国教育学会会长钟秉林这样说》，2019 年 1 月 8 日，https://www.163.com/dy/article/E513I9VK051282UI.html。

地就读、参加高考的问题逐步进入高考政策议程，按照国家相关文件指示精神，各地陆续实施异地高考政策。2014 年 28 个省份实施异地高考政策，但北京、上海、广州由于教育资源聚集性高、外来人口多，异地高考推进成了难点问题，比如北京只开放了高职异地高考，上海、广州的门槛也比较高。2014 年 3 月 11 日，作为全国政协委员，先生在接受央广网记者采访时坦诚地讲，有些方案“我也不满意”，但是他表示，走出一步总比原地踏步强。先生认为高考改革应该小步慢走，循序渐进，事实上自恢复高考以来改革就一直没有停止过，一直坚持着小步走、不停步的改革节奏。高考改革要遵循规律，循序渐进，不能折腾。比如考试内容，每年改一点，可能每年和上一年比都觉得变化不是很大，但是累积五年、十年，再回头看就是很大的变化了。

先生认为，高考改革牵一发而动全身，学生、家长、教师都是高度关注，社会也是高度关注，它涉及每年上千万考生及其家庭的命运与利益，所以高考改革是一件极为敏感的事情。一旦出了问题，那就是社会问题，会产生重大舆情，甚至影响社会稳定。因此，新高考改革的策略是“遵循规律、试点先行、协同改革、平稳推进”，一定要做好充分的准备，循序渐进地推进。从新高考先行试点经验来看，具体方案里的内容可以有所不同，只要紧扣高考改革的目标就行。在具体做法上，要根据各地的实际情况作出相应调整，尊重各地的首创精神。同时，先生认为，“高考改革问题很敏感，涉及千家万户的利益，有些条件具备的省市、学校可以先试点，应建立比较好的风险评价和反馈、纠错机制，对出现的问题及时调整”。①

（三）高考改革效果评价

政策评估是政策过程的重要环节，高考改革政策制定、执行之后，实施效果如何是教育行政部门和各利益相关群体格外关注的主题，先

---

① 钟秉林：《钟秉林：高考改革，前 40 年功不可没，接下来如何走?》，2017 年 6 月 9 日，https://www.rmzxb.com.cn/c/2017-06-09/1584473.shtml。

生领衔北京师范大学研究团队对高考改革实施效果进行跟踪评价，也为教育行政部门评价高考改革提供决策参考。

党的十八大以来，考试招生制度改革作为教育体制机制改革的重要突破口，教育部和地方教育行政部门实施了系列改革措施。2022年9月15日，教育部召开的“教育这十年”第十二场新闻发布会聚焦考试招生制度改革成效，国家教育考试指导委员会委员钟秉林先生作为专家代表参加了这次新闻发布会，他基于北京师范大学研究团队对考试招生制度改革过程的跟踪评估结果，认为新一轮考试招生制度改革带来了四个方面的转变：一是教学有了新常态，高中全面开展选课走班，教学模式由齐步走向个性化转变，开展学生生涯规划教育，指导学生更好地选课选考、成长成才；二是考试有了新模式，新高考方案的考试科目由固定组合向多元选择转变，增加了学生的选择性，学生的兴趣、特长得到更加充分的发展；三是评价有了新机制，各省普遍建立统一的综合素质评价信息管理系统，客观记录学生的成长发展过程，引导学生增强社会责任感、创新精神和实践能力；四是招录有了新方式，学生报考由侧重学校向“学校＋专业”转变，考生志愿与录取更加精准地匹配，更多学生录其所愿。

对高考改革实施的效果以及面临的挑战，先生认为应该避免功利化、碎片化解读，应该从长远的眼光来看待高考改革的效果。

第一，不应该用功利化的眼光看高考。先生认为，传统观念依然制约着我们对于新高考的认识。比如，强基计划的招生专业是基础学科和关键技术领域，其重要的政策导向就是服务于国家重大战略需求，培养拔尖创新人才。但是社会上对“强基计划”的炒作比较厉害，特别是一些教育培训机构又开始抓住所谓的商机，推出了“强基计划”培训班。很多家长出于功利性的目的，认为通过参与“强基计划”培训可以让自己的孩子上一个好大学。这种做法并不值得跟风效仿。从家长的角度来说，还是应该根据孩子自己的兴趣爱好，尊重孩子的自主选择权，如果孩子对这些专业没有兴趣或不适合，那就不必勉强。

第二，不能对新高考改革做碎片化解读。在取消文理分科的问题上有过争议，有人认为这是不尊重学生的特长发展。这种说法听起来似乎有道理，但整体来看就有一定的片面性。先生认为，在高中阶段过早进行文理分科主要有两个弊端。一是容易造成学生偏科，知识结构不完善。学科发展综合化是大趋势，知识结构不完善，到了大学还得补课，会影响人才培养的质量。二是容易造成学生思维方式不完善。文科擅长形象思维，理科擅长逻辑思维，两者必须很好地结合，才能形成创新性思维。过早文理分科，不利于创新性思维方式的形成和创新人才培养。因此，对新高考改革方案需要有一个全面的解读，而不能应试化、碎片化、功利化地去解读。

第三，要以长远眼光来看待新高考改革。先生认为，教育观念的转变是积极稳妥推进高考综合改革的重要先导。要树立现代的教育观和科学的成才观，观念不更新，仍然用旧眼光去看待新高考，这场改革的效果就会大打折扣。高考是学生求学生涯中的一个重要事件，但不是学习过程的全部，更不是人生的全部。成才的机遇很多，路径也很多。很多优秀人才并不都是从名校出来的。一个人的成功不仅靠智力因素，还取决于很多非智力因素和外部环境的影响。孩子是有差异的，必须承认和研究这种差异性，鼓励孩子的兴趣特长发展，尊重孩子的选择，不要给孩子太大压力。因此，我们应该以更加长远的眼光来看待新高考改革。①

三、高考改革研究的践行者

钟秉林先生在参与高考改革政策实践的过程中，注重加强高考改革研究，主持教育部哲学社会科学重大课题攻关项目“高考改革试点方案跟踪与评估研究”等与高考改革相关的 10 余项课题研究，撰写相关

① 钟秉林：《不能用旧眼光看待“新高考”》，《解放日报》，2021 年 6 月 11 日，第 1 版。

论文30余篇发表在《教育研究》《高等教育研究》《中国高教研究》等期刊，出版专著《高考改革：理想与现实》《中国高校自主招生政策研究》等，《推动新高考 深化中学教育综合改革的“三评四导五融”模式》获得北京市基础教育教学成果。先生在高考制度的历史变迁、改革重点难点、改革效果等方面的思想和观点成为中国高考改革研究的重要成果。

（一）高考改革的动力机制

先生毕生从事教育事业，他从事过高校一线教育教学工作，又担任过高校、教育行政部门领导职务，所以一直坚持系统论观点看待和推动教育改革，认为应该跳出教育看教育，这一世界观和方法论也反映在他对高考改革的研究中。

他认为，高考改革政策不仅是高校的事情，也涉及义务教育、高中教育等，这是教育系统内部的改革。提到高考移民问题，先生认为不能简单地对高考移民进行是非判断，从根本上说，这是优质高等教育资源分配不均和老百姓对其迫切渴望之间的矛盾。这种对优质教育资源的非理性竞争，恰恰反映了我国当前优质高等教育资源的稀缺。① 但教育系统内部与外部也要加强协调，比如异地高考问题的出现，一定程度上与社会配套改革没跟上有关，“如果户籍改革到位了，异地高考这个问题对于学校而言就解决了。社会改革不配套，教育往前冲，必然会招致各方议论”。②

先生从教育内外部关系的视角来论述高考改革的动因。他认为考试招生制度改革既是制度外部客观的社会需求，又符合制度内生性的发展逻辑，其根本动因是既有制度不能完全适应经济社会和教育发展的现实需求，而且其科学性与公平性也受到严峻挑战，因此，改革必须平衡各方利益诉求，在最大程度上争取价值共识。这既是恢复高考40

---

① 钟秉林等：《“高考移民”屡禁不止的背后》，2015年1月22日，http://epaper.gmw.cn/gmrb/html/2015-01/22/nw.D110000gmrb_20150122_2-06.htm。

② 《钟秉林谈高考改革：或可自选学业测试纳入高考成绩》，2024月3月11日，http://news.cnr.cn/special/2014lh/jz/jz/zjq/201403/t20140311_515051870.shtml。

多年来考试招生制度改革的动力机制，也是新一轮考试招生制度改革的重要考量。

第一，从外部动因来看，高考改革适应了经济社会发展需求。改革开放之初，百废待兴，要实现农业、工业、国防和科学技术现代化的宏伟目标，高考改革注重效率和质量，加强文化考查，选拔最好的生源，培养各行各业技术精英为经济社会发展服务。改革开放后，我国经济体制发生了巨大改变，完成了从解决温饱问题到实现小康水平、全面建成小康社会的历史性转变，经济发展方式从要素驱动、投资驱动转向创新驱动，这对高校选拔不同类型和层次的人才提出了新的要求。

第二，从内部动因来看，高考改革适应了基础教育和高等教育发展的现实需求。40 多年间，中国基础教育普及化程度大为提高，改革发展的目标转向追求公平、优质的教育，高等教育从精英教育转向普及化发展阶段，高等学校分层、分类发展趋势明显，如何改变高考选拔标准单一、唯分数论的现象，为中小学教育教学改革服务，是基础教育发展对高考改革的现实需求。

第三，从制度动因来看，高考招生制度必须回应教育公平的现实诉求。部分制度实施过程中背离设计初衷，会影响入学机会公平，比如高考加分政策；部分制度调整是因为社会结构变迁带来新的社会问题，使得高考改革面临新的挑战，比如异地高考政策问题；部分制度因为区域经济、社会、文化差异，社会处境不利群体的子女接受优质高等教育的机会难以得到充分保障，比如招生计划的分配等问题。这些都是高考改革必须回应的公平性诉求。

第四，从价值动因来看，高考改革必须回应不同群体的利益需求。随着中国社会结构变迁、体制改革深化以及教育规模扩张，高等教育利益相关者增多，高考改革牵涉多元利益主体，包括各级政府、发达地区和欠发达地区、不同社会阶层、性别群体等。不同利益群体关于高考改革的利益诉求和利益冲突会以价值观的形式体现在社会舆论、学术争论和政策制定中，呈现出不同的、矛盾的甚至相悖的价值取向。如现行的分省定额、划线录取、异地高考、高考加分等政策制定和调整往往折射出不同利益群体的利益博弈，必须平衡各方利益诉求。

钟秉林先生关于高考改革动因的思想，内涵丰富。从结构功能主义的视角来看，高考作为社会选拔制度，其改革趋势适应了社会结构和功能的变迁，既适应经济社会发展和教育发展需要，也在促进社会流动、维护社会公平中发挥重要作用。但从冲突论视角来看，高考改革涉及不同利益相关主体，既要体现国家意志，也要体现不同利益相关主体的多元诉求。从制度主义的视角来看，高考作为国家教育制度的重要组成部分，受到政治、经济、文化等环境影响，而中国社会的政治经济制度、社会文化、应试教育惯习等都会影响改革进程。钟秉林先生关于高考改革动力机制的观点，反映出结构功能变迁、利益冲突与妥协等复杂图景，对理解高考制度变革具有重要的启示意义。

（二）高考改革的价值导向

先生关注我国高考制度的价值导向，认为恢复高考以来，我国高考改革具有渐进性和连续性的特点，呈现出注重科学性、自主性、选择性和公平性的基本价值取向。

第一，高考改革强调科学选拔人才的价值导向。在考试科目设置上，在会考或者学业水平考试的基础上探索逐步减少考试科目，增强高考的选拔性功能。在考试内容上，以学生知识学习为基础，强化能力立意、学科素养。在招生录取方式上，在统考、学业水平考试、综合素质评价的基础上探索综合评价招生。这些改革措施的目标都是提高高考的效率，科学选拔合适的人才进入高校。① 先生认为，效率、科学、公平是促进考试招生制度现代化的核心价值取向，必须重视教育、科技、人才在社会主义现代化建设中的关键性支撑作用，重视人才选拔的效率，唯其如此，才能为建设教育强国、科技强国、人才强国选拔出各类急需人

---

① 钟秉林、王新凤：《我国高考改革的价值取向变迁与理性选择——基于 40 年高考招生政策文本分析的视角》，《教育研究》2017 年第 10 期。

才，尤其是拔尖创新人才。[①]

第二，高考改革注重扩大高校招生自主权。21 世纪以来，部分高校开展自主选拔录取的试点，新高考改革以来探索“两依据、一参考”的综合评价机制，逐步取消录取批次，尝试统一招生、自主招生、注册招生、定向招生、破格录取相结合的多元录取方式，这些改革举措都体现了扩大高校招生录取自主权的价值取向。[②] 先生认为，综合素质评价档案在高校招生录取中如何使用，使用到什么程度，应该由高校在高考改革宏观框架的基础上自主确定；可以适当扩大综合评价招生的范围和数量，尤其是扩大“双一流”建设高校的招生自主权，打破总分录取的传统模式；但同时应该从提高社会法制化程度和完善社会诚信体系建设的高度，保证招生录取信息公开透明，杜绝暗箱操作等权力寻租现象。[③]

第三，高考改革注重增加学生选择权，引导学生全面发展。高考科目从文理分科，设置文综、理综固定科目，转变为学生根据自身发展和高校要求自主选择三科参加等级考试；本科和高职高专院校分类考试，高职高专院校探索注册入学；英语等科目实行一年两考等，这些改革举措都体现了以学生为本，给学生提供更多选择机会的重要价值取向。[④] 在增加学生选择性方面，先生秉持审慎态度，多篇与合作者的文章中谈及学生选择性的影响，比如学生志愿填报以学校优先还是专业优先如何影响录取匹配度[⑤]，家庭背景对高中学生科目选择的影响[⑥]，对新高

---

① 钟秉林、王新凤：《中国式现代化与考试招生制度改革：概念与路径》，《中国考试》2023 年第 8 期。

② 钟秉林、王新凤：《我国高考改革的价值取向变迁与理性选择——基于 40 年高考招生政策文本分析的视角》，《教育研究》2017 年第 10 期。

③ 钟秉林、王新凤：《新高考综合评价招生的成效与现实困境探析》，《高等教育研究》2019 年第 5 期。

④ 钟秉林、王新凤：《我国高考改革的价值取向变迁与理性选择——基于 40 年高考招生政策文本分析的视角》，《教育研究》2017 年第 10 期。

⑤ 徐伟琴、钟秉林：《“学校优先”还是“专业优先”？——新高考背景下学生志愿填报取向对录取匹配度的影响》，《清华大学教育研究》2022 年第 6 期。

⑥ 方芳、钟秉林：《家庭背景对高中学生高考科目选择的影响——基于浙江省的调查研究》，《教育学报》2022 年第 1 期。

考选科“遇冷”进行制度主义分析[①]等，都强调理性看待学生选择权的问题。

第四，高考改革注重增加弱势群体入学机会，促进公平公正。公平公正一直是我国高考改革的基本价值取向，而公平的内涵和外延则随着时代进步在发生变化，具体表现在：注重个人政治表现，冲破家庭出身论的桎梏；取消年龄和婚否的限制，扩大受教育机会；清理和规范加分政策，出台异地高考政策，规范自主招生政策，维护入学机会公平；调整招生计划，缩小省际高考录取率差异，增加农村和贫困地区学生上重点大学的人数，促进教育公平和社会公正。[②] 先生认为，高考制度作为我国的基本教育制度，关系着受教育者个体及其家庭的利益，因此公平性是高考改革必须坚守的原则。

因为延安插队的经历，先生格外关注高考的公平性问题。首先，他关注农村孩子入学机会补偿问题。他说：“我到陕北延安插过几年队，深切体会到有些农村的孩子之所以在高考的时候考不上重点大学，不是因为他们不聪明，更不是因为他们不努力不刻苦，主要是因为他们所在地方的经济社会文化发展水平比较低，使他们从小没有得到高质量的教育。高考时要对他们进行适当的入学机会补偿，这恰恰体现了促进教育公平和社会公正。”[③]其次，他注意到致力于促进公平的政策在实施的过程中违背了改革初衷。先生认为，高考改革的重要目标是促进公平，特别是促进入学机会的公平，但在推进过程中也存在问题，部分措施在实施的过程中背离了改革初衷。比如加分政策问题，他认为，特别是奖励性加分，如体育艺术特长加分、竞赛获奖加分等，原本旨在引导学生全面发展，打破“唯分数论”，但在实际操作中却出现了加分名

---

① 黄凌、钟秉林：《新高考选科“遇冷”的制度主义分析——以物理学科为例》，《教育学报》2021 年第 1 期。

② 钟秉林、王新凤：《我国高考改革的价值取向变迁与理性选择——基于 40 年高考招生政策文本分析的视角》，《教育研究》2017 年第 10 期。

③ 《钟秉林：高考改革，前 40 年功不可没，接下来如何走？》，2017 年 6 月 9 日，https://www.rmzxb.com.cn/c/2017-06-09/1584473.shtml。

目繁多、加分幅度过高以及身份作假等问题，严重违背了教育公平的原则。因此，这类加分政策应该进行必要的调整和规范，以更好地保障教育公平。最后，先生关注到高考公平性面临的新挑战。比如异地高考问题，他认为，随着进城务工人员子女人数的增长，异地高考问题日益突出，需要进行必要的政策设计来应对这一新挑战，确保所有考生都能在公平的环境下参与高考。先生也高度关注新高考的公平性问题，比如试点省份落实新高考政策之初出现的功利化选科倾向造成物理选考人数下降问题，成绩优秀者反而难以获得相应的入学机会；比如选考科目等级赋分制的公平性问题等。这都需要具体问题具体分析，尤其要在利益相关者视域融合、分类研究的基础上，提出相应的策略建议。①

先生关于高考改革价值导向的观点，涵盖了科学、效率与公平的关系问题，高考制度的基本功能是高等学校科学选拔人才的手段，因此服务于科学选才的基本目标。因为高考制度承上启下、衔接基础教育与高等教育的特殊性，所以从科学选才的基本目标出发，高考改革既要强调高校招生自主权，又要注重引导学生全面而有个性的发展。但在中国特殊的国情背景下，维护社会公平与稳定一直是高考制度重要的价值导向，先生在加分政策、异地高考、招生计划分配等问题的讨论中都强调高考公平性的重要性。先生基于我国城乡、区域教育发展不平衡、不充分的敏锐洞察，格外关注弱势群体子女入学机会补偿问题，以期实现入学机会的实质公平，也关注到公平政策执行中的偏差，强调公平政策要坚持机会均等原则，在执行中杜绝权力寻租，坚持程序正义。关于高考改革公平性价值追求的论述，充分体现了他对教育公平内涵的丰富理解和价值追求。

---

① 王新凤、钟秉林：《新高考公平性问题及应对策略研究：基于浙沪经验》，《国家教育行政学院学报》2019年第4期。

（三）高考改革的系统理念

钟秉林先生认为，高考改革牵一发而动全身，他坚持用系统观念看待教育问题，体现了系统性、全局性、整体性的思维方式。系统观念强调系统是由相互作用、相互依赖的若干组成部分结合而成，需要从事物的总体与全局上、从要素的联系与结合上研究事物的运动与发展，实现系统的优化。

先生从现代化的视角审视新一轮考试招生制度改革的实施进程，认为考试招生制度是中国特色社会主义教育制度的重要组成部分，深化考试招生制度改革是实现教育现代化的重要途径，新一轮考试招生制度改革体现了教育治理理念的转变，促进了教育治理体系的完善和教育治理能力的提升，推动了政府主导、学校自主办学、社会多元参与的教育治理格局的形成，在一定程度上以考试招生制度现代化实现了教育领域的历史性变革、系统性重塑与整体性重构。① 具体来说，高考改革的系统性体现在考试招生制度改革本身，也体现在高考改革政策执行过程中高中与高校、中考与高考、招生与培养、人力资源与物质资源保障、教育系统内部与外部的各要素之间的关系上。②

第一，系统理念体现在考试招生制度改革本身。一方面高考综合改革需要系统推进，高考综合改革试点先行、逐步推进，历时十年之久，先生认为，这是因为地方政府的改革配套保障能力、省级命题能力、高校招生能力、高中生涯规划教育等有待加强，这些问题在很大程度上增加了改革的难度。另一方面考试招生制度改革需要系统推进，先生认为，考试招生制度改革是教育评价改革的重要组成部分，应该遵循教育规律，进一步加强基础教育与高等教育、中考与高考、考试招生与人才培养的协同创新，系统研究和统筹推进考试招生制

---

① 钟秉林、王新凤：《中国式现代化与考试招生制度改革：概念与路径》，《中国考试》2023 年第 8 期。

② 钟秉林：《考试招生制度改革的动因、进路与方向》，《河北师范大学学报（教育科学版）》2023 年第 6 期。

度改革。[①]

第二，系统理念反映在高中教育阶段。高考改革涉及高中教育的方方面面，包括课程设置、教学条件、师资队伍、教学管理等，高中学校需要从教学理念、资源配置、管理体制等层面进行系统性变革，才能适应新高考的要求。这反映了高考改革对高中教育的整体性影响。比如高考综合改革不仅涉及教学条件等物质资源的保障，也涉及教师队伍建设等人力资源的保障。新高考对高中学校的教室、信息技术条件等教学资源要求较高；同时，学生的选课走班也带来高中教师结构性缺编的问题，对高中教师的数量和教学能力提出更高的要求。

第三，系统理念体现在高中与高校的协同。高考改革涉及高中教学、高校招生、人才培养等环节，高中育人方式的转变引发高校招生选拔模式的变革，进而倒逼高校人才培养模式的改革。高考的功能体现在促进高中育人方式转变、高校人才选拔、社会公平三个方面，尤其是在引导高中育人方式转变方面起着“指挥棒”的作用。高中、高校需要在人才培养目标、课程设置、教学组织等方面进行一体化设计，加强衔接。这体现高考改革涉及高中、高校各方面要素的关联性。

第四，系统理念体现在教育系统内部的协同。高考改革涉及教育系统内部各要素的协同变革，需要统筹推进课程改革、教学改革、评价改革，统筹兼顾基础教育、高等教育、职业教育，形成教育体系的系统性重构，实现人才培养的有机链接。这表明高考改革是一项系统工程，需要教育内部形成整体合力。先生认为，考试招生制度改革只有建立在建设教育强国、科技强国、人才强国目标的有机结合、一体统筹推进基础之上，才能形成推动高质量发展的倍增效应。

第五，系统理念体现在教育系统内外联动。高考改革不仅涉及教育系统内部的改革，而且涉及教育系统外部的综合配套改革。比如，为解决新高考带来的高中教师结构性缺编问题，需要政府部门协同编办、

---

① 钟秉林等：《教育考试“十四五”发展愿景（笔谈）》《中国考试》2021 年第 2 期。

规划、人事、教育部门共同研究，提出解决之策。又如，应对学生的功利化选考问题，既需要高中学校加强学生的生涯规划指导，以及高等学校科学确定招生专业的限选科目，也需要社会及新闻媒体从国家战略需求的角度加强宣传与引导，凝聚改革共识。

钟秉林先生以系统论视角审视高考改革，揭示了高考改革作为一项复杂的系统性工程，需要高中、高校内部，教育内部各学段、各要素，以及教育系统与外部各方形成协同联动，才能扎实推进，最终实现育人模式的系统性重构和教育生态的整体优化，充分体现了其系统性思维方式和全局性视野。从实践管理经验来看，钟秉林先生长期在教育部和大学担任管理工作，深谙教育管理和教育改革的特点规律，这使他深刻认识到，高考改革涉及高中教育、高等教育等诸多层面，只有高中、高校、政府、社会多方协同，才能真正将改革落到实处。从学科专业背景来看，钟秉林先生工学专业出身，早年间专业领域是机械故障诊断，工程思维逻辑对他思考教育问题具有明显影响，因此格外重视高考改革涉及各要素的内在关联。从高考改革的特性来看，高考是一项复杂的系统工程，涉及教育理念、考试内容、评价方式、招生录取等诸多层面，钟秉林先生基于系统视角提出统筹推进、系统设计、内外协同的思路，充分体现了基于问题复杂性特点提出理论应对之策的睿智。钟秉林先生以系统论视角审视高考改革的思想充分体现了理论与实践的结合，彰显了运用系统思维分析解决复杂教育问题的典范，对推进高考改革实践、丰富教育理论认识都具有重要启示意义。

（四）高考改革的实施路径

高考改革的政策执行路径直接影响着改革的质量与成效，钟秉林先生认为高考改革应该坚持统一高考制度不动摇，坚持因地制宜，鼓励各地、各校多样化探索，坚持遵循教育规律，对改革过程中的问题风险要及时评估，坚持协同推进，完善改革的基本配套和保障措施，坚定改革方向，持之以恒，久久为功。

第一，坚持统一高考制度不动摇。考试招生制度是国家基本教育制度的重要组成部分，我国从 1952 年建立起来的全国普通高等学校招生统一考试制度，在国家治理体系中发挥着重要的作用。[①] 钟秉林先生认为，高考是目前社会公信力最高的国家考试，不仅维护了教育公平，还给陆续实施的其它国家级考试提供了宝贵的经验。[②] 高考改革的渐进性是以维护高考制度的稳定性为前提的，他说："不可否认的是，中国的高考还是社会公信力最强的国家考试，我们的改革还是要在维护高考框架的基础上进行。"[③]先生认为，新高考探索综合评价招生、高职提前招生等多种招生录取方式，可以说是统一高考的有效补充，无论是从人才选拔效率还是从社会稳定的角度来讲，统一高考制度具有不可替代的作用。面向未来，先生从中国式现代化的视角重申，统一高考制度是相对公平、科学、有效的人才选拔方式，能够为社会主义现代化建设选拔绝大多数合适的人才，尤其是在人口规模巨大和分布不平衡、教育资源分布不平衡的情况下，坚持统一高考制度不动摇是保证社会稳定的基本前提。[④]

第二，坚持因地制宜、多样化探索。钟秉林先生认为，中国教育规模大，区域差异、城乡差异大，甚至同一个学区的不同学校之间也都存在差异，所以，高考改革应该提倡因地制宜、因校制宜，尊重学校的首创精神，进行多样化的探索。[⑤] 比如，有条件的高中学校可以实行"走班"教学，甚至可以做到"一生一课表"；而不具备条件的高中学校则可以在

---

① 钟秉林、王新风：《高考时间的变与不变：高考延期的再思考》，《中国教育学刊》2020 年第 6 期。

② 《钟秉林：高考改革，前 40 年功不可没，接下来如何走？》，2017 年 6 月 9 日，https://www.rmzxb.com.cn/c/2017-06-09/1584473.shtml。

③ 《钟秉林：高考改革，前 40 年功不可没，接下来如何走？》，2017 年 6 月 9 日，https://www.rmzxb.com.cn/c/2017-06-09/1584473.shtml。

④ 钟秉林，王新凤：《中国式现代化与考试招生制度改革：概念与路径》，《中国考试》2023 年第 8 期。

⑤ 《钟秉林：高考改革，前 40 年功不可没，接下来如何走？》，2017 年 6 月 9 日，https://www.rmzxb.com.cn/c/2017-06-09/1584473.shtml。

地方教育行政部门的统筹协调和政策支持下，在学区或教育集团（联盟）范围内尝试“教师走校”教学或“学生走校”学习，弥补师资力量的不足或教室资源的短缺。[①] 高等学校应该研究新生知识结构和能力素质结构的变化，根据自身目标定位和社会需求，探索构建多样化的人才培养模式，要坚持科学定位、各安其位、多样化探索，避免培养规格和模式趋同。[②] 先生认为，在应对高考改革带来的挑战上，没有唯一的模式，也没有唯一正确的模式，应该鼓励大家进行多样化的探索，只要最后实现了高考改革的目标，就应该给予肯定。这种多样化的探索对逐步进入试点的其它省份来讲，都具有比较好的借鉴、示范作用。实现高考改革的路径，不能够“一刀切”。[③]

第三，坚持遵循教育发展规律。首先，高考改革应该遵循教育教学规律和学生身心发展规律。先生认为，这表现在应该要树立科学的人才观和质量观，践行因材施教的教育理念，承认学生的差异，尊重学生的选择权，鼓励学生兴趣特长的发展，探索学生的多样化、个性化培养。[④] 其次，高考改革应该遵循教育发展规律。先生认为，高考改革牵一发而动全身，在某些关键环节上容错率较低，甚至不允许试错，因此改革过程中要尊重教育发展规律，坚持循序渐进，对改革的复杂性及其可能带来的风险有充分的认知。因此，他建议对高考综合改革的重点难点问题要加强跟踪研究，广泛听取各利益相关群体的意见，尤其要重视高中校长和教师群体的参与，提高决策科学性，保证改革平稳进行。[⑤] 新一轮考试招生制度改革实施过程中，采取试点先行、逐步推进的实施策略，也是遵循教育发展规律的表现，先生在接受媒体采访时

---

① 钟秉林：《高考招生制度改革与高中学校人才培养》，《中国教育学刊》2015 年第 10 期。

② 钟秉林：《高等学校要主动应对高考招生制度改革新挑战》，《高等教育研究》2015 年第 3 期。

③ 《钟秉林：高考改革，前 40 年功不可没，接下来如何走?》，2017 年 6 月 9 日，https://www.rmzxb.com.cn/c/2017-06-09/1584473.shtml。

④ 钟秉林：《高考招生制度改革与高中学校人才培养》，《中国教育学刊》2015 年第 10 期。

⑤ 钟秉林：《稳妥推进我国高考综合改革的四个着力点》，《中国教育学刊》2019 年第 6 期。

说:“针对改革过程中出现的新情况和新问题,浙江进行自身的政策调整,体现了坚持改革初衷、遵循教育规律的政策取向。”最后,高考改革稳步推进是遵循规律的表现。1952 年建立全国普通高等学校招生统一考试制度以来,我国高考时间逐步趋于并一直保持相对稳定,维护着统一高考的权威性与公平性。先生认为,高考改革的过程是在多方利益诉求冲突的背景下,选择对社会稳定影响最小的改革方向,稳步推进改革,也是实事求是、尊重教育规律的体现。[①]

第四,坚持协同推进教育治理。党的十九届四中全会明确了坚持和完善中国特色社会主义制度,推进国家治理体系和治理能力现代化的重大意义和总体要求,提出到 2035 年基本实现国家治理体系和治理能力现代化的总体目标,这为新时代我国教育体系与治理能力的现代化指明了方向。考试招生制度是国家基本教育制度,考试招生制度现代化是教育现代化的体现,也是推进教育治理现代化的重要途径。先生认为,新一轮考试招生制度改革体现了我国治理理念的转变、治理程序的规范,推进了基础教育、高等教育、考试招生治理体系与治理能力的现代化,重构了政府主导、学校自主、多元参与的教育治理新格局,推动了国家治理现代化和教育现代化,体现了我国现代化进程与考试招生制度改革的相互作用机制。[②] 先生在回应 2020 年高考延期政策时也提到这一点,认为教育行政部门的及时反应、学校层面的积极应对,以及社会舆论的正确引导都是教育领域应急治理能力的体现。教育行政部门坚持多方论证、吸纳社会参与,最终作出理性的策略选择,不仅及时回应了社会关切,而且对促进教育治理体系和治理能力现代化具有重要的启示和借鉴作用。[③]

---

① 钟秉林、王新凤:《中国式现代化与考试招生制度改革:概念与路径》,《中国考试》2023 年第 8 期。

② 同上。

③ 钟秉林、王新凤:《高考时间的变与不变:高考延期的再思考》,《中国教育学刊》2020 年第 6 期。

钟秉林先生关于高考改革实施路径的观点，既提出坚持统一高考制度不动摇，体现自上而下的政策执行思想，又鼓励地方和学校因地制宜进行多样化探索，重视自下而上基层创新，同时他又考虑到高考改革的复杂性和风险性，灵活调整政策执行策略，重视统筹考虑考试招生、高中教育、大学选才等环节，体现了改变碎片化管理方式、加强协同治理的思想精髓。先生关于高考改革的见解是他教育思想的重要部分，对我们深化高考改革研究、推进高考改革实践、指导学校一线教育管理工作都有重要参考价值。

高山仰止，景行行止。教育研究不能脱离教育实践，学者不能脱离社会公众和社会责任，先生的多种社会角色共同服务于同一个目标，为推动中国教育事业发展责无旁贷、不遗余力，值得我们景仰、学习与传承。

钟秉林先生的教师教育思想与实践

夏欢欢

1969 年初，先生在激情澎湃和懵懵懂懂间匆匆结束在北京四中的中学生活，同许多同学一起坐上去延安插队的火车。接下来，先生在延安延长县一个叫武家塬的村子里度过一段非常重要的时期。先生回忆说，“最苦最累的活就是到山里挑水”，“我们住在山上的窑洞里，吃水要到山下的河沟里去挑。因为山高坡陡，经常是开始时挑满两桶水，等回来时就只剩不到一桶的水了。尤其赶上下雨天，往往左肩上挑着担子，右手还要拿一把镐。在坡陡路滑的地方，先用镐刨一个小坑，然后才能往前挪一步”。

艰苦的生活条件、高强度的体力劳动，让先生早早学会如何面对困境。在逐渐适应环境后，他第一次对未来产生迷茫：难道就这样与知识绝缘了吗？仅仅靠面朝黄土背朝天就能摆脱贫穷吗？疑问引发思考，也给年轻的先生带来动力，“过不了多长时间，国家还要抓经济建设。那年轻人现在该怎么办呢？只有掌握知识，才能在未来的国家建设中施展身手”。就这样，在四年半的插队生活中，先生始终没有放弃学习。每天干完繁重的体力劳动后，晚上他都会坚持“猫”在昏暗的煤油灯下，阅读经典著作，并复习和自学初、高中课程。

不久，一个机会悄然而至。由于当时村里急需教师，插队没多久的先生便多了一个身份——民办教师。当站在简陋的教室里面对求知若渴的孩子时，先生说他第一次体会到为人师者的压力和责任：“四个年级的学生挤在一间教室里进行复式教学，刚开始讲课时经常顾此失彼，要教好课确实是一种挑战。”为了讲好每一堂课，在生产劳动之余，先生努力自学并向他人请教，尽力保证教学质量。

正如先生后来总结的，在那间四个年级的孩子一起上课的教室里，他首次体会到当老师的幸福，更让他对教育始终怀有一种悲悯的情怀，“人人能接受适合自己的教育，人人能成为社会的有用之才”成为他毕生孜孜以求的教育梦。从延安村小代课教师到后来资深的教授、教育家……先生的名字后面有一大串头衔，但他说他最在意的身份始终是“教师”。

先生一生曾担任多个职务：东南大学副校长、国家教委（教育部）高等教育司司长、北京师范大学校长、中国教育学会会长、全国政协委员、国家教育咨询委员会委员、国务院教育督导委员会总督学顾问、国家教育考试指导委员会委员、国务院学位委员会委员暨学科发展战略咨询委员会委员、国务院学位委员会教育学学科评议组召集人、全国教育专业学位研究生教育指导委员会主任委员、教育部本科教育教学评估专家委员会副主任委员、教育部“双一流”建设专家委员会委员、国家发改委“十四五”国家发展规划专家委员会委员、英国卡迪夫大学名誉国际副校长……声誉卓著，但他始终将“教师”这一身份视为自己最为珍视的荣誉。正是这份深沉的教育情怀，奠定了他思想的基础与学术的力量。在他的学术生涯中，知识与实践始终相辅相成。他不仅在理论上深耕细作，更通过亲身实践将教育理念转化为具体行动，践行着知与行的统一。这种“知行合一”的教育哲学，成就了他在教师教育领域的卓越贡献，亦成为他学术思想与教育实践相得益彰的核心所在。

在教师教育领域，能够实现“知行合一”不仅是对个人学术与实践的超越，更是对教育理念深刻本质的回应。先生深知，知识若仅停留在纸上、空谈上，终将失去其真正的力量；而只有深度交融知识与实践，才能揭示教育的真正意义与内涵。这种知与行的统一，不仅是他教育信仰的具象化，更是他个人成长经历对教师教育的深刻要求。在一个日益强调教育创新与变革的时代，他的实践与理念依然深刻影响着后人，形成一种独特的教育智慧，成为教育发展与时代需求高度契合的典范。正是这种在理论与实践之间游刃有余的能力，使他在教师教育领域的贡献不仅具有深远的学术价值，更在教育变革的浪潮中孕育出引领性的力量，成为时代教育精神的重要象征。

“知”之理念体系

一、对教师教育重要性与使命的深刻认知

（一）教师教育是强国兴邦的教育基石

先生立足民族和国家发展的角度多次强调教师工作的重要价值，着重指出教师是教育发展的第一资源，是国家富强、民族振兴、人民幸福的重要基石。造就高素质的专业化创新型教师队伍不仅是拓展优质教育资源、化解现阶段我国教育主要矛盾的重要途径，也是实现教育内涵发展、建设教育强国的必然选择。[①]

一方面，先生深刻认识到高素质的专业化教师队伍既是教育强国建设的核心组成部分，也是实现这一目标的基础保障。建设教育强国、创建高质量教育体系，离不开高素质的师资队伍。因此，教师教育不仅是教育事业的核心，也是国家富强与民族复兴的根基。

另一方面，先生强调，教师教育在不同发展阶段发挥着不同的关键作用。在实现教育强国目标的过程中，高素质的专业化教师队伍是教育强国建设的基石；而在高等教育大众化的背景下，教师教育需要重构与社会发展和市场需求相适应的人才观和质量观，注重培养具有多样化能力的人才。因此，教师作为教育的根本力量，教师素质的高低直接决定了人才的培养质量，进而直接影响国家的发展与民族的振兴。这些观点彰显了先生对教师教育战略地位的深刻认识，也深度诠释先生在长期教育实践与理论钻研中对教师教育核心价值的坚守。

---

① 钟秉林：《扎根中国大地推进强师兴国》，《中国高等教育》2018 年第 Z1 期。

（二）破解教育矛盾关键是高素质教师队伍建设

先生多次指出，随着我国教育的大发展，教育发展的主要矛盾是人民群众对优质教育资源的迫切需求与优质教育资源严重短缺之间的矛盾：一方面老百姓迫切需要接受高质量的教育，要上好学校；另一方面优质教育资源供给短缺，发展不平衡、不充分。教育资源的短缺不仅体现在高等教育阶段，更体现在中小学教师队伍的建设中，特别是偏远地区、农村地区以及特定学科教师资源的不足。① 不仅如此，先生明确指出当前教育发展的主要矛盾贯穿于基础教育到高等教育的各阶段，缓解这一矛盾的根本途径是拓展优质教育资源，而建设高质量教育体系的关键是构建一支素质精良的教师队伍。② 教师是教育质量的根本保障，也是培养创新型人才、服务国家战略的重要因素。

他进一步提出，高师院校、师范大学在教师队伍建设方面担负着双重使命：一方面要为我国基础教育提供高素质的师资；另一方面各学校也要建设好自己的教师队伍，支撑学校的学科建设、人才培养和社会服务，这两项使命是非常重要且相辅相成的。③ 他强调，师范院校要以更强的使命感和责任感积极回应教育改革需求，始终把强化教师教育和教育科学的优势与特色放在首位，在改革中发挥引领和示范作用，满足社会发展对高素质教师队伍的需求。④ 这不仅为教师教育体制改革提供明确方向，也为解决优质教育资源不足的深层次矛盾提供实践路径。

（三）弘扬教育家精神，践行教育使命

教育家精神的核心包括坚定的理想信念、高尚的道德情操、智慧的

---

① 钟秉林：《高度重视高等学校教师发展问题》，《中国高等教育》2011 年第 18 期。

② 张惠娟：《钟秉林：教师供给总量充足，结构失衡》，《人民政协报》2021 年 9 月 8 日，第 9 版。

③ 钟秉林：《在实践中推进教师教育改革创新》，《内蒙古教育》2022 年第 14 期。

④ 王占军：《创新型人才培养与教师教育改革——访北京师范大学校长钟秉林》，《大学（学术版）》2009 年第 12 期。

育人理念、勤奋的躬耕态度、深厚的仁爱之心和广阔的弘道追求。[①] 教师不仅需要陶冶自身道德情操，还需以深厚的知识修养和教育智慧启迪学生的成长。先生认为尊师重教是中华民族的传统美德，党和政府历来重视教育，重视教师队伍建设。党和国家对广大人民教师和教育工作者的时代期许既一脉相承又与时俱进，是当下教育强国和高质量教育体系建设的必然要求。[②] 教师应践行教育家精神，坚定理想信念，将立德树人贯穿教育教学全过程。

这种教育使命体现在教师对培养时代新人所肩负的重大责任感上。正如先生曾提到的，“教师是塑造学生品格、品行、品味的‘大先生’”，要具备深厚的知识素养和高尚的道德品质，要坚定心有大我、至诚报国的理想信念，陶冶“言为士则、行为世范”的道德情操，涵养启智润心、因材施教的育人智慧，秉持勤学笃行、求是创新的躬耕态度，勤修乐教爱生、甘于奉献的仁爱之心，树立胸怀天下、以文化人的弘道追求。[③] 先生强调，教师要在培养德智体美劳全面发展的时代新人方面发挥关键作用，以其“身正为范”的姿态感染学生，在教育过程中承担起塑造学生人格和心灵的重任。践行教育家精神，正是为高素质、专业化的教师队伍“培根铸魂”，为实现教育强国目标提供坚实的人才支持。广大人民教师和教育工作者应践行教育家精神，弘教兴邦，传道济民，这既是一种时代呼声，也是大国崛起的强力意志。

二、对教师教育面临挑战与发展趋势的准确把握

（一）对教师教育改革挑战的清晰洞察

先生认为我国教师教育正面临一系列复杂的背景和挑战。首先，随着经济社会的快速发展和教育改革的持续深入，教育事业取得显著成就，尤其是义务教育的普及和高等教育的大众化。然而，伴随社会对

---

① 钟秉林:《扎根中国大地推进强师兴国》,《中国高等教育》2018 年第 Z1 期。

② 钟秉林:《以践行教育家精神弘教兴邦》,《中国教育学刊》2023 年第 10 期。

③ 同上。

教育质量的需求日益增强，优质教育资源的严重短缺已成为当前教育领域面临的主要困境。这不仅涉及教育资源的短缺，还引发人才培养质量、教育公平、教育投入、学生就业等一系列亟需解决的社会问题。因此，提升教育质量的核心在于拓展优质教育资源，而实现这一目标的基础性前提是教师队伍的整体素质和专业化水平的提升。

其次，尽管我国教师的总体规模已经趋于平衡，但教师队伍的结构性问题仍然十分突出。一方面，高中阶段教师的短缺、某些学科（如外语、艺术、体育等）教师数量不足、城乡和地区间师资供需差异显著，都表明教师资源的分布仍不合理。尤其是在西部、农村和少数民族地区，教师短缺问题尤为严重，且伴随着外流现象还在加剧。另一方面，教师的专业素质和知识结构滞后于素质教育和课程改革的要求。教师的职后教育面临诸多困难，这使得教师队伍整体素质的提升成为亟待解决的关键问题。

最后，进入新世纪以来，我国教师教育呈现出大学化、多元化、开放化和专业化的趋势。大多数教师的职前培养已转移至高等教育机构，体现社会对高素质、高学历教师的需求。同时，非师范院校的参与使得教师教育体系更加多样化，打破传统师范院校的垄断地位。教师教育体系的开放化和一体化发展要求高等院校注重职前与职后教育的衔接，强调教师持续学习和能力提升，形成一个贯通的培养机制。另外，教师职业的专业化进程日益成为教师教育的重要目标。除了符合学历和学位要求，教师还需通过国家认证的教师资格考试。这一制度的逐步完善标志着教师职业专业化程度的进一步提升。[①]

（二）对教师教育发展趋势的精准判断

先生指出教师教育发展的四大趋势：首先，高学历和高素质要求成为教师教育发展的核心目标之一。虽然自 1950 年代以来，师范院校为教育发展作出了巨大贡献，但仍面临教师特别是农村教师学历层次较低

① 钟秉林：《关于师范大学改革和发展几个问题的思考》，《教育与职业》2011 年第 32 期。

的问题。随着社会的发展,传统的教师素质要求已无法满足现代教育的需求,因此提升教师的整体素质成为亟需解决的关键问题。特别是在素质教育的背景下,教师不仅需要具备良好的道德素质和文化素养,还必须具备较强的教育教学能力和心理素质,以应对终身学习社会的要求。

其次,教师来源多样化是教师教育体系改革的另一个重要趋势。传统上,师范院校是我国教师教育的主力军,但随着社会发展,教师来源渠道逐渐开放,这种变化不仅在于综合性大学和非师范类院校的参与,还包括对非师范类毕业生的教师资格认证,使得教师队伍的来源更加多元化。这将推动教师教育模式的创新和竞争格局的形成,对师范院校的传统模式提出了挑战。

再次,教师教育一体化强调职前培养与职后培训的衔接与融合。长期以来,职前和职后的教育体系呈割裂状态,导致教师发展缺乏连续性。随着教育理念的更新,教师教育逐渐走向一体化,即职前教育、职后进修和职业发展不再是孤立的过程,而是一个持续的、统一的教育体系。这一改革要求教育行政部门在政策和制度上进行调整,以促进教师职业的终身学习与发展,确保教师在职业生涯各阶段得到持续的支持和提升。

最后,教师职业专业化是提高教师队伍整体素质的重要步骤。在我国,虽然教师职业化进程相对较慢,但《中华人民共和国教师法》明确规定教师是专业人员,这为教师专业化奠定了法律基础。教师的专业化不仅体现在学科知识的掌握上,还应包括教学方法、教育理念、专业道德以及专业发展等方面。通过健全教师资格认证制度和职业规范,提升教师的社会地位和专业认同感,进一步促进教师专业素质的提升。[①]

(三)对教师教育未来的准确预估

先生认为我国教师教育改革正面临着前所未有的挑战。随着封闭的传统师范教育体系逐步被打破,教师教育的格局发生了深刻变化。教师队伍的结构性问题和整体素质的提升仍是改革的核心任务,教师

---

① 钟秉林:《教师教育的发展与师范院校的转型》,《教育研究》2003 年第 6 期。

教育体系的开放和专业化发展则是未来发展的必然方向。因此，高师院校的生存环境与发展空间受到严峻挑战，其发展和新的功能定位尚在探索之中，教师教育的发展与高师院校的改革处于关键阶段。[①] 师范大学和教育政策制定者要认真应对这些新情况，积极探索多样化的改革路径，以确保教师教育的可持续发展。[②]

在这一背景下，高师院校要坚持与时俱进，深化改革。第一，要强化特色意识。在学校发展过程中要重视内涵发展，师范大学的特色一般是教师教育、教育科学和文理基础学科，要进一步强化比较优势，形成核心竞争力。第二，要探索综合性发展。加强学科建设和科学研究，调整学科专业结构，在开放环境和多学科综合的背景下，在高水平的学术平台上培养高素质教师，这是教师教育发展的重要基础和加强教师教育特色的必然选择，也符合国际高等教育的发展趋势。加强学术研究、探索综合发展与强化办学特色、提高教师教育水平是相辅相成、互相促进的辩证统一关系。当然，过分强调综合性而忽视教师教育特色，也就谈不上高水平。第三，要探索多样化的人才培养模式。我们强调以人为本，就是要以学生为本，尊重学生的多样化选择。师范大学主要培养两类人才，即高素质教师和学科型人才。要将这两类人才打通培养，实现高水平互动，而不是像过去那样封闭式、单一型的培养。第四，要探索体制机制创新，调整学科专业结构，整合相关教育资源，为学校发展目标的实现和人才培养质量的提升提供平台和体制保障。[③]

三、对教师教育改革创新策略的深入思考

（一）倡导更新教育思想观念

先生首次提出“重新认识教师”理念，他认为，从前我们对优秀教师

---

① 钟秉林：《观念创新是高师院校发展和教师教育改革的重要先导》，《高等教育研究》2010 年第 31 期。

② 钟秉林：《关于师范大学改革和发展几个问题的思考》，《教育与职业》2011 年第 32 期。

③ 王占军：《创新型人才培养与教师教育改革——访北京师范大学校长钟秉林》，《大学（学术版）》2009 年第 12 期。

的普遍认识是奉献者，是“春蚕到死丝方尽，蜡炬成灰泪始干”的园丁，是把爱源源不断地献给学生的人。在当今时代，大家发现，教师不仅要充满爱心、无私付出，还要清晰地了解学生全面发展需要的是什么，这是构建良好师生关系的基础。

先生特别提到，重新发现教师、重新定位教师，我们的校长首先就要尊重教师的个性发展。校长应该信任不同个性的教师，相信每一位教师都充满潜力与智慧，能够用自己的个性演化出独特而各异的教学风格。教师的个性，也是教师个人魅力的重要体现，能够在潜移默化中影响学生。如果学校能将规章制度的硬性规定与教师风格的多样性平衡好，让教师拥有更宽广的创新和发展空间，教师就会更加认同自身的价值，努力而快乐地工作，发挥出自身最大的潜能。此外，还要重视制度建设的人文精神。合理的工作制度可以在保证正常教学工作秩序的前提下，给教师充分自由的时间和空间，让教师能够自主安排自己的工作和学习，这对教师的能动性、积极性都是一种释放。

在学校管理中，应尽量减少不必要的形式化考核、低效劳动，减轻教师的工作压力；同时，还要保证教师的物质待遇，鼓励教师在工作中发挥创新性和创造性，鼓励教师参与、监督学校各项事务的管理，为他们发表意见提供畅通的渠道。再如，尊重教师的选择。师范院校毕业生“一次分配定终身”的年代早已过去了，应当尊重教师对职业岗位的自我选择，鼓励教师进行自主的个人发展规划，给予教师更高远的个人发展空间。允许教师合理的流动，鼓励高素质人才的聚集，切实提高教师队伍的整体素质。①

(二)辩证看待综合发展与强化教师教育特色

先生认为师范院校在学科建设、科学研究及培养模式的改革中，应辩证看待综合发展与强化特色的关系。综合发展与强化教师教育特色是相辅相成、相互促进的关系。先生认为，强化学术研究和综合发展并

① 钟秉林:《重新发现教师》,《未来教育家》2014 年第 9 期。

不意味着忽视或削弱教师教育的核心任务，相反，可以为提升教师教育水平提供更高质量的支撑平台。学科优势和学术氛围的提升有助于培养高素质教师，同时，突出教师教育的特色能够形成独特的比较优势和核心竞争力，从而促进学校的战略发展目标。另一方面，师范院校的综合发展不是盲目地攀高，而是顺应学科发展趋势和国家教育需求的必然选择。其它类型高校，如工科院校和文科院校，也在积极探索综合发展，其目标是培养具备创新能力、宽广知识面和扎实基础的复合型人才。师范院校的改革，正是在这一背景下，通过调整学科结构、加强学科建设和科学研究来促进教师教育水平的提升。

先生还特别强调，在全球化和素质教育的背景下，教师教育必须与学科建设和学术研究紧密结合。没有强大的学科基础和学术平台，教师教育的发展将受到限制。因此，检验高师院校改革成效的关键指标，不仅是学校整体办学实力的提升，更在于教师教育和教育科学水平的切实提高，以及对国家和地方经济社会发展的贡献。

先生的思路表明，师范院校的发展应该在强化教师教育特色的同时，注重学科建设与学术研究的提升，通过综合化发展的路径，为国家教育事业和社会发展提供更强大的智力支持和人才培养基地。这种发展策略既顺应时代需求，又为未来教育创新奠定坚实基础。[①]

（三）创新教师培养模式

先生始终强调，教师教育的核心是培养具有创新能力和综合素质的教师，推动教育事业的持续发展。他提出，教师培养不仅是知识的传授，更是教育理念的创新和教育模式的变革。在教师培养过程中，要树立科学的教育观和教育价值观，始终坚持立德树人的宗旨，以学生为中心，为学生提供更多的选择机会，全面促进学生的个性化发展。应秉持富有时代内涵的人才观和多元化的质量观，践行因材施教的理念，突破

① 钟秉林：《观念创新是高师院校发展和教师教育改革的重要先导》，《高等教育研究》2010年第31期。

传统的“千校一面”“万人一面”的培养模式，实现多样化和个性化的人才培养。要更新教学观和学习观，遵循教育教学规律、学生身心发展规律、教师成长规律，改革教学方式，鼓励学生开展自主学习、合作学习与探究式学习，从而培养出适应未来社会的创新型人才。[①]

在教师培养方面，先生提出要优化调整教师培养规格、培养方案和课程体系，加强师范专业的建设和改革。重视培养教师的职业理想、师德师风、综合素质和教学实践能力，拓宽师范生培养的学科基础。要探索多样化的教师培养模式，比如，探索教师培养层次适当上移、本硕贯通的教师培养模式；整合教师教育资源，大学、政府、中小学校和研究机构形成合力，协同改革，提升教师教育质量。学科教育和教师培养应该融合还是剥离，从国内外教师培养实践来看，融合式培养和剥离式培养都有成功先例，要结合实际进行多样化探索。[②]

“行”之实践策略

先生 1994 年在英国威尔士大学获博士学位，回国后任东南大学副校长，走上了一边从事教学、科研，一边从事学校管理的“双肩挑”道路。1996 年 9 月，钟秉林奉调国家教委高等教育司，成为当时最年轻的司长。“那段日子很辛苦，全国各地跑，做了大量的调查研究，并制定相关政策，以推动高等教育的发展。”其间，深知责任重大的他不敢有丝毫懈怠，做了大量深入细致的工作：积极推动高等学校教育教学改革，不断探索和完善人才培养质量保证体系，推动教育思想和教育观念的转变，推进高等学校加强素质教育，启动并实施 21 世纪高等教育教学改革工程，深化高等教育管理体制改革等。几年下来，虽然工作很辛苦，但成绩斐然，而且积淀了丰富的管理经验，这为他日后走上高校管理岗位奠

① 钟秉林：《迎接新的挑战，创新教师教育》，《中国教师》2021 年 11 期。

② 同上。

定良好的基础。

2001年4月，钟秉林先生被任命为北京师范大学校长。上任伊始，一个亟待解决的问题摆在了他面前：下一步，北师大的工作该如何推进？当时，许多国内名校都在争创世界一流大学，中国教师教育改革发展也进入新阶段。

为破解发展难题，钟秉林先生始终牢牢把握住"相信群众，依靠群众"的原则——办学离不开先进的理念和科学的战略规划，更离不开全校师生员工的支持。因此，他就职后的第一件事，就是做深入细致的基础调研工作，分别召集教授、干部、师生进行座谈，不断加强与他们的交流。

先生在教师教育领域的思想认识和教育观念，指导着北京师范大学引领全国范围内的师范类大学进行一系列教师教育转型探索，这些实践不仅有效提升教师的综合素质和教学能力，也为我国高等教育事业的整体发展提供有益借鉴。

一、积极推动师范院校转型与发展

先生2001年4月至2012年7月担任北京师范大学校长，是继著名历史学家和教育家陈垣之后任职时间最长的校长。2001年，迎来百年华诞的北京师范大学明确提出在新的百年实现学校战略转型、创建世界知名高水平大学的办学新目标，即在"十五"期间基本完成包括学科、专业设置与课程建设在内的结构性调整，建设适应社会主义现代化建设需要、符合高等教育发展规律的学科结构、专业设置和课程体系，实现北师大向以教师教育、教育科学和文理基础学科为主要特色的综合性研究型大学的历史转型。

先生强调，北京师范大学的转型主要体现在三个方面。首先是学科结构的转型。传统高师院校的学科是对应基础教育的需要设置的，主要是一些基础性的学科，较为单一。因此，学校要在保持传统学科优势的基础上进行结构性调整，适当增加适应社会需要的应用性学科、新兴学科和交叉学科，实现学科结构的综合性。其次是专业设置的转型。从2002年起，本科专业取消了师范和非师范之分，专业设置从单一走向了多元化，如今学校非师范本科专业已超过一半。最后是人才培养体制的转型。传统高师人才培养模式单一，本科四年只培养中学教师。现在学校在进一步拓宽人才培养途径、加强通识教育、提升培养层次的同时，力争实现人才培养模式的多样化，走国际通行的“综合大学+教育学院”的高层次、高素质教师的培养道路。①

北京师范大学在朝着建设综合性、有特色、研究型世界知名高水平大学战略目标迈进的过程中，始终将强化教师教育、教育科学和文理基础学科的优势和特色作为实现发展战略的核心任务，将培养符合社会需求的高素质教师和未来教育家作为学校的重要使命。在更新教育观念、整合教育资源、调整学科结构、创新体制机制等方面进行了系统的改革尝试，如2009年北京师范大学成立教育学部。不仅如此，北京师范大学还在构建开放灵活的教师教育体系、建立多元化的教师培养模式、学术型人才和教师人才打通培养、优化课程体系和教学内容等方面进行积极的实践探索，取得初步的改革成果和经验。②

教育学部的成立为北京师范大学构建了职前教育与职后培训一体化的教师终身教育体系。这一体系打破传统教师教育的局限，实现教师教育的连续性和系统性，有助于提升教师的专业素养和教学能力。不仅如此，教育学部整合多个教育类单位，下设多个学院和研究中心，涵盖教育学、教育技术学、心理学等多个学科领域，形成跨学科、多层次的教育科学研究体系，实现资源的优化配置，为教师教育和教育科学的发展提供了坚实的制度保障，为教育改革发展实践提供了强有力的支持。③

---

① 张韦韦、钟秉林：《教师情缘》，《教育与职业》2008年第19期。

② 钟秉林：《推进灵活多样培养 提高教师教育质量》，《中国高等教育》2010年第19期。

③ 钟秉林等：《精心制度设计落实师范生免费政策》，《中国教育报》2007年5月20日，第2版。

北京师范大学在体制机制上的创新实践也为国内其它师范类高校提供了一定参考，如华东师范大学、陕西师范大学、东北师范大学、西南大学、首都师范大学、云南师范大学等高校随后纷纷成立教育学部，掀起了全国范围教育学科的整合与发展的浪潮。但先生提醒师范院校应避免盲目攀比，探索多样化的发展路径。他提出三种发展路径：一是少数实力雄厚的师范大学转型为综合性大学，强化学术性和人才培养的综合性，致力于成为世界知名高水平大学；二是部分办学水平较高的师范大学建设为学科综合的师范大学，拓宽学科领域，提升学术和科研实力；三是大部分师范学院维持独立设置，加强综合，适度拓展非师范专业，以满足地方多样化需求。[①] 先生鼓励高校找准自身定位，采取更为稳妥的改革策略体现他对中国教育现状的深刻理解，也凸显他在改革策略中所体现的人文关怀。

二、探索多元化教师培养路径

作为教育改革的推动者，先生始终认为，教师培养模式的创新是提升教育质量、培养高素质教师的关键。在这一过程中，北京师范大学的多元化教师培养体系为全国师范院校提供了可借鉴的范例。先生深知，教育的发展不仅仅依赖于课程内容的改革，更在于教师培养路径的多样化和灵活性。先生带领北师大团队探索以“4+X”模式的教师培养模式，积极探索适应不同层次、不同类型教师需求的培养方案，力求为每一位未来的教育工作者提供最佳的发展平台。[②]

“4+X”教师培养模式涵盖“4+0”“4+2”“4+3”等多种学制。学生既可通过“4+0”模式，在本科阶段，通过教师教育课程模块和相关专业双学位课程的修读，或直接修读免费师范教育课程，获取相应学士学位和教师资格证书，完成教师的培养；也可以通过传统的“4+3”模式获得教育学硕士，从事教师工作。其中，2001 年起，北京师大率先尝试的

---

① 钟秉林：《教师教育转型研究》，北京师范大学出版社 2009 年版，第 22—23 页。

② 钟秉林：《迎接新的挑战，创新教师教育》，《中国教师》2021 年 11 期。

“4+2”教师人才培养模式改革尤为突出，它专为培养高中(尤其是重点高中)的骨干教师而设计。该模式从本科生高年级阶段开始实施，学生在完成四年本科专业学习后，经过严格筛选，优秀者可进入教育学院继续攻读硕士学位；2009 年起，应届本科毕业生也可以通过考试直接攻读教育硕士，形成一种新的“4+2”模式。①

这一培养体系使得学科教育与教师养成适当分离、教师培养与学科人才培养相互打通、教师培养层次适度上移。这种探索体现了注重因材施教、尊重学生选择的教育理念，使教师教育的学科基础由单一型转变为综合型，有利于促进学生能力素质的全面提高和教师专业化水平的整体提升，为培养名师和未来教育家奠定坚实的基础。② 可以说，“4+2”模式是全国师范大学中从传统“师范教育”向现代“教师教育”转型的先驱。此外，北京师大还开设专门由家境贫寒、成绩优秀的学生组成的励耘实验班，其目的不仅是减免学费，帮助特困学生完成学业，更重要的是通过这样一种途径进行人才培养模式的改革和探索。③

不仅如此，2007 年，北京师范大学开始探索并实施免费师范生的培养计划，首次招收免费师范生。这一政策的初衷是通过财政支持来吸引更多优秀的学生报考师范类专业，并为我国教育事业的长远发展培养高质量的教师。北京师范大学提出的免费师范生政策不仅对师范院校招生结构和教育资源的分配产生了深远影响，也为提升全国教育质量、促进教育公平及培养高素质教师队伍起到了积极的推动作用。④

三、革新教育类课程，强化师范特色意识

面对师范类院校的综合化改革潮流，先生强调要强化特色意识，师

---

① 钟秉林：《论师范大学的发展与教师教育的改革》，《北京师范大学学报(社会科学版)》2010 年第 1 版。

② 王占军：《创新型人才培养与教师教育改革——访北京师范大学校长钟秉林》，《大学(学术版)》2009 年第 12 期。

③ 徐越：《决策转型谱写百年学府新华章——访北京师范大学校长钟秉林教授》，《中国高等教育》2002 年第 17 期。

④ 钟秉林：《构建免费师范生终身学习服务体系》，《教育与职业》2013 年第 19 期。

范大学的特色一般是教师教育、教育科学和文理基础学科，要进一步强化比较优势，形成核心竞争力。[①] 这种思想落在改革实处则主要体现为教育学类课程的改革。课程改革，尤其是教育类课程的革新，成为“4+2”模式改革的重要核心。此模式后两年的教育类课程旨在提升学生的教育理论素养与教学技能，以培养教育专业硕士为目标。

课程设置遵循全面性与实用性原则。全面性意味着课程应覆盖中小学教育的实际需求。参考国内外开放师资培训经验，建议设置五组课程：A组（德育论、课程论等）和B组（教育心理学、发展心理学等）为基础性课程；C组（教育技术、教育科研方法等）为技能性课程；D组（中外教育史、教育哲学等）为文化类课程；E组（特级教师讲座、教育见习等）为实践类课程。这些建议可根据实际教学需求调整课时与学分，并适量增设专业提高课程，但比重不宜超过四分之一。实用性强调课程应注重实践与创新能力的培养，理论联系实际。教学形式应融合基础知识与实践环节，采用专家合作培养模式，并借鉴工科教学模式，加大教育见习与实习的比重。对教育一线学员，课程实施可具灵活性；而对有学术研究兴趣的学生，则在补充理论知识后接受专业教育，以培养教育学硕士、博士。

为了有效培养中小学师资，先生率先在北京师范大学实施“双轨制”模式。这一模式推动了本科师范生教育的深化改革，使其更好地适应日益变化的教育需求。在本科生教育层面，先生特别强调改革公共教育学、心理学等基础课程的教学形式，提倡更加注重实践性，强化见习与实习环节，以提高师范生的教育素养和教学能力，进而增强其就业竞争力。此外，先生还提出将教育实习时间延长至半年，依托北京师范大学现有的二十多所附属或实验学校，并积极创办更多附属中小学，进一步加强与地方政府的合作，在全国范围内建立一批基础教育研究和

---

① 王占军：《创新型人才培养与教师教育改革——访北京师范大学校长钟秉林》，《大学（学术版）》2009年第12期。

实践基地。为了提升师范生的实践能力和研究水平，先生还推行导师制，由本校教师和中小学优秀教师共同组成导师团队，指导师范生的学习、教育实习和科研工作。在此基础上，先生提出，教育学科的本科生培养应以研究生教育为主要发展方向，通过层次提升，培养更多专注于学术研究和高层次教育的专业人才。

然而，教育理念的转化从来不是一蹴而就的。在教育改革的实践过程中，先生深知，任何崇高的教育理念都需要广泛的社会支持和多方力量的共同协作，才能确保其落地生根。为此，先生始终认为，在推进教师教育改革时，必须打破学科之间的壁垒，积极整合各方资源，形成合力，推动素质教育的深入实施。以北京师范大学为例，学校在改革过程中大胆实施课程开放政策，旨在通过拓宽学生的知识视野，提升其综合文化素养。这不仅有助于学生全面发展，也能够激发教师之间的竞争与合作，从而提升整体教学质量。课程开放应分阶段逐步推进，首先从专业基础教育和通识教育入手，为学生打下坚实的知识基础。随着改革的深入，还应扩展到更为多样化的学习选项，特别是为教育专业的硕士生提供必要的课程资源，确保他们能够在改革的过程中获得充足的支持和保障。①

要确保改革顺利推进，就要强化领导力度，形成全校范围内的协同合力。这要求学校成立专门的决策小组，由校领导、教育专家以及相关部门负责人组成，集中力量解决改革中的实际问题。此外，学校要及时识别和支持改革过程中涌现的新需求，建立专项出版基金，鼓励教材编写，同时完善人事、招生及后勤等制度，为改革提供全方位的制度保障。此外，国家和社会的支持同样至关重要。首先，必须争取国家相关部门对改革的理解与支持，给予必要的政策保障；其次，经济上的投入是不可或缺的，应加大对教师教育事业的财政支持，改善办学条件，提升教师待遇，确保教师队伍的稳定与发展。最后，地方政府的合作也至关重

① 钟秉林：《教师教育转型研究》，北京师范大学出版社 2009 年版，第 47—50 页。

要，应与地方政府建立紧密合作关系，共同为培养高质量的师资提供保障。先生带领北京师范大学团队开展的这一系列措施，为教师教育改革的深入开展提供了坚实的制度基础和持续的动力。

四、关注公平与推动个性化发展的教育人文关怀

先生曾说过，延安的四年插队生活让他学到许多在学校里学不到的东西——恶劣的环境、淳朴的乡亲、内心的求索、艰辛的付出，这不仅培养他吃苦耐劳的精神和在任何艰苦的条件下都能坚持学习的毅力，也使他进一步了解真实的社会，深刻体验国情，这对他的人生观和价值观的形成产生了重要影响。正如他后来总结的，“它给了我享用一生的精神财富。经过那段磨练，我学会了宽容，学会了以平和的心态去对待周围的人和事，以坚韧的态度去对待困难和挫折。这对我后来学习深造、做教师、做司长、做大学校长都有很大帮助，要做好管理工作，除了靠制度、能力和热情外，还需要在工作中体现‘以人为本’的理念，靠人格魅力增强凝聚力，形成相互关心、理解和宽容的人文氛围”。

与先生交往过的人无不感叹他那深厚的人文气质和独特的人格魅力，先生的教育人文关怀体现在他对教育公平的重视以及对个性化发展的倡导。先生一直怀揣着一个教育梦：人人能接受适合自己的教育，人人能成为社会的有用之才。先生的教育梦源自他对教育公平的深刻关注，尤其是在其经历延安四年插队生活后，他对农村教育的特殊情感愈加深刻。对农村教育的直观感知，是他多年来关注教育公平的原动力。他认为对农村孩子进行政策补偿是天经地义的事情，要促进教育公平、社会公正，就必须那么去做。[①]

然而，先生虽然强调教育公平，但他反对以教育公平的名义搞“一刀切”。在他看来，教育公平的理想状态并非平均分配资源，而是通过合理的配置和调整，确保每个人都能接受到适合自己的教育。[②] 他反

---

① 冀晓萍、薄文婷、钟秉林：《把教育当作兴趣事》，《人民教育》2016 年第 9 版。

② 杨静、钟秉林：《让人人都接受适合自己的教育》，《教育家》2019 年第 21 版。

对以教育公平的名义进行平均主义式的分配，因为这种方式往往忽视学生的个体差异和发展需求。先生主张因材施教，每个人应根据其特长、兴趣和能力，获得量体裁衣的教育资源，从而最大化个人潜力的发挥。因此，在北京师范大学任校长期间，他重点支持农村教师教育课程的开发，助力农村教师教育的发展。[①]

先生的人文关怀还体现在他对免费师范生教育模式的探究。在北京师范大学担任校长期间，他提出免费师范生教育的针对性措施：第一，要加大资助力度，确保免费师范生安心就学。第二，精心组织入学教育，引导免费师范生顺利起步；第三，邀请名师言传身教，引领免费师范生健康成长。教育向来讲究因材施教，免费师范生由于在家庭背景、求学经历、心理素质等方面存在差异，所以在教育培养方式上强调以人为本，注重他们心理和道德素质培养，强调学生的全面发展。不仅如此，他还带领北京师范大学团队对师范生免费教育和高素质教师培养实施几种不同的教师教育模式：主修师范专业模式，即免费师范教育模式；辅修师范专业，包括选修教师教育模块课程或攻读双学位；“4+2”教育学硕士培养模式，即非师范生在第三学年下学期经申请并通过考核，在完成第四年专业学习后，进入教育专业硕士阶段学习两年，获得教育学硕士学位。此外，还选拔一批优秀免费师范生，进入励耘优秀教师培养计划。[②]

先生对教育的思考和实践贯穿着深刻的人文关怀。他不仅关注教育公平，更注重个性化教育和教师的全面培养。先生的教育思想，体现他对每个学生、每位教师的深切关怀，秉承着因材施教的教育理念，致力于通过教育促进社会的公正和进步，培养能够适应社会需求的高素质人才。

---

① 余淋飞：《走在教师教育的最前列——专访北京师范大学校长钟秉林》，《教育》2008年第8期。

② 钟秉林、史宁中、房喻等：《精心制度设计落实师范生免费政策》，《中国教育报》2007年5月20日第2版。

理论与实践的深度融合

钟秉林先生的一生是对教育事业深沉热爱的诠释，他的理论与实践不仅成就了个人的卓越学术地位，更深刻影响着我国教师教育的进程与发展。在丰富的教育生涯中，他始终贯穿着一条鲜明的主线，那就是知行合一。他深知，教育的理论必须与实践紧密结合，只有如此，教育的真正意义才能得以体现，教师的使命与责任才能真正落实。

先生认为，教师教育的核心不仅在于培养知识的传授者，更在于塑造具备高尚师德和创新精神的教育工作者。在先生的教育理念中，教师是育人的关键，培养的是国家未来的建设者。他一直强调，教师教育不仅是一个单纯的职业技能培养，更是一个承载着社会责任和文化使命的过程，教师教育的改革与创新是实现教育强国梦的关键。他提出，破解教育发展中的矛盾，根本在于提升教师队伍的整体素质。高素质的教师不仅要具备扎实的专业知识，更要具备深厚的教育情怀与育人智慧。因此，他提倡教师教育要与时代需求相契合，推动教育理念与教学方法的革新。他鼓励通过终身学习、职业发展规划等方式提升教师的综合素质，并通过制度创新，为教师提供更广阔的发展空间。他始终强调教育的综合性与多样性，提出教育不仅要关注学生的知识技能，更要注重其思想品德与社会责任感的培养。这种以学生为中心的教育观，不仅为教师教育提供理论基础，也在实践中得到充分的验证和发展。

先生不仅是教育思想的提出者，更是教育理念的践行者。他始终不遗余力地推动教育改革，特别是在教师教育领域，他始终关注如何通过实践来检验和完善理论。在他看来，教育的最终目标是为社会培养具有创新精神、责任担当和全球视野的人才，而这一切的根基便是教师队伍的建设。只有在教师教育的过程中深入挖掘教师的潜力，培养其批判性思维与创新能力，才能为国家培养出更多具备时代竞争力的优秀人才。他还深刻认识到,教育改革的挑战与机遇并存。随着信息技术的迅速发展,教育面临着前所未有的机遇与变革。先生敏锐地洞察到,教育不仅要传授知识,更要培养学生适应未来社会的能力,教师的角色也从知识的传递者转变为学生学习的设计者与引导者。这一转变不仅影响教学方式的变革,也深刻影响教师教育的模式与方向。

钟秉林先生的教育思想与实践,不仅是对教师教育理论的深刻理解,更是他在教育改革浪潮中的坚定实践。他的生命与教育事业息息相关,他用一生的努力为教师教育的发展作出了不可磨灭的贡献。回顾先生的教育历程,我们不仅能看到他的教育智慧,也能感受到他作为一位教育家的责任与担当。今天,先生的教育理念仍然引领着我们走向更加广阔的教育未来,而他对教师教育的深情与执着,也将继续激励我们在教育这条道路上不断前行。

钟秉林先生的数智教育思想

王瑞朋　李志河

数智技术的快速发展正深刻改变着人类社会的方方面面，教育领域也不例外。“在以数据要素与数字技术广泛使用为标志的数字经济时代，高等教育数字化转型面临难得的机遇与严峻挑战。”[①]作为我国著名的教育学者，钟秉林先生对数智技术与教育融合的路径进行了深入研究，并就此提出了具有创新性的数智教育相关论点。钟秉林先生数智教育思想的核心理念是以培养学生的创新思维、探究兴趣、信息素养和数据分析能力为出发点，致力于打造一个支持学生主动学习、自主探索的环境，让学生在学习过程中能够充分发挥主体性，实现知识的内化和自我发展；数智技术的应用不能仅仅停留在理论层面，而要深入到教育实践的各个环节中，这包括但不限于教学内容的设计、学习过程的管理、教育资源的配置以及教学效果的评估等。运用数智技术可以实现教育资源的优化配置，提高教学的个性化和差异化，从而更有效地满足不同学生的学习需求；数智技术的发展有助于缩小教育资源分配的不平衡，促进教育公平。这意味着数智教育要致力于打破地域、经济、文化等方面的限制，让每个学生都有机会接受优质的教育，享受数智技术带来的教育机会和资源。同时，数智教育论还关注特殊群体的教育公平问题。

钟秉林先生数智教育思想为我们提供了一个全面而深刻的教育改革方案。他不仅关注教育与技术的结合，更关注利用数智技术来培养

---

① 钟秉林：《高等学校要主动应对数字化转型新挑战》，《中国高等教育》2022 年第 Z2 期。

学生的创新能力和自主学习能力，同时也强调了教育的公平性和质量提升。钟秉林先生的数智教育思想之所以具有理论深度与实践指导意义，核心在于其创新性、实践性、学生中心性与公平性。在未来的教育实践中，这一思想无疑将发挥重要作用，引领教育领域的创新与发展。

一、创新性

（一）注重激发学生的创新思维和探究兴趣

在当前数智化时代的背景下，知识与信息的更新速度前所未有，这为教育领域带来了新的机遇与挑战。在这样的时代背景下，我们应如何理解与实践教育？如何在教育过程中培养学生的创新思维与探究兴趣？对这些问题的解答，是钟秉林先生数智教育思想的核心。教育应当利用数智化技术的力量，激发和培养学生的创新思维与探究兴趣。在这一教育理念下，学生的学习不再是被动接受知识的过程，而是一个主动探索、积极创新的过程。数智技术实践活动的融入，为学生提供了一个实际操作、动手实验的平台。通过项目驱动、探究学习等方式，学生能够在实践中发现问题，通过实际操作解决问题。这种学以致用的学习方式，不仅能够有效提升学生的实践能力，还能在解决实际问题的过程中激发学生的创新思维。在线教育平台与虚拟仿真实验室也为学生提供了更加丰富的学习资源和更加灵活的学习方式。这些技术平台不仅能够为学生提供个性化学习的可能，还能够通过数据分析等手段，帮助教师更好地了解学生的学习情况，进而提供更有针对性的教学支持。

钟秉林先生的数智教育思想不仅为我们提供了一个关于技术应用的新视角，更为我们指出了一条培养学生创新思维和探究兴趣的有效途径。数智教育理念的实现不仅对学生个体的成长、发展至关重要，对整个社会的创新驱动发展也有深远影响。我们有必要深入理解和积极实践这一思想，以期培养出更多具有创新精神和实践能力的人才，为社会的发展作出积极贡献。

（二）提出了具有创新性的教学模式和方法

钟秉林先生认为，数智技术可以带来创新性的教学模式和方法，从而为学生提供更为个性化、智能化的学习体验。这种模式的推广和实施，预示着我国教育的未来将是一个高度个性化与智能化的新时代。这种个性化与智能化不仅体现在个体层面与学校层面，也体现在国家宏观层面。个体微观层面的科技运用与国家宏观层面的资源精准投入将有效塑造新时代的人才。

数智教学模式突破了学习者学习时间和空间上的局限性，有利于优化和共享课程资源，引导学生自主学习，也有利于将线上和线下教学资源有机衔接、高效结合，从而促进教学内容和教学手段的改革，为创新教学和学习方式、深化教学改革、提高学习效率和改善学习效果创造了非常有利的条件。[①] 在数智教学模式中，每个学生都能根据自身的特点和需求，获得量身定制的学习方案；教育资源的获取不再受时间和空间的限制，学习者可以随时随地自主学习，享受更为便捷的教育服务。除了个性化教学的推进，数智教育论还强调教学资源的优化配置和智能化管理。大数据的应用使得教师能够通过分析学生学习的数据，更精准地掌握他们的学习轨迹和需求，从而提供更为个性化的教学支持。这种教学模式的实施不仅能够提高教学的针对性和有效性，还能够在很大程度上激发学生的学习兴趣和动力，促进学生的全面发展。

（三）注重教育的开放性和国际化

钟秉林先生数智教育思想不仅是对教育现代化的响应，也是对教育开放性和国际化的坚持与实践。教育是一个全球性的议题，其理论的构建和实施都应该具有国际视野，并且应该借助现代技术手段，尤其是数智技术，来实现教育的全球性连接和交流。在新世纪教

---

① 钟秉林、方芳：《“互联网＋”背景下的教学改革》，《教育与职业》2016 年第 19 期。

育发展的背景下，应该对全球教育资源充分吸收，要注意取其精华，去其糟粕。

利用数智技术，如大数据分析、人工智能、云计算等，可以让教师和学生跨越物理空间的限制，实现更为广泛的知识共享和学习机会。例如，通过在线教育平台，学生不仅可以接触到国内的优质教育资源，还可以与世界各地的学习者进行交流，从而接触不同的教育理念和方法，这无疑大大丰富了学习体验。数智教育可以促进国际教育认证和学历互认工作，这种评估和认证体系的全球化可以为国际教育交流与合作提供更加坚实的基础。

通过推动教育资源共享与学术交流、教育理念、教育方式，推动教育评估与认证等全方位的全球化，数智教育为构建一个更加开放、包容、共享的全球教育体系提供了有力支持。通过应用数智技术，教育的开放性和国际化得到了前所未有的拓展，这对培养具有全球竞争力的人才具有重要意义。在教育面向全球的发展道路上，我们要立足国情，培养既有国际视野又有扎实的传统文化素养与丰富的本土阅历的人才。现代科技的发展为培养兼具国际国内素养的新型人才提供了便利与更大的可能性。

二、实践性

（一）倡导个性化教学模式

个性化教学模式是指根据每个学生的兴趣、能力和学习风格等个体差异，提供定制化的学习路径和教学策略。数智技术能够为个性化教学提供技术支持和数据支持，使教学过程更加精准、高效。学生可以在在线教育平台根据自己的学习需求，选择适合自己的学习内容和学习路径。这些平台通常配备有智能化的推荐算法，能够根据学生的学习进度、知识的掌握情况和兴趣爱好，推荐合适的学习资源和练习题目。这种自下而上的学习方式不仅能够提高学习者的积极性和主动性,还有助于发掘和激发学生的潜能与兴趣。数智技术还能帮助教师更好地跟踪学生的学习进度和理解程度,通过数据分析发现学生的学习难点和潜在能力,从而提供更为精准的教学辅导。

个性化教学模式强调以学生为中心,关注学生的个体差异和个性化需求,从而提供更加符合学生需求的教育资源和学习路径。通过数智技术的应用,个性化教学模式不仅能够提高学习的积极性和有效性,还能够实现教育的个性化、精准化和公平化,为培养适应未来社会发展需要的创新人才奠定坚实的基础。

(二)推动了教学评价的改革

教学评价不仅指向结果性评估,更指向过程性评估。钟秉林先生的数智教育思想不仅是对教育评价体系的一次技术革新,更是对教育理念的一次深刻更新。应用数智化手段,教学评价的科学性和公正性能够得到显著提升。学生的学习路径和进步不再只是通过一次性的考试成绩来反映,而是通过连续的、动态的数据分析来观察。这样的评价机制能够更全面地揭示学生的学习状态,帮助他们认识自我、发现问题并制定改进措施,这为学生的个性化学习和全面发展提供了有力支持。这种关注学生学习过程的教学评价改革,不仅有助于学生的成长,也将深远影响未来教育的发展方向。

在传统的教育模式中,教学评价往往局限于考试成绩等量化指标,这种评价方式简单易行,但忽视了学习过程的复杂性和学生的个体差异性。利用数智技术改革教学评价系统,可以形成更为科学、公正的评价机制。数智技术的引入为教学评价的改革提供了新的思路和工具。通过建立学习轨迹数据图谱,教育者可以追踪和记录学生的学习进程,包括学习内容的掌握程度、学习策略的使用情况、学习兴趣的变化等。这些数据的积累与分析能够帮助教师更精准地了解学生的学习状态和需求,从而提供个性化的教学指导和干预措施。在数智化教学评价的框架中,学生的学情数据被动态监测和追踪,这不仅包括最终的学业成绩,还包括学习过程中的各类表现,如课堂参与度、作业完成情况、小组合作能力等。这种全面的评价方式有助于教师更好地了解学生的学习情况和发展趋势,进而作出更有针对性的教学调整。

(三)强调伦理的重要性

钟秉林先生的数智教育思想以其深刻的伦理考量为教育的可持续发展提供了重要的指导性意见。数智教育在带来巨大便利的同时,也对学生的道德素养和信息素养提出了新的要求——"(学生应)具备较强的数字伦理意识,认识到机器是学习的辅助工具,不能替代自己学习。"[①]同时,通过在线教育平台获取知识的过程中,学生将有可能接触到海量的个人信息和他人隐私。因此,学生应遵循保护个人与他人隐私的原则,教师和教育机构有责任确保这些信息的安全与合理使用。

生成式人工智能是近年来科技领域的一大进展。"(未来教育)要高度重视人工智能技术运用于教育教学领域的规范管理,加强对人工智能技术应用的多重伦理研究,防止技术对人的异化。"[②]生成式人工智能为学习与科研提供了很多便利,但也容易使人过度依赖这一技术而产生思维麻痹、惰性增长等问题,更有甚者,使用这一技术作弊、抄袭,严重违背了科技伦理原则。"美国部分大学生使用 ChatGPT 写作业和论文,由此导致严重的知识产权和学术诚信问题,纽约大学部分课程的教学大纲已明确把使用 AI 视为作弊行为,香港大学也明令在教学中禁用 ChatGPT 等 AI 工具。"[③]人工智能应用于教育的伦理问题是一个重要而迫切的问题,需要加以系统性解决。

实践具有检验理论价值的重要属性,我们要在实践中检验数智教育思想的伦理价值、人道价值与社会价值。钟秉林先生的数智教育思

---

① 王一岩、塔卫刚、赵芳芳:《新质人才培养:核心理念与实践路径》,《开放教育研究》2024 年第 6 期。

② 钟秉林、王新凤、方芳:《信息科技驱动下的教育变革——机遇、挑战与反思》,《南京师大学报(社会科学版)》2019 年第 5 期。

③ 钟秉林、尚俊杰、王建华等:《ChatGPT 对教育的挑战(笔谈)》,《重庆高教研究》2023 年第 3 期。

想不仅在技术与教育的结合上开辟了新的视野,在伦理层面上也提供了重要的指导。通过对这一思想的深入研究和实践,我们可以预见一个更加人性化和有利于学生发展的教育环境的到来。

三、学生中心性

(一)课程设计应以学生为出发点

钟秉林先生的数智教育思想强调学生的中心地位,认为教育的核心目的是促进学生的全面发展。在这一思想的指导下,学生的兴趣、特点和需求被视为课程设计的出发点和归宿。通过数智化手段,教师能够更精准地把握学生的学习状态和成长需求,实现真正意义上的因材施教。

数智教育以学生为出发点,是基于三个层面:以全体学生为出发点,以部分学生为出发点和以个别学生为出发点。以全体学生为出发点,是指数智教育的应用与使用机会从理论上讲不具有排他性;以部分学生为出发点,是指数智教育为解决弱势群体与特殊群体的教育困难提供了解决方案与可能性;以个别学生为出发点,是指数智教育为创新型人才的培养与拔尖创新人才的塑造提供了潜在的最优方案。

(二)鼓励学生积极参与教学过程

学生的积极参与是实现教育目标的关键之一,而数智技术的应用则为这种参与提供了新的可能性。学生的主动性不仅体现在知识学习的过程中,更体现在通过项目驱动、探究学习等方式,主动参与到教学活动和实践活动中,解决实际问题。数智技术的融入可以更好地促进学生对教学过程的参与。

项目驱动的学习方法可以提高学生对教学的参与度。让学生参与实际项目,不仅可以让他们在解决问题的过程中获得知识和技能的增长,还可以培养他们的问题解决能力、批判性思维能力与创新能力。这种方法能够鼓励学生从被动的知识接受者转变为积极主动的知识创造者，从而实现个体的全面发展。探究学习是另一种重要的以学生中心的教学模式。在这种模式中，学生在提出问题、实验、收集和分析数据、得出结论的过程中，自主探索未知领域。通过项目驱动、探究学习等多样化的教学方式，结合数智技术的辅助，可以有效促进学生对教学过程的参与。这种以学生为中心的教学模式，不仅能够提高学生的自主学习能力和创新能力，还能促进团队合作、沟通协调等综合素质的提升，为终身学习和个体发展奠定坚实的基础。

优质的在线教育平台是实现教学相长的重要因素。利用在线平台和教育软件，教师可以设计更具互动性、个性化的教学活动，学生可以在这些平台上进行小组合作、项目协作，甚至可以通过虚拟实验室进行科学实验，这些都大大降低了学生参与的门槛，提高了参与的质量和效率。

（三）注重培养学生的信息素养和数据分析能力

随着信息化与数字化的不断发展，社会对人才的要求也日益提高，信息素养和数据分析能力成为现代社会公民必备的素养之一。钟秉林先生数智教育思想强调对学生信息素养和数据分析能力的培养，这是对传统教育模式的一大革新和发展。

信息素养包括信息的认知、检索、评估、使用等能力，而数据分析能力则是利用数据分析工具和方法对数据进行获取、处理、分析并呈现的能力。这两种能力的培养对学生的综合素质提升至关重要，是他们适应未来社会发展的重要基础。钟秉林先生数智教育思想不仅提倡将相关的信息技术工具，如数据分析软件、编程语言等，融入课程内容，还强调将这些知识和技能的学习与实践紧密结合起来。这一思想倡导通过项目化的教学模式，让学生在解决实际问题的过程中，自然而然地掌握这些工具的使用方法和数据分析的技巧。在具体的教学过程中，教师可以设计一些实际的项目和案例，让学生在项目中收集数据、分析数据，并利用所学的信息技术工具来解决问题。这样的教学方式不仅使学生的学习更加具有实践性和现实感，而且能够有效提高他们的动手操作能力和问题解决能力。

四、公平性

（一）主张优化教育资源配置

教育公平是社会公平的基石，是衡量一个国家教育系统是否公正的重要标准。"互联网教学的发展提供了'以效率促公平'的新思路和新路径，可以将有限的资源投入优质线上课程的开发上，优化教育资源配置方式。"[①]数智技术的应用有助于更加精准、高效地进行教育资源配置，从而有效提升教育公平性。

钟秉林先生关注数智技术如何促进教育资源的均衡分配和优质共享。通过收集和分析大量的教育数据，数智技术可以帮助决策者更准确地识别教育资源的需求状况和配置的合理性。例如，分析学习数据可以发现某些地区或学校在特定科目的教育资源上存在的短缺，进而有针对性地补充和优化。这种基于数据驱动的资源配置方式有助于教育资源配置的精准和高效。通过云计算、大数据等技术手段，优质的教学资源和学习材料可以被存储、管理和分享。这不仅能够降低个别学校或地区在资源建设上的成本，还能够通过网络平台使得资源的获取和分享变得更加便捷。这种资源共享的机制对缩小城乡、区域之间的教育差距具有重要意义。通过精准的数据分析，还可以确保每一个学生都能获取适合其学习需求的教育资源，从而最大化地开发每个学生的学习潜能。

（二）强调通过数智技术促进教育过程的公平性

"教育资源获取方式的多元与便捷可以有效促进教育公平。"[②]数

---

① 钟秉林：《"互联网＋"带来的学习革命》，《中国教师》2016年第6期。

② 钟秉林：《互联网教学与高校人才培养》，《中国大学教学》2015年第9期。

智技术不仅是教育的辅助工具，更是推进教育过程公平性的关键力量。数智技术有助于对大量的教育资源和学生的学习过程进行精准的分析与匹配，从而为每个学生提供个性化的教育体验和资源支持。在数智技术的帮助下，教师将不再是知识的单向传授者，而是变成了学习的引导者、协助者和促进者。他们利用技术手段提供的反馈和分析结果，为学生的个性化学习提供更有针对性的指导，帮助学生获得更好的发展。数智技术的应用不仅能够实现教育资源的有效利用，还能够促使学生的学习过程更为公平，这对于构建一个更加公正、合理的教育体系具有重要的推动作用。

（三）关注特殊群体的教育公平问题

钟秉林先生数智教育思想为解决特殊群体的教育公平问题提供了一个全新的视角和解决方案。数智技术的应用可以为特殊群体提供更公平、更高质量的教育资源和服务，帮助他们克服学习上的困难，实现自我价值的最大化。这一思想的实践性和创新性不仅体现了教育的本质要求，也为我们提供了一个解决教育公平问题的有效途径。钟秉林先生深知教育公平问题的严重性，主张利用数智技术来解决这一问题，为特殊群体提供更加便捷、高效的教育支持和服务。建立远程教育平台、提供免费在线课程等方式可以有效弥补不同地区、不同经济水平学生之间的教育资源差距；网络资源和远程学习方式能够突破地域和经济的限制，实现优质教育资源的广泛共享，这有助于缩小不同社会群体之间的教育差距。[①] 互联网技术能够将优质的教育资源传播到每一个有需要的学生手中，这样不仅可以让农村和贫困地区的学生享受到与城市学生相同的教育资源，还可以根据这些学生的具体需求提供个性化的教学和辅导，从而提高他们的学习效率和成效。

---

① 祝智庭、金志杰、戴岭、姜浩哲：《数智赋能高等教育新质发展：GAI 技术时代的教师新作为》，《电化教育研究》2024 年第 4 期。

五、结　论

（一）钟秉林先生数智教育思想的意义与价值

钟秉林先生数智教育思想是教育改革与发展的重要理论创新，它不仅是对传统教育模式的深刻反思，也是对未来教育发展趋势的科学预见。这一思想标志着教育领域与信息技术的深度融合，它将教育的个性化、智能化推向了一个新的高度。数智技术的应用使学生的学习兴趣和积极性得到显著提升。这种教育方式不仅注重结果的达成，更注重过程的体验，使得学习过程本身成为一种享受，从而实现教育的本质目的。

钟秉林先生数智教育思想的实施将极大提升教学评价的科学性和公正性。传统的教学评价往往依赖于标准化考试和教师的主观判断，很难全面反映学生的学习状况和能力发展。数智技术的应用能够全面跟踪和分析学生的学习过程，提供更加精准的学习诊断和成长建议，从而帮助教师和学生更好地提升学习效果，促进教学方法的优化和教育质量的提升。同时，这个手段有助于拓宽学生的视野，提升学生的信息素养与数据分析能力。在信息化、数字化的时代背景下，信息素养和数据处理能力已成为现代社会的基本素养之一。数智教育通过将这些能力的培养融入到课程设计和教学实践中，不仅能够帮助学生适应未来社会的发展需求，还能够激发学生的创新思维，提升学生解决问题的能力，从而全面提升学生的综合素质。由于数智技术的应用，优质的教育资源可以得到广泛的分享，所有学生都有机会接受优质教育，这对构建公平而有质量的教育体系具有重要价值。

理论的价值在于博大精深的内涵及其对实践产生的积极影响。钟秉林先生的数智教育思想不仅为教育发展提供了新的思路和方向，而且对提升教育质量、促进教育公平具有深远的意义。它的实施和推广将深刻影响未来教育的发展方向，对培养适应未来社会需要的创新型、复合型人才具有重要作用。

（二）钟秉林先生数智教育思想面临的挑战

钟秉林先生数智教育思想是在数字化、网络化、智能化时代背景下提出的教育理论与实践框架。这一思想建立在对教育与科技发展的现实国情的认识的基础上，融入了钟秉林先生的教育实践与生活阅历。它具有创新性和前瞻性，但在具体实施和应用过程中，也面临着一些挑战。

随着科学技术的快速发展，一些技术问题可能会影响数智教育思想的有效实施。例如，网络连接的稳定性、大数据处理的安全性和隐私保护、人工智能算法的准确性等问题都可能成为将这一思想付诸实践的障碍。这些技术问题需要通过不断的技术创新和完善来解决，以确保数智教育的可持续发展和广泛应用。同时，不同的学习者群体具有不同的学习需求和学习特点，如何将数智技术个性化地运用于教学，以适应不同学习者的需求，还需要进一步研究和探索。这不仅涉及教育理论的深化和发展，也涉及教育实践的创新和改进。如何根据不同学习者的特征，设计和实施个性化的教育方案，是数智教育思想发展的一个重要方向。钟秉林先生数智教育思想的提出也是对传统教育模式的一种重要补充和改进，但数智教育不可能完全替代传统教育。传统教育的价值和功能在某些方面仍然具有不可替代性。例如，面对面的交流与互动、师生间的情感沟通、传统文化的传承等都是数智教育难以完全替代的。因此，如何在数智教育和传统教育之间找到合适的结合点和平衡点，是一个需要深入研究的问题。

理论实施过程的顺利与否不仅与理论的内部设计有关，也涉及具体的实施主体与实施环境。钟秉林先生数智教育思想的实施过程可能面临着教育政策、教育资源、教师专业发展等多方面的挑战。如何在政策层面提供支持，如何优化教育资源配置，如何提升教师的信息技术应用能力等，都是数智教育思想在实施过程中无法回避的问题。这一思想是对当代教育改革和发展的有力探索，它的提出具有重要的理论价值和实践意义。要使其得到广泛的认可和应用，还需要不断解决实施过程中遇到的技术难题、个性化教学、与传统教育融合等方面的问题。通过持续的研究和实践探索，钟秉林先生数智教育思想有望为未来教育发展带来更加广阔的视野和更加深刻的影响。

（三）未来研究方向与展望

数智教育在未来发展中有很多的创新性应用。例如，生成式人工智能可以创建虚拟的沉浸式学习环境，使学生能够在模拟的情境中学习和体验知识。人工智能可以生成一个虚拟的历史场景，让学生“穿越”到古代，亲身体验那个时代的生活环境和文化氛围。这种沉浸式学习方式能够极大地提高学生的学习兴趣和参与度，帮助他们更好地理解和记忆所学内容。生成式人工智能还可以支持学生的创意写作和语言学习，可以根据学生的兴趣和写作风格，提供写作灵感和诗词创作建议。在语言学习中，人工智能可以生成对话式 AI 伙伴，帮助学生练习口语对话，提高语言表达能力和理解能力。

数智教育关注学生的中心地位，这在未来的教育研究和实践中应当成为一个重要的考量。“教育的终极目标是培养全面发展的人，大学的核心功能是培养高素质的高级专门人才，为经济建设和社会发展提供人力资源支撑。”[①]学生的主动性、创造性和个性化学习需求是教育改革的重要方向。因此，未来的研究应当更加关注学生中心视角下的数智教育实践，探索如何利用数智技术激发学生的学习兴趣，提高其积极性和主动性。值得指出的是，教育资源的优化配置一直是困扰全球的难题，尤其是在资源分布不均的情况下。数智技术可以通过大数据分析学生的学习习惯、能力水平和兴趣偏好，为学生提供个性化的学习路径和资源，从而缩小不同地区、不同背景学生之间的教育差距。未来的研究应当更加关注如何有效利用这些技术来实现真正意义上的教育

---

① 钟秉林、方芳：《“慕课”发展与大学人才培养模式改革》，《中国高等教育》2015 年第 21 期。

平等。

未来发展需要进一步明确数智技术应用于教育的目的,并将人才培养作为教学设计的出发点和归宿,避免为技术而技术。钟秉林先生指出:"大数据并非一个放之四海而皆准的概念,大数据技术处理的问题要由人所决定,海量教育教学信息处理系统需要人来研发,信息处理结果要为人所利用,要避免让数据主宰一切的隐忧,不懈地追寻教育的本质。"[①]未来数智教育的发展需要进一步彰显人的主体性,避免数智技术使人异化的现象发生。钟秉林先生强调需要处理好传统教育与数智教育之间的关系。传统教育与新兴的数智教育并非水火不容,而是可以相互借鉴,相互融合。未来研究应当探讨如何将传统教育的优秀元素与数智教育的创新技术相结合,实现教育的创新与可持续发展。数智教育的深化与推进必须建立在对中华文明深厚积淀与传统教育丰富经验的基础上。

钟秉林先生的数智教育思想为我们提供了一个关于未来教育发展的全新视角和实践路径。未来的研究应当在现有理论的基础上,不断深化对数智技术与教育融合的认识,探索更加有效的实践策略,以达到教育公平、教学提质、学生中心和教育创新发展协同推进的目标。在这个过程中,跨学科的合作、理论与实践的对话以及对未来教育发展趋势的敏锐把握,是我们不断前行的重要动力。

---

① 钟秉林、王新凤、方芳:《信息科技驱动下的教育变革——机遇、挑战与反思》,《南京师大学报(社会科学版)》2019 年第 5 期。

钟秉林先生的教育资源配置思想

方　芳

教育资源配置既是构建和优化教育体系的核心要素，也是支撑教育质量的提升与教育公平的实现、推动社会和谐发展的重要杠杆。在这一复杂而关键的领域中，钟秉林教授以其深厚的学术造诣、敏锐的洞见能力和丰富的管理经验，成为引领教育资源配置理论研究与实践探索的先行者和开拓者。钟秉林教授先后主持了一系列国家级和省部级重大课题，组建了一支汇集教育基本理论、教育经济学、公共管理学、信息科学、系统科学等多学科的研究团队，不仅深刻揭示了我国教育资源配置的现状与挑战，科学评估了人口政策调整可能引发的教育资源供需矛盾风险，而且为优化资源配置路径提供了坚实的理论基础和可行的实践方案。

在国家自然科学基金重点项目"中国教育资源配置理论与重大现实问题研究"中，钟秉林教授带领团队综合采用系统动力学建模法、时空建模法、特征数据分析与挖掘建模法等方法，深入剖析了我国教育资源配置的历史演变、现状特征及面临的问题，不仅为理解教育资源配置的内在逻辑和外在影响提供了全新视角，还通过构建中国教育资源配置管理和决策支撑体系，为教育资源配置的科学决策提供了有力支持。面对人口政策带来的教育资源供需矛盾问题，钟秉林教授敏锐地捕捉到了这一社会变迁对教育领域的深远影响，主持了国家自然科学基金应急管理项目"'全面二孩'政策下基础教育资源配置风险预警研究"和教育部哲学社会科学研究重大课题攻关项目"人口变动与教育资源配置研究"，基于人口学中人口预测的原理和方法，对我国实施新的人口政策后各教育阶段学龄人口进行了严谨的预估，并综合运用教育学理论、管理科学原理及经济分析方法，精确计算了全国范围内不同教育层次的教育资源需求规模，研判供需矛盾风险，在此基础上针对各学段教育资源的规划配置构建风险预警机制，并提出应对策略。钟秉林教授在上述研究基础上得出的结论、观点，不仅丰富了教育资源配置的相关理论体系，也为政府决策和学界研究提供了科学依据和有力支撑，更为中国教育事业改革与发展提供了战略思想指导和政策组合方案。

在教育资源配置领域，钟秉林教授以其敏锐的洞察力和深厚的学术功底，提出了一系列既具前瞻性又极富实践意义的独到见解。他不仅深入细致地剖析了我国教育资源分配的现状，精准地指出了存在的问题与挑战，更在此基础上积极探索并倡导优化资源配置、促进教育公平的有效路径与策略。钟秉林教授的这些努力，不仅极大地促进了我国教育事业的均衡与可持续发展，在缩小城乡、区域及不同社会群体间的教育差距方面，更是发挥了不可替代的作用。他的重要贡献主要体现在三个层面：一是学术层面的深度探究与创新，二是政策层面的有力影响与推动，三是实践层面的勇敢探索与改革。这三者相辅相成，共同构成了钟秉林教授在教育资源配置领域卓越贡献的坚实基石。

一、学术探究与创新

（一）中国教育资源配置的现实挑战及未来走向

钟秉林教授的深入研究，精准地剖析了我国教育领域在新时代背景下所面临的主要矛盾，即随着我国经济社会的持续跃升与教育改革的不断深化，社会各界及国家的经济发展对高质量教育资源的渴求日益迫切，而优质教育资源却供不应求。这种供需之间的巨大差距无疑成为教育改革进程中的一个重要制约因素。他指出，传统的教育发展范式与资源配置体系已难以适应我国经济结构优化升级及构建人力资源强国的战略诉求，也难以顺应教育重心调整的新趋势。钟秉林教授指出，教育资源配置当前面临的六大核心挑战：一是行政干预过度，表现为政府作为资源配置的主导者，未能充分吸纳社会力量的参与，导致过程缺乏透明度与有效监督机制，不仅削弱了教育决策与政策制定的科学性与民主基础，还可能为权力寻租与腐败行为提供土壤；二是资源配置过度依赖计划手段，限制了市场机制在教育资源配置中的作用，政府调控方式显得单一且僵化，难以灵活应对教育环境的复杂多变，进而加剧了体制机制的固化问题；三是资源配置呈现出外延扩张的倾向，大量资源被用于硬件设施的建设与规模的扩大，而对教师专业发展、课程体系构建等内涵建设方面的投入则显得相对不足，这一失衡状态难以满足教育质量全面提升的迫切需求；四是资源配置缺乏有效的评估机制，导致决策过程中科学依据的缺失，信息不对称现象普遍存在，利益相关者难以进行有效监督，影响了资源配置的合理性与效率；五是公平与效率的双重目标之间存在显著矛盾，地区间教育资源分配不均，弱势群体受教育权利保障不充分，同时资源浪费现象较为普遍，如何在公平与效率之间找到平衡点，成为亟待解决的问题；六是事权与财权不匹配问题日益凸显，地方政府承担主要教育责任但财力有限，中央和省级政府权力集中而财政支持不足，导致地方政府过多精力用于争取转移支付，忽视教育的内涵式发展，进一步加剧了区域间教育发展的不均衡态势。①

钟秉林教授认为，优化教育资源配置机制，对国家未来、经济社会可持续发展以及个体全面成长具有深远意义。在此基础上，他详细阐述了优化教育资源配置机制的未来走向：

一是观念转型，确立科学教育观。他强调既要解放思想，树立与国情相符、顺应时代需求的科学教育观，又要以此引领资源配置，确保教育实践的科学性与前瞻性，特别是要聚焦人才培养核心，遵循教育与人

---

①　钟秉林：《教育资源怎样配置》，《光明日报》2011 年 12 月 5 日，第 5 版。

才成长规律,促进受教育者的全面发展。二是加速政府职能转变,推进简政放权。他强调政府在教育资源配置中应明确界限,赋予地方与学校更多自主权,同时引入社会参与,提升决策的民主化与科学化水平。三是确保教育优先发展,扩充资源总量。随着社会经济进步与民众需求升级,教育资源供给需相应增长,为资源配置优化提供空间。财政投入上确保教育优先,公共资源分配上倾斜于教育与人力资源开发,持续增加教育经费投入。四是完善利益协调机制,降低改革阻力。他强调合理科学平衡各方利益,通过公共教育政策的导向作用,合理平衡现有资源与新增资源的分配,采取增量式改革策略或补偿性机制,以确保所有利益相关方的合法权益得到充分保障,针对那些有悖于教育公正原则及质量提升目标的不当利益诉求,应予以坚决调整乃至依法取缔。五是强化监督考评,确保责任落实。他强调优化资源配置、推动教育发展方式转变是长期且系统的过程,需建立健全监督机制,明确各级责任,实施监督、考核与问责,尤其强调要加强人大职能,推进教育立法与监督,确保政策有效执行。①

(二)超大城市和农村地区教育资源配置的典型案例研究

钟秉林教授凭借其深厚的学术积淀与前瞻性的战略视野,为超大城市与农村地区义务教育的均衡发展贡献了独特的见解与方案。他不仅从理论层面深刻剖析了教育均衡发展的内在逻辑与外在需求,更以实际行动为导向,提出了一系列既富有理论指导意义又极具实践操作性的策略框架。在超大城市的教育资源优化配置上,他主张通过理念创新与顶层设计,打破资源壁垒,实现教育资源的高效流通与共享。在农村地区,他则聚焦于公用经费管理的精细化与规范化,力求每一分教育投入都能发挥最大效益。这些研究成果不仅为教育工作者提供了清晰的思路与方法,更为政策制定者指明了方向,为推动我国义务教育的全面均衡、高质量发展奠定了坚实基础,展现了教育研究者应有的责任

① 钟秉林:《教育资源怎样配置》,《光明日报》2011 年 12 月 5 日,第 5 版。

与担当。

在特大城市，如北京这样的国际化大都市，教育资源的不均衡分配长期以来一直是制约教育公平与质量提升的关键因素。钟秉林教授率领研究团队深入剖析这一复杂现象，创造性地提出了理念创新与顶层设计的双重策略框架，这不仅是对传统教育治理模式的一种超越，更是对现代教育管理理念的一次深刻诠释。他强调的"有水平的发展、有质量的均衡"核心理念，不仅体现了对教育本质属性的深刻理解，也彰显了对教育公平与效率并重价值目标的执着追求。在具体实践层面，钟秉林教授倡导的整合区域教育资源、扩大优质教育覆盖面的策略，不仅促进了教育资源的优化配置与高效利用，还有效回应了社会公众对高质量教育资源的迫切需求。① 他还提出了全链条改革模式，即通过打破学校、城乡、区域之间的界限，直击教育体制机制中的深层次矛盾与顽疾，实现教育资源在不同维度上的高效流通与共享。② 尤为值得一提的是，学区制、协作区、教育集团等创新举措的实施，不仅盘活了现有的教育资源存量，还激发了普通学校的内在活力，加速了它们向新优质学校的蜕变过程，从而为特大城市义务教育的均衡发展树立了具有里程碑意义的成功典范，也为国内外同类城市提供了可借鉴、可复制的经验模式，展现了教育改革创新的力量与魅力。③

在农村义务教育领域，钟秉林教授主要聚焦公用经费管理的微观层面，揭示了该领域存在的诸多现实问题与挑战。他指出，农村义务教育学校公用经费管理的不规范、使用效益的低下，以及不同学段、地域、寄宿与非寄宿制学校间支出的显著差异，不仅影响了教育的公平性，也严重制约了教育质量的提升。针对这些痛点，钟秉林教授提出了一系

---

① 《钟秉林：促进教育均衡是遏制"择校热"的关键》，2016－03－12，http://www.xinhuanet.com//politics/2016lh/2016－03/12/c_128794409.htm。

② 洪秀敏、马群、钟秉林：《北京市幼儿园布局的现状、问题与优化路径——基于 GIS 的分析》，《首都师范大学学报（社会科学版）》2019 年第 2 期。

③ 钟秉林：《特大城市义务教育均衡发展的成功探索》，《人民教育》2016 年第 16 期。

列改革建议，包括但不限于完善经费管理办法、提升经费保障水平、加强监督审计与财务公开、调整支出结构、规范项目管理等。[①] 这些建议不仅体现了对教育经费管理精细化的要求，也强调了制度建设与执行监督并重的原则，为政策制定者提供了明确的施策导向，为提升农村教育质量、促进教育公平奠定了坚实的理论与实践基础。

综上可见，钟秉林教授对超大城市和农村地区义务教育的深入关注与研究，不仅深化了我们对教育均衡发展重要性的认识，也为我们探索教育现代化、促进教育公平的道路提供了宝贵的智慧。通过理念创新、顶层设计、精细管理等多维度策略的综合运用，钟秉林教授的研究为我国义务教育的全面均衡发展勾勒出了一幅既具有前瞻性又切实可行的蓝图，其学术价值与实践意义是我国教育改革与发展历程中的一笔宝贵财富。

（三）人口政策实施后我国各学段教育资源的需求总量预测

钟秉林教授亲自挂帅，带领研究团队运用 Leslie 矩阵的队列要素法作为人口预测的核心工具，依据 2010 年第六次全国人口普查数据、2015 年的全国人口抽样调查数据，以及 2020 年第七次全国人口普查的最新数据，构建了一个全面且精准的人口预测模型。依托这一模型，研究团队对当前至 2035 年间，各教育阶段适龄人口的数量与结构进行了科学、细致的预测。在准确把握未来人口动态变化的基础上，钟秉林教授及其团队进一步展开了对教育资源配置需求的预测。团队不仅综合考虑了人口年龄结构、教育政策导向、经济社会发展趋势等多重因素，也对各阶段教育资源的供需状况进行了全面评估，旨在为未来教育资源的合理配置与优化配置提供有力的数据支撑和决策参考。这一系列研究成果不仅对教育规划部门制定长远规划具有重要指导意义，也为各级各类教育机构在资源筹备与调配方面提供了宝贵的参考依据。

---

① 钟秉林、赵应生、洪煜、阮琳燕：《农村义务教育学校公用经费支出实证研究——基于对我国 9 个省份 107 所农村学校的调查分析》，《中国教育学刊》2012 年第 8 期。

随着对我国教育人口发展趋势的深入研究，钟秉林教授及其研究团队揭示了 2021—2035 年期间各教育阶段的关键变化与挑战。从学前教育到高等教育，每一阶段都面临着不同的人口动态与资源配置问题。在学前教育阶段，2021—2035 年间，我国 3—6 岁儿童人口预计将大幅减少，从 6512 万降至 4266 万，城市与农村地区均呈现下降趋势，但农村更为显著；尽管"全面二孩"政策曾短暂提升学前教育需求，然而至 2030 年，对幼儿园、教师队伍及经费的需求仍将高于 2019 年的水平，特别是农村地区在这些方面的供给缺口将更为突出。[①] 进入义务教育阶段，学龄人口数在短期增长后将持续下滑，预计 2024 年达到 1.46 亿峰值，随后至 2035 年减少约 3000 万[②]；在学校规模方面，学生向城区集中的趋势不可逆转，镇区新建学校需求将在 2026 年和 2030 年分别达到小学和初中峰值；农村地区小学校舍闲置问题将日益严重，而初中校舍需求相对稳定；在教师资源配置上，小学教师将逐渐过剩，预计 2035 年过剩约 150 万，初中教师过剩约 37 万；2031 年后，城区义务教育学生数将超越镇区，标志着城市教育成为主体。在高中教育阶段，普通高中在校生数将先增后减，2033 年达到 3468 万峰值后回落；教育资源配置面临严峻挑战，2031 年至 2033 年为红色预警期，人力资源紧张尤为突出，高学历教师、信息化资源及人员经费支出成为长期制约因素。在高等教育阶段，适龄人口数将持续增长至 2032 年，峰值 9077 万，随后略有回落。在此方案预测下，高等教育在学总规模将持续扩大，2034 年达到 6692 万峰值；教育资源供给压力巨大，2034 年各项资源需求量将比 2020 年增长近 60%。专任教师、经费、设施等多方面均面临显著供给缺口，其中专任教师缺口高达 111 万，经费

---

① 黄宸、李玲、钟秉林：《"全面二孩"政策下要不要扩大幼儿园班级规模？——我国幼儿园班级结构性质量与过程性质量关系的元分析》，《中国教育学刊》2018 第 9 期。

② 李玲、周文龙、钟秉林等：《2019—2035 年我国城乡小学教育资源需求分析》，《中国教育学刊》2019 年第 9 期；乔锦忠、沈敬轩、李汉东、钟秉林：《2020—2035 年我国义务教育阶段资源配置研究》，《华东师范大学学报（教育科学版）》2021 年第 12 期。

及 R&D 经费缺口分别达到 8084 亿元和 1129 亿元，图书、计算机、教室等物力资源也严重不足。钟秉林教授和研究团队梳理、总结了 2035 年之前我国教育人口发展趋势所呈现的特征，指出各阶段教育资源配置均需提前规划，以应对可能出现的挑战与缺口，确保教育事业的持续健康发展。

（四）应对人口变动带来的教育资源需求变化风险的对策建议

在充分的访谈调查和数据分析的基础上，钟秉林教授归纳出我国教育体系涵盖学前教育到高等教育各阶段面临的挑战与机遇，并针对各阶段面临的教育资源配置问题提出以下综合建议：在学前教育阶段，短期内要重点扩大和优化资源供给，特别是农村地区和欠发达地区，中央与地方政府应承担主体责任。同时，扩大教师队伍规模，通过扩大培养规模、吸引潜在专职教师和保健工作者，完善激励政策，如设立学前教育专业、提供学费减免等福利，同时还应加强公共投资以适应未来在学人数变化。[①] 在义务教育阶段，他强调，应合理规划学校布局，加大城区学位供给，并依据国家义务教育质量监测结果深化教学改革，改善办学条件，缩小班级规模；统筹优化教师资源配置，调整过剩教师，补充高素质人才；稳定师范大学招生计划，优化师范专业设置，如扩大音、体、美等学科招生，减少学科教育专业计划。[②] 在高中教育阶段，他认为，需优化资源配置，准确把握政策参数变化对在校生数的影响。根据预警情况合理配置资源，既要弥补供给缺口，也要消化过剩资源。重视人力资源投入，加强教师队伍建设，吸引高学历毕业生从教，完善培训机制和经费投入保障机制。同时还要促进教育数字化，推动数字技术与教育教学深度融合，完善数字教育资源公共服务体系，加强硬件配套设施建设。在高等教育阶段，应建立健全财政投入长效机制，形成多元

---

① 洪秀敏、朱文婷、钟秉林：《不同办园体制普惠性幼儿园教育质量的差异比较——兼论学前教育资源配置质量效益》，《中国教育学刊》2019 年第 8 期。

② 乔锦忠、沈敬轩、李汉东、钟秉林：《2020—2035 年我国义务教育阶段资源配置研究》，《华东师范大学学报（教育科学版）》2021 年第 12 期。

投资模式;引导各地高校均衡发展,优化布局,根据人口大省和缺少重点高校的省份的实际情况,科学布点筹建新高校,提升办学水平和人才吸引力;优化办学层次、类型结构,注重研究生招生规模适度超前布局,同时提升职业教育层次,满足社会对高层次技能人才的需求。他还强调,未来应进一步拓宽学生流动通道,构建不同层次和类型高等教育相互衔接的体制机制,为学生提供更多选择空间。

在这一系列旨在推动教育体系革新与进步的重要举措与创新理念的背后,钟秉林教授以其深厚的学术底蕴和独到的研究视角作出了巨大的学术贡献。他的学术成果不仅是对教育领域深层次规律的深刻挖掘与理论提炼,更为教育改革提供了坚实可靠的理论支撑与行动指南。这些成果不仅丰富了教育经济学等领域研究的理论宝库,而且以其前瞻性和实践性深刻影响了政策制定的方向与实践探索的路径。从教育资源的均衡配置到教育质量的全面提升,从教育管理的精细化到教育公平的持续推进,钟秉林教授的先进理念无处不在,展现了他作为教育领域领军人物的卓越智慧与深远影响。他的工作不仅推动了教育改革的深入进行,更为我国教育事业的持续健康发展注入了强大的动力与活力。

二、政策影响与推动

钟秉林教授在教育领域深耕细作数十载,有着深厚的学术造诣和前瞻性的研究视野。他不仅亲自挂帅,主持了多项具有深远影响的重大科研项目,极大地推动了教育研究的深化与创新,而且深度参与国家层面的教育政策制定与咨询工作,展现了他对教育政策导向、资源配置优化及教育管理改革的深刻理解和独到见解。特别是在教育资源均衡配置、教育质量全面提升以及教育公平持续推进等关键领域,钟秉林教授与其研究团队深入我国东、中、西部多个省份进行实地考察与调研,广泛搜集第一手数据资料。基于这些宝贵信息,他们精心撰写了一系列数据翔实、分析透彻的评估报告，并提出了切实可行的对策建议，为各地有效应对人口结构变动带来的教育资源配置挑战，以及制定风险防控策略提供了坚实的智力支撑。

首先，科学梳理了十多年来我国人口变化的特征。钟秉林教授指出，人口增长的规模和速度直接影响着教育发展的规模和速度，各学段在学人口规模的变动是制定教育发展规划、配置教育资源的先决要素。在研究过程中，钟秉林教授总结2010—2022年期间我国人口发展形势发生了以下变化：一是实施30余年的计划生育政策进行了三次调整，严格控制生育的政策逐渐松动放宽，许多有意愿生育二（多）孩的育龄女性积极备孕生育，产生了堆积生育现象，并导致生育水平在“全面二孩”政策实施后出现短暂增长；二是随着我国城镇化、工业化和现代化水平以及高等教育普及程度的不断提高，青年一代的思想观念和生活方式发生转变，晚婚晚育甚至不婚不育人口持续增加，每年生育子女数量持续下降，预示着我国低生育时代的到来；三是我国人口结构持续发生变化，劳动力人口数量开始下降，老龄人口数量持续增加，社会老龄化程度不断加深。

其次，面向不同地区的典型省份开展实地调研并提出对策建议。钟秉林教授率领研究团队在北京、黑龙江、安徽、四川①、广东等省市开展深入调研，并针对这些省市未来的人口趋势进行了精准预测与分析。通过构建人口预测模型，报告详细估算了生育水平、迁移率、城镇化率及各年龄段人口的存活率等关键参数，并基于“七普”数据调整基期数据，确保预测数据的准确性和科学性。此外，钟秉林教授及其研究团队在针对各省市的报告中，分别设计了高、中、低三种生育水平情景，预测了2021—2050年间各省市人口数量与结构的变化，揭示了人口持续下降、出生人口先降后升再降、学龄人口波动等趋势。上述报告不仅为各

① 乔锦忠、沈敬轩、李汉东、钟秉林：《2020—2035年中国人口大省义务教育阶段资源配置研究——以四川省为例》，《教育经济评论》2020年第5期。

省市人口政策制定提供了科学依据，有助于政府更好地应对人口老龄化、社会少子化、劳动力短缺等现实挑战，同时也为各省市更好地完善教育资源配置风险预警机制、开展教育资源配置规划提供了重要数据支持与决策依据。

最后，为相关部委和决策部门提交了多份咨询报告。除上述各省市的研究报告之外，钟秉林教授还带领团队基于翔实的数据和科学的预测模型，为政府决策部门提供了全面而深入的全国和各地人口变动趋势的总体分析，对指导未来教育政策制定、教育资源分配规划具有重要指导意义。基于中国第七次人口普查数据，钟秉林教授及其团队对中国2021年至2050年的人口数量和结构进行了预测。报告采用队列要素法，构建了分城乡、分孩次的人口预测模型，并纳入了生育模式、出生性别比、年龄别存活率和迁移率等多重参数。预测结果显示，中国人口将在2021年达到峰值14.22亿后持续下降，到2050年，预计总人口数将降至12.45亿（中方案），中国人口老龄化趋势将持续加剧，届时60岁以上老年人口数将达到4.78亿，占总人口的比重将攀升至约38%。研究报告还设计了高、中、低三种生育水平情景来分析不确定性对预测结果的影响，对于教育资源配置、老年健康研究及人口均衡发展具有重要意义，为政府和社会各界提供了重要的决策参考。这些报告也都被国家部委和各地政府采纳，充分用于制定发展战略和政策措施的过程之中，确保教育资源配置的合理规划和科学布局。

三、实践探索与改革

钟秉林教授的学术研究与决策咨询工作，深刻影响了我国教育资源配置改革的进程。他曾敏锐地洞察到，随着我国社会经济的快速发展与人民群众对美好生活向往的日益增强，教育发展已迈入一个崭新的时代。在这一时代背景下，教育的主要矛盾已经发生了根本性变化，从过去的“有学上”转变为现在的“上好学”，即人民群众对高质量教育的迫切需求与优质教育资源供给短缺且发展不均衡之间的矛盾日益凸显。[①] 这一深刻洞察为我国教育资源配置改革提供了宝贵的决策参考依据。在实践层面，钟秉林教授在担任东南大学副校长、国家教委（教育部）高等教育司司长、北京师范大学校长和中国教育学会会长等职务期间，也曾在教育资源配置体制机制改革中作出了诸多积极探索，推出了许多创新举措。

一是主张淡化学校身份等级，通过增强学校的竞争活力以提升教育质量。钟秉林教授强调，面对新时代的教育挑战，教育发展方式必须实现根本性转变，从以往的注重规模扩张转向更加注重内涵式发展。这意味着教育的发展不再仅仅追求数量的增加，而是要将提升教育质量、优化教育结构作为核心任务。他提出，这一转变要求我们从教育的理念、内容、方法和评价等多个维度进行全面革新，以适应经济社会发展的新要求和人民群众的新期待。自新高考改革试点启动以来，钟秉林教授一直关注高考招生制度的改革。他认为，高考作为连接基础教育与高等教育的桥梁，招生制度的公平性、科学性直接关系到教育资源的合理配置与人才的选拔培养。因此，他主张实施平行志愿投档制度，旨在打破长期以来学校身份等级的壁垒，鼓励学校通过提升教学质量、特色发展来吸引生源，而非仅仅依赖"头衔"或"标签"。这一改革措施不仅促进了学校间的良性竞争，也为学生提供了更多选择优质教育资源的机会，有效推动了教育资源的均衡配置。同时，他强调构建公平竞争的政策环境与社会生态，通过政策引导、制度保障及经费支持等措施，为教育资源配置的优化创造有利条件。[②]

二是倡导构建开放协同联动的教师教育体系。钟秉林教授深知，教师是教育质量的核心要素，提升教师教育水平是优化教育资源配置、

① 钟秉林：《中国教育领域主要矛盾发生转化 优质资源严重短缺》，《辽宁教育》2012年第14期。

② 夏欢欢、钟秉林：《论日本竞争性经费配置机制对我国创新科研管理的启示》，《高校教育管理》2016年第3期。

实现教育内涵式发展的关键。在2001—2012年担任北京师范大学校长期间，他对学校教育学科的发展呕心沥血。2004年11月，在钟秉林教授的鼎力支持和指导下，北京师范大学教师教育研究中心经教育部批准成立，他亲自担任中心创始主任，为学校教师教育学科和教师教育中心的发展作出了不可磨灭的贡献。在教育资源配置的具体实践中，钟秉林教授特别关注教师教育的改革与发展。他提出，要构建开放协同联动的教师教育体系，充分发挥师范院校的主体作用，同时鼓励综合性大学和高水平工科院校参与教师教育，形成多元化的教师培养格局。他认为，教师教育应更加注重师范生的职业理想、师德师风、综合素质和教学实践能力的培养，倡导探索多样化、高质量的教师培养模式。例如，通过本硕贯通培养、扩大教育硕士招生规模等方式，满足不同层次、不同类型教师的培养需求。[①] 同时，他还强调要优化教师教育的课程体系，加强核心课程、实践环节及相关专业建设，确保教师教育的针对性和实效性。这些举措不仅提升了教师教育的整体质量，也为基础教育输送了大量优秀的师资力量，为我国教育事业的持续发展奠定了坚实的基础。

三是积极开展创新实践改革探索。在钟秉林教授的卓越领导下，北京师范大学勇立潮头，成为教育资源配置改革领域的一面旗帜。他亲自主导并推进了一系列具有深远影响的教育综合改革项目，其中，高考综合改革跟踪评估项目、本科教育教学评估与质量保障体系构建两大核心举措，得到了社会各界的广泛关注与高度评价。这些项目不仅为北京师范大学内部教育资源的精准配置提供了坚实的科学依据，也为全国范围内的教育改革实践贡献了宝贵的“北师大智慧”。在高考综合改革的深水区，钟秉林教授带领团队深耕细作，对改革方案进行了全方位、多层次的深入研究和细致评估。多年来，他一直关注城乡教育差

---

① 张惠娟、钟秉林：《教师供给总量充足，结构失衡》，《人民政协报》2021年9月5日，第9版。

距，致力于促进教育公平和社会公正，主张通过对弱势群体实施高考政策补偿来促进高质量的公平。他坚持改革不仅要触及考试内容的革新，更要触及招生录取机制的深层变革，以及与之紧密相连的教育教学体系的全面升级。在这一理念的指引下，他带领研究团队对北师大的大类招生、强基计划、专项计划等制度设计与完善开展了持续性对策研究，成功提升了学校的招生门槛和生源质量，也为全国师范类高校招生改革的平稳落地和深入推进提供了有说服力的样本。在本科教育教学评估与质量保障方面，钟秉林教授力推建立一套科学、全面、动态的评估体系。他强调，评估的视角应涵盖学生学习成果的达成度、教师教学过程的创新性与有效性，以及学校教学管理水平的现代化程度和教育资源的利用效率。通过定期评估、自我反思与外部专家评审的有机结合，北京师范大学的教学质量得到了显著提升，同时也为全国其它高校提供了可复制、可推广的评估模式与改进路径。

四是为地方高校教育资源配置规划提供决策指导。钟秉林教授在地方高校教育资源配置决策服务领域展现了深厚的学术底蕴与实践智慧。他深刻理解地方高校在教育资源配置上面临的独特挑战，如资源有限、区域发展不平衡及特色发展需求等，据此提出了一系列针对性强、操作性高的决策建议。[①] 在担任高教司司长与北师大校长期间，他始终将地方高校的可持续发展置于重要位置，积极为其发展规划贡献智慧，并在资源配置方面提出建设性策略。他多次强调，地方高校应立足本土，发挥自身优势，走特色化发展道路。在资源配置上，要注重内涵建设，优化结构，提高效率。钟秉林教授提倡实施精细化管理，通过科学规划、合理布局，确保有限资源发挥最大效益。他主张建立灵活高效的资源配置机制，鼓励创新，允许失败，为地方高校探索适合自身发展的路径提供制度保障。同时，他非常重视信息化建设在教育资源

---

① 钟秉林：《优化高等教育资源配置 推进高等教育内涵发展》，《重庆高教研究》2014 年第 1 期。

配置中的作用，认为地方高校应充分利用信息技术手段，提升管理效能，实现教育资源的共享与优化配置。此外，钟秉林教授还强调，地方高校应加强与政府、企业、社会等多方面的合作，形成教育资源配置的合力，共同推动地方高等教育事业的发展。钟秉林教授关于地方高校教育资源配置的决策服务，既是对教育规律的深刻把握，又充分考虑了地方高校的实际情况与发展需求，为地方高校提升教育质量、实现特色发展提供了有力的智力支持与实践指导。

钟秉林教授深知，完善教育资源配置机制是一项需要政府、学校与社会各界通力合作的艰巨任务。在教育资源配置这一关键领域，他推行的改革创新举措，不仅有着鲜明的时代烙印，更蕴含着深远的未来前瞻。钟秉林教授以其敏锐的学术洞察力，精准捕捉到了教育发展进程中的主要矛盾，力倡教育发展模式需实现根本性转型，以适应新时代的需求。在此基础上，他倡导构建开放协同的教师教育体系，旨在打破传统壁垒，促进教育资源的共享与优化；他身体力行，带领团队积极开展创新实践改革探索，如高考综合改革跟踪评估、本科教育教学评估与质量保障等重大项目，不仅为北京师范大学的教育资源配置提供了科学依据，更为我国教育领域的深化改革与高质量发展提供了宝贵的理论支撑。展望未来，随着教育改革浪潮的持续涌动与教育需求的日益多元，我们坚信，钟秉林教授在教育资源配置领域所阐发的深邃理念与前瞻思想，将为培育更多具备创新精神与实践能力的高素质人才奠定坚实基础，为促进教育事业的繁荣、推动社会的全面进步贡献不可多得的学术智慧。

钟秉林先生与基础教育

姜 涛

1969—1973年间的某日，陕西省延安市延长县武家塬村张家原小学，一位从北京来的知青在结束了上午的田地劳作后，匆匆来到窑洞教室，开始下午的代课。窑洞里挤着四个年级的学生，他先给一个年级讲课，其余三个年级写课前留好的作业。待一个年级的课上完，他便更换教材，给另一个年级继续上课，如此交替进行。不同年级的授课内容、重点各不相同，有时给某个年级授课，不仅要讲新授知识，还要讲评作业。几个学生正处在"讨狗嫌"的年纪，活泼得很，写作业时总要搞搞"交流"，他还须不时分神维持教学秩序——复式教学带来的"多线程操作"让这位新手教师倍感压力，一节课下来便满头大汗。那段时间他讲课经常顾此失彼，为了讲好每一堂课，白天，在生产劳动之余，他积极向经验丰富的老教师请教；晚上，他会坚持"猫"在昏暗的煤油灯下备课，并不断学习充实自己，如阅读经典著作、复习和自学初、高中课程。就这样，他以坚韧的态度去对待生活与教学中的困难和挫折，逐渐理清了不同年级的知识，尽力保证教学质量。① 他以开放包容的心态去倾听不同学生的心声，认识到孩子们的各种可能性，陪着他们走过了一段段的成长历程。

这便是钟秉林先生与基础教育的"初相遇"。他首次体会到了为人师的幸福，这段经历也让他认识到教育事业对党和国家发展的重要意义，奠定了他对教育事业的热忱，"让人人能接受适合自己的教育，人人

① 张韦韦：《钟秉林：教师情缘》，《教育与职业》2008年第19期。

能成为社会的有用之才”成为他毕生孜孜以求的教育梦。时至今日，阅读钟秉林先生的文章，我们依然能感受到他对基础教育的炽热情怀，一如当年那位延安村小的代课教师，心中有火，眼里有光，走在基础教育发展与改革的路上，大步流星，永不停歇。

钟秉林先生经常说自己不是教育专业科班出身，但他始终坚持用宏观视野、战略思维、系统观点研究教育①，主张在“系统”中思考基础教育的相关问题——人才成长的规律和人才培养的规律决定了教育是一个系统性的过程。以培养创新型人才为例，既需要高校改革人才培养模式，提高教育教学质量，也需要中小学校和学前教育发挥启蒙性和基础性作用，培养孩子们的学习兴趣和学习习惯，保护他们的好奇心和求知欲，激发他们的创新意识。② 在高考招生制度改革中，中学与大学之间的协同创新、共同发展尤为重要，这既需要中学与大学之间抓住重大改革的契机（如“新高考”），加强彼此之间的交流、沟通与合作，又需要从培养目标、培养规格和要求，从课程体系、教学内容、教学方式等方面不断进行优化，保证教育的系统性、连续性和阶段性。③ 下面以基础教育改革与发展为主线，梳理和阐释钟秉林先生在基础教育研究过程中的研究立场与主要观点。

一、研究立场：紧扣实践，服务现实

2012 年，钟秉林先生当选为中国教育学会第七届理事会会长，他关注的领域由此从高等教育拓展至包含基础教育在内的整个教育系

---

① 《“我最在意的身份是教师”：钟秉林先生》，《河北师范大学学报（教育科学版）》2023 年第 6 期。

② 孙佳鹏、王启龙、石伟平：《钟秉林先生拔尖创新人才思想探析》，《山东高等教育》2024 年第 4 期。

③ 本刊编辑部：《试点先行高考招生制度改革稳步推进——访中国教育学会会长钟秉林》，《中国考试》2016 年第 7 期。

统。[①] 他主张基础教育研究应该紧扣实践，回应时代命题和社会关切，即基于实际，正视问题。一方面，《国家中长期教育改革和发展规划纲要（2010—2020年）》实施以来，基础教育领域的一系列困难或问题如适龄儿童入学率不高、教师（特别是合格教师）短缺、教师素质不高、教育经费拖欠等，逐步得到克服或解决，基础教育特别是农村教育的办学条件有显著改善，课程改革、教学理念更新、"两免一补"等稳步实施，"两基"（基本实施九年义务教育和基本扫除青壮年文盲）目标全面实现，学前教育和高中阶段教育加快普及，"有学上"的问题得以解决，教育发展水平跨入世界中上行列。但必须看到，我国基础教育领域还存在一些问题，如促进教育公平道路漫长、提高教育质量任务艰巨、培养学生创新精神措施乏效、应试现象严重、减轻课业负担效果甚微、学生健康状况堪忧，等等。基础教育领域的主要矛盾已经从"上学难"转变为优质教育资源严重短缺，即"上好学"难，体现为经济结构调整和转型升级对人力资源的需求越来越多样，人民群众对优质教育资源的选择性需求越来越旺盛等。如果这些矛盾不能得到解决，社会上广为诟病的办班热、辅导热、择校风、条子生、考生移民、考试舞弊等对优质教育资源的非理性竞争现象不仅得不到根治，还会愈演愈烈。基于此，钟秉林先生认为中国基础教育在下一阶段应巩固普及成果、全面提高质量、促进均衡发展，即当前基础教育改革发展的时代任务是扩展优质教育资源，提高教育质量，办好每一所学校，使孩子们全面发展、健康快乐地成长。[②]

钟秉林先生常说："对于教育批评总是很容易的，难的是去改变。"他在担任中国教育学会理事会会长期间，积极落实国家战略，全力服务基础教育改革发展主战场，不断提高专业服务能力和水平，推动教育理论创新，恢复学会教育科研规划课题，持续打造学术年会等各类品牌学

① 姜朝晖、翟雪辰：《钟秉林先生的教育家精神》，《世界教育信息》2024年第9期。

② 钟秉林：《中国基础教育进入巩固普及成果、全面提高质量、促进均衡发展新阶段》，《上海教育》2016年第36期。

术活动，支持各分支机构开展专业学术活动，扎实开展基层教师培训和会员服务，大力支持教育改革实验，全面加强学会党的建设、制度建设和分支机构建设，促进学会治理体系和治理能力现代化。[①] 2019 年，钟秉林先生被授予“中国教育学会特殊贡献奖”。

钟秉林先生对待基础教育研究，始终坚持“求真”、“求善”、“求用”。他认为研究者要以改善教育为使命，发现问题更要思考如何解决问题。所以在基础教育领域，教育科研工作者要结合教育发展的重大现实问题和实践诉求开展研究，将理论思辨与实证研究相结合，研究真问题，比如“如何正确理解素质教育和应试教育之间的关系，改革小学质量评价和学生评价制度”、“如何加强学校的特色和文化建设，不断优化育人氛围，形成办学优势”、“如何促进小学教师的专业发展，提升教师队伍的整体素质，提高学校的办学水平”、“如何创新办学体制，更好地拓展优质资源”等，为基础教育改革提供有效的理论支撑和决策咨询。[②] 钟秉林先生在基础教育领域的研究主要包括教育扶贫、学生培养、教师培养以及管理体制和运行机制改革等，既有整体宏观的把握，又有具体的措施关注，对基础教育的发展产生了深远的影响。

二、教育扶贫：促进教育公平与社会公正

钟秉林先生认为，教育扶贫是国家扶贫开发战略的重要任务，一方面，公共教育资源向贫困地区倾斜，有利于合理配置有效的优质教育资源；另一方面，教育扶贫之所以被认为是最有效、最直接的精准扶贫，是因为教育可以提高劳动者的素质，提高劳动生产率，为区域经济社会发展提供人才和智力支撑，是实现经济增长的内在因素。教育还可以切断贫困的恶性循环链，有效抑制贫困的代际传递，为农村贫困地区培养

---

① 姜朝晖、翟雪辰：《钟秉林先生的教育家精神》，《世界教育信息》2024 年第 9 期。

② 钟秉林：《让每一个孩子接受适合自己的教育——在第三届中国小学校长大会开幕式上的致词》，《基础教育论坛》2012 年第 33 期。

新农民,为学习型社会培养新市民,是实现社会流动的阶梯。①

钟秉林先生认为,教育扶贫应当关注贫困家庭和农村家庭孩子的受教育机会平等。在延安插队的经历使他对农村家庭孩子学习的不易有了深刻理解,他一直关注城乡教育差距,主张对弱势群体进行高考政策补偿(如重点大学农村学生单招计划)以促进高质量公平。在他看来,农村孩子并非不刻苦、不努力、不聪明,而是受当地文化教育水平的限制,在成长过程中没有机会受到和城里孩子一样的教育,在高考中难以和城市孩子同等竞争,对农村困难地区的孩子进行政策补偿是天经地义的事。这是促进教育公平、社会公正的必然要求。②

钟秉林先生还结合教育扶贫的实践路径总结了基础教育领域教育扶贫的基本策略,包括全面加强贫困地区基础教育、提高基础教育普及程度和办学质量。国家教育经费应向贫困地区、向基础教育倾斜,解决贫困地区教育基础设施薄弱、办学条件差、经费短缺、师资队伍不稳定以及由此带来的基础教育普及程度和办学质量不达标的问题;完善学生资助体系,健全涵盖幼儿园和义务教育学校、普通高中等学段家庭经济困难学生资助体系,从制度上保障所有贫困地区学生不因家庭经济困难而辍学;保障各项教育扶贫工程资金使用效率,加强对资金使用效率和绩效的评估;提高教育信息化水平,加快学校信息基础设施建设,推进基于互联网的教学(如慕课、微课程等)与线下教学的有机融合,利用信息化手段扩大优质教育资源覆盖面③,改善学生的学习效果,提高学习效率。

钟秉林先生立足长远,他认为教育扶贫不是一朝一夕的事情,贫困地区可持续发展是一个长远目标。因此,既要保证旨在促进教育公平

---

① 钟慧笑:《教育扶贫是最有效、最直接的精准扶贫——访中国教育学会会长钟秉林》,《中国民族教育》2016 年第 5 期。

② 冀晓萍、薄文婷:《钟秉林:把教育当作兴趣事》,《人民教育》2016 年第 9 期。

③ 钟慧笑:《教育扶贫是最有效、最直接的精准扶贫——访中国教育学会会长钟秉林》,《中国民族教育》2016 年第 5 期。

和教育扶贫的各项政策和工程项目的一致性，更要保证各项政策能够落到实处、不流于形式，即保持政策的延续性。在做顶层设计时，要注重教育扶贫政策的延续性和一致性，明确教育扶贫的责任主体，引导利益相关群体的多元参与，形成扶贫合力。应加强对教育扶贫的统筹管理，“明确责任，落实到人”，要明确中央政府和地方政府各部门的责任——中央政府保障资金投入和政策倾斜，地方政府保障政策能够有效落实；要发挥学校和家庭在教育扶贫中形成“造血机制”的主体能动性；应鼓励和引导各类企事业单位、社会团体、非政府组织和国际组织多方参与教育扶贫，同时也为教育扶贫政策目标实现提供监督和评估。[①]

三、学生培养：以人为本，促进学生全面发展

钟秉林先生看重教育公平，但他反对以教育公平的名义搞“一刀切”：“公平不等于平均，而应该是尊重差异，尽量让每个学生接受适合自己的教育。”[②]他在第三届中国小学校长大会开幕式上提出：“为了学生的健康快乐发展，应该成为基础教育特别是小学教育改革的基本趋向，因为它体现了育人的基本规律和以人为本的基本要求。”[③]高质量的公平发展是基础教育进一步发展的价值追求。

（一）高考招生制度改革中的基础教育学生培养

基础教育的“基础”体现在学生发展方面，既包括了基础知识的掌握（即基础性的自然知识、社会知识和人文知识，一些基本概念的习得和一些基本命题、原理、公式、事实以及事件的理解与掌握），也包括了

① 钟慧笑：《教育扶贫是最有效、最直接的精准扶贫——访中国教育学会会长钟秉林》，《中国民族教育》2016年第5期。

② 冀晓萍、薄文婷：《钟秉林：把教育当作兴趣事》，《人民教育》2016年第9期。

③ 钟秉林：《让每一个孩子接受适合自己的教育——在第三届中国小学校长大会开幕式上的致词》，《基础教育论坛》2012年第33期。

基本方法的训练(即掌握知识的本领、方法),还包括了基本态度与价值观(即基本的、积极的学习和人生态度与价值观念,如自信、自立、合作、宽容、友善、同情、乐于助人、责任感、爱国主义)的养成,三者缺一不可。①

一个孩子在幼儿园阶段和中小学阶段养成的学习兴趣、学习习惯,养成的基本素质,对他们进入大学继续深造,乃至工作之后的职业发展都会起到举足轻重的基础性作用。所以,钟秉林先生认为高考招生制度的改革不应仅仅把论域限定在“大学的人才选拔”上,还应当以高考招生制度改革为切入点,更加重视高等教育和基础教育的衔接,各方共同努力,培养经济社会发展所需人才,包括学术型人才、应用型人才、技术型人才等各类人才。②

在基础教育学段,高考招生制度改革给学生带来了更大的权利。钟秉林先生结合调研经历,总结了各地出台的高考综合改革实施方案的特点,其中之一便是进一步增加了学生的选择权。从各地出台的高考综合改革方案可以看出——如分类考试、英语等科目一年两考、高中学业水平考试学生自选三科、增加春季高考等。但这些政策的制定与实施背后存在着复杂的因素纠葛,高考招生制度改革不只是给学生带来了权利,也带来了选科与多次备考的压力。钟秉林先生认为应当辩证看待改革给学生带来的压力:首先学生在成长期间要有压力、有竞争,但是压力、竞争要符合学生的身心发展规律和人才成长规律。不同的年龄段,学生的竞争压力应该是不同的。“在任何教育制度下,孩子要想成才,要想出类拔萃都需要艰苦付出。”③其次,我国基础教育阶段学生的竞争压力过大,应试教育倾向比较严重,相较于增加春季高考、

---

① 石中英:《如何理解基础教育的“基础性”》,《人民教育》2005 年第 24 期。

② 唐景莉:《大学中学衔接应对高考改革——访全国政协委员、中国教育学会会长钟秉林》,《中国高等教育》2016 年第 5 期。

③ 本刊编辑部:《试点先行高考招生制度改革稳步推进——访中国教育学会会长钟秉林》,《中国考试》2016 年第 7 期。

英语等科目一年两考，一年一次的“大考”带给学生的心理压力显然更大，违背了学生的身心发展规律，影响了学生全面发展。所以高考综合改革的设计初衷就是为了扭转“一考定终身”的倾向，这种改革入学考试的方式，看似是给学生“加码”，实则是给学生“减负”，逐步缓解考生的应试压力。①

当然，将学生从“分数至上”的禁锢中解放出来，就要健全学生评价制度，促进学生德智体美劳全面发展。在这个过程中，综合素质测评尤为重要。钟秉林先生认为，综合素质测评首先要“真实、全面”，即坚持写实性，对学生的综合素质进行评价，包括学生的思想道德、学业水平、身心健康、艺术素养、社会实践等方面的情况，是德智体美全面评价。其次要“可信”，不能弄虚作假；再次要“可比”，就是不能万人一面，要提供具体的事实和证据；最后是要“可用”，这还需要组织座谈会，邀请高校各院系组织专家、中学老师一起讨论怎么用、用到什么程度。②

（二）拔尖创新人才的早期选拔与培养

钟秉林先生认为，拓展优质资源教育的核心是提高教育质量，培养创新人才。从人才成长的规律和特点来看，高等教育是培养创新人才的关键阶段，而基础教育在创新人才培养中起了重要的先导作用，在拔尖创新人才的早期选拔与培育中扮演着重要的角色：创新型思维品质的形成、创新型人格特征的培育、从事创造性劳动所具备的价值取向，应该从小抓起。学生在基础教育阶段养成的学习兴趣、基本能力和良好习惯，直接影响到他们在高等教育阶段的学业水平、综合素质和工作以后的成才潜力。③

要选才，必先明白才的基本内涵。钟秉林先生对拔尖创新人才的

---

① 本刊编辑部：《试点先行高考招生制度改革稳步推进——访中国教育学会会长钟秉林》，《中国考试》2016 年第 7 期。

② 唐景莉：《大学中学衔接应对高考改革——访全国政协委员、中国教育学会会长钟秉林》，《中国高等教育》2016 年第 5 期。

③ 孙佳鹏、王启龙、石伟平：《钟秉林先生拔尖创新人才思想探析》，《山东高等教育》2024 年第 4 期。

界定主要有四点：其一，智力水平高，在具体学科领域中表现出拔尖性和卓越性；其二，有创新特质；其三，个性自由、全面发展；其四，有良好的思想品质、道德情操与家国情怀。[①] 这突破了以往学者对拔尖创新人才智力拔尖、成绩拔尖的单一理解，加入了非认知因素与非智力因素的考量，突出了“以人为本”的教育理念和“为国选才”的家国情怀，进一步丰富了拔尖创新人才的内涵。

对于拔尖创新人才的早期选拔，钟秉林先生主张实施多元选拔方式，提高选拔的精准度和有效性。他指出荷兰在天才儿童群体的选拔上形成了较好的经验，采用了智商测试、创造力测试等多元测试方法以及教师、家长、同伴等多方主体提名的方式进行甄别，避免了单一测试的局限性，可以进行参照、借鉴，结合我国实际情况，建立健全拔尖创新人才早期选拔体系。[②]

关于拔尖创新人才的早期培养，钟秉林先生提出了三条培养路径：

第一，各主体协同发力，建设拔尖创新人才早期培养体系。钟秉林先生认为，培养创新人才高校不能孤军奋战，强调不同学段的有效衔接和一体化贯通式培养的重要性。他倡导不同层次的学校应尊重不同阶段学生的身心发展规律，构建大中小一体化的拔尖创新人才培养体系。基础教育内部、基础教育与高等教育之间可以通过贯通式和长周期培养，促使学生在大学里有更好的创新力。高中可以在高中生生涯规划指导、高中生源基地建设等方面加强与高校之间的交流合作，比如清华大学附属中学依托大学的科研机构，成立了拔尖人才研究中心，致力于拔尖创新人才培养的研究工作，提前发掘、储备、引导、培养拔尖创新人才。[③] 高中也可以“借力”完善课程体系，针对学有余力并且有学科兴

① 钟秉林、陈枫、王新凤：《我国拔尖创新人才培养体系的本土经验与理论构建》，《中国远程教育》2023 年第 12 期。

② 方芳、钟秉林：《荷兰天才儿童的早期发现与培养机制探析》，《清华大学教育研究》2024 年第 1 期。

③ 钟秉林、陈枫、王新凤：《我国拔尖创新人才培养体系的本土经验与理论构建》，《中国远程教育》2023 年第 12 期。

趣和特长的高中生，在他们学好高中课程的基础上，开设一些大学先修课程，鼓励他们兴趣特长的发展。在担任中国教育学会会长期间，钟秉林先生以推进教育教学改革为己任，开设了多门中国大学先修课，在一百多所学校进行试点，并针对考试结果进行量化分析，不断完善，突出因材施教的本意。[①]

第二，推进精英教育与普及化教育的融合，提供人才开放流动机会。钟秉林先生主张把握好精英教育和普及化教育之间的辩证关系，实现杰出和公平之间的统一。一味关注少数有天赋的学生，将他们与多数学生区别开来，孤立培养，不仅会导致部分家长对优质教育资源的非理性竞争，而且也很难让少数英才儿童真正实现身心健康成长。但如果过度关注公平，那么公平便存在着滑向平均的风险，对有天赋的学生而言是一种逆向歧视。钟秉林先生指出，一方面要为资优生和普通学生打造融合性的课程和活动，通过资优生的优秀素质正向影响其他普通学生；另一方面要建立“分流＋补入”的动态考核机制，给予普通班级学生二次选拔的机会（比如每学年的升班与降班），提高拔尖创新人才的培养活力[②]，促进教育机会公平，营造更加开放和高效的拔尖创新人才培养环境。

第三，突出学生主体地位和主体意识，激发学生创新潜能。钟秉林先生认为，拔尖创新人才的培养应当突出学生的主体性，增强学生的创新内驱力。在基础教育领域，教育工作者在教学实践中总会想方设法让自己的学生“避坑别踩雷”，走上一条笔直的成功“捷径”。他们恨不得“掀开”学生的脑门把自己毕生的学习经验和总结的教训灌进去，但一些学生总是对“弯路”上的风景更好奇，非得把老师们当年吃过的亏再吃一遍，上过的当再上一遍，并且津津有味。少年们可能会犯错，可

① 唐景莉：《大学中学衔接应对高考改革——访全国政协委员、中国教育学会会长钟秉林》，《中国高等教育》2016年第5期。

② 孙佳鹏、王启龙、石伟平：《钟秉林先生拔尖创新人才思想探析》，《山东高等教育》2024年第4期。

能会有青春的迷惘和惆怅，但他们不希望单调地重走前人走过的路，所以尊重拔尖创新人才的主体性，关注他们发展的多元诉求，有助于充分激发他们的创新潜能。钟秉林先生指出，应当注重学生自主决策权，鼓励学生参与到自身发展目标、生涯规划的制定中，帮助学生发掘和利用自己的优势，引导学生进行自我管理，实现自我赋能和持续成长；应赋予学生学习自由度，引入研究型教学、问题式教学、项目式教学，为学生的自由探索、独立思考、自主学习和互动研讨等留出一定的时间和空间，帮助学生从被动完成转为主动探索、从理解记忆走向创新创造①；应降低考试压力给人才培养带来的负面影响，打通基础教育、高等教育贯通通道，建立贯通培养的弹性考试制度，为拔尖创新人才成长提供绿色通道②，系统推进考试招生制度改革，探索分类考试、综合评价、多元录取等模式③；应营造支持性的学习环境，鼓励学生质疑、自由表达观点；应发挥非正规教育的作用。鼓励学生走出课堂、走出学校，通过在线课程、社团、讲座、竞赛等活动，为学生提供一个更加灵活多样的学习环境，提高学生选择空间，与正规教育形成有益的互补④。

四、教师培养：教师为本，打造高水平教师队伍

钟秉林先生认为，基础教育领域的教师培养，需要从提升师德修养水平，完善教师资格体系、准入制度、培养体系和管理机制，提高教师队伍专业化水平，提高教师地位和待遇等方面入手，激发教师专业发展活力，努力建设有理想信念、有道德情操、有扎实学识、有仁爱之心的教师

---

① 孙佳鹏、王启龙、石伟平：《钟秉林先生拔尖创新人才思想探析》，《山东高等教育》2024 年第 4 期。

② 钟秉林：《深入实施科教兴国战略 着力造就拔尖创新人才》，《中国高等教育》2023 年第 5 期。

③ 钟秉林、王新凤：《基于高校学生发展视域的综合评价招生实施效果研究》，《中国考试》2020 年第 10 期。

④ 孙佳鹏、王启龙、石伟平：《钟秉林先生拔尖创新人才思想探析》，《山东高等教育》2024 年第 4 期。

队伍。[①]

针对不同层次、不同阶段教师面对的现实问题，钟秉林先生认为应当加强科学民主决策，提升教师培养的针对性。以高考招生制度改革为例，他指出高考招生制度改革不仅对高中学校的教育观念带来挑战，同时对教学改革、课程改革、教学组织形式、教学管理、教师队伍、教学资源配置等都带来一系列的挑战[②]，而高中一线教师则承担了更大的压力：选科后，班主任要做好行政班和教学班的管理协调工作；教师要在尊重学生选择权的前提下更好地发现学生兴趣特长、指导学生选科和规划职业生涯；新的教学模式下，教师要转变教学理念，提升教学能力……所以更应该给予高中教师有效支持，比如通过信息化手段排课表，发挥现有教室的使用效益；建立与教师工作量相匹配的薪酬分配体系；加强教师培训的针对性与实效性，促进教师专业发展。

五、深化改革，构建现代学校制度

钟秉林先生认为，深化管理体制和运行机制改革，一方面要调整基础教育相关学校与政府之间的关系：不断向学校下放办学自主权是各国发展基础教育的共同趋势，这有利于激发学校办学活力，转变人才培养观念、改革教育内容和教学方式，所以应进一步将学校管理权、人事权和经费统筹权、课程管理权下放到学校，促使学校实现自主治理，形成人财事权统一、权利责任匹配的学校治理结构，充分激发办学主体的创新活力；另一方面要促进学校内部治理结构的优化：加快推进学校章程的制定和实施，加强各部门之间的协调，系统谋划人才培养模式、管理体制机制和教师队伍建设等方面的综合改革，不断提高人才培养质

① 钟秉林：《中国基础教育进入巩固普及成果、全面提高质量、促进均衡发展新阶段》，《上海教育》2016年第36期。

② 本刊编辑部：《试点先行高考招生制度改革稳步推进——访中国教育学会会长钟秉林》，《中国考试》2016年第7期。

量和办学声誉，建设现代学校制度。[①]

深化管理体制和运行机制改革，建设现代学校制度需要学校校长的助力。以小学教育为例，钟秉林先生认为，校长是小学的灵魂，优秀的小学校长应该有博大的胸怀和执著的追求，爱学生、爱教师、爱学校，忠诚教育，无怨无悔；有先进的教育理念和宽广的办学视野，思维敏锐，善于谋划，通过观念变革来带动教师教学的转变；熟悉人才成长和教育教学的规律，能够科学民主决策，合理配置资源，坚持改革探索；有管理能力和人格魅力，能够统筹协调，凝聚人心，驾驭全局，并且形成个性和风格；有学习能力和判断力，关注和研究小学教育工作中的重大现实问题，推动学校持续发展，让每一位孩子都能健康快乐地成长。[②]

钟秉林先生还鼓励中小学积极创新办学模式，更好地拓展优质教育资源。中小学可以以契约为纽带，通过优势互补或以强带弱，进行集团化办学，推进教育资源优质均衡发展，扩大优质教育资源覆盖面，实现教育公平。集团化办学主要有三种内部治理结构：紧密型关系、松散型关系、复合型关系，集团校可以根据外部条件和自身办学特色因地制宜。需要注意的是，集团化办学虽然是促进义务教育优质均衡发展的一种模式，但不是唯一有效的模式，所以各学校在集团化办学的组织实践中应提倡优势互补，实现合作共赢；坚持和而不同，注重特色发展；遵循教育规律，注重长期积累。要转变急功近利的绩效观和政绩观，切忌“一刀切、走形式、一哄而上”，让学生真正受益，获得家长和社会认可。[③]

---

① 钟秉林：《深化综合改革 坚持依法治教 提高教育质量》，《教育研究》2016 年第 2 期。

② 钟秉林：《让每一个孩子接受适合自己的教育——在第三届中国小学校长大会开幕式上的致词》，《基础教育论坛》2012 年第 33 期。

③ 钟秉林：《关于基础教育集团化办学的若干思考》，《中国教育学刊》2017 年第 12 期。

钟秉林先生与高等教育发展

陈　枫

如果说钟先生与教育事业结缘于延安插队期间的代课经历，那么他与高等教育事业的缘分或许可以追溯到1973年开始的大学时光。钟先生于1973年结束在延安的插队生活，入学南京工学院（今东南大学），正式成为了高等教育系统中的一员。此后，先生历任东南大学助教、讲师、副教授、教授、系副主任、系主任、副校长。1996年开始担任国家教育委员会（教育部）高等教育司司长，2001年至2012年任北京师范大学校长。在担任中国教育学会会长、国家教育咨询委员会委员、国务院教育督导委员会总督学顾问、国家教育考试指导委员会委员、全国教育专业学位研究生教育指导委员会主任委员、全国高等学校设置评议委员会副主任委员等职期间，钟先生一直在高等教育改革发展的第一线，见证并推动了我国高等教育事业发展的许多关键转向。在此，对先生在高等教育发展领域的研究成果进行梳理，以尝试总结和呈现先生的相关教育思想。

一、研究重点与教育主张

先生是一名改革的实践者，同时也是一位可敬的学者，在与高等教育结缘的五十多年中，先生关心和思考的既有一以贯之的基础关键问题，以及随着改革进程而不断转化和深化的现实问题。先生的学术思考与高等教育阶段性发展要求有着密切的关系，既站在实际需求的立场，又兼顾对实践探索的引领。就高等教育发展这一议题而言，先生的目光始终注视着国家最重要的政策导向和发展方向，依次聚焦应用型高校转型、区域发展、高等教育规模发展等方面。

（一）应用型高校转型发展

先生公开发表的论文和讲话中，应用型高校的转型发展是1999—2000年间和2016—2020年间主要关注的问题之一。这一研究重点与这两个时间段的高等教育发展方向和社会经济文化环境有着密切的关系。

1991年，国务院颁布《关于大力发展职业技术教育的决定》，1999年，党中央、国务院颁布了《中共中央国务院关于深化教育改革全面推进素质教育的决定》，教育部陆续颁布《面向21世纪教育振兴行动计划》和《关于开展建设示范性职业技术学院工作的通知》，提出了积极发展高等职业教育的方针政策，要求整体推进高职高专教育改革和建设。这一时期，先生担任国家教育委员会（教育部）高等教育司司长，陆续发表多篇文章，对高职高专教育政策进行阐释与解读。

先生指出，高职高专教育的人才培养应以满足社会需求为目标，以实践教学的方式培养学生的应用技术能力，打造“双师型”师资队伍，发展产学结合、校企合作的人才培养模式。同时，高职高专教育同样需要重视素质教育和教学质量的不断提高，通过特色化办学将更多高等职业技术人才输送到我国生产建设、服务管理的第一线。[①] 二十多年过去了，这些观点和主张依然是我们关注和讨论的关键议题，足可见先生思想的前瞻性和准确性。

如果说1999—2000年间先生的讲话和文章还带着较为明显的政策指引和政策部署的意味，那么在2016—2020年间公开发表的相关论文则显示出更加浓重的学术研究气质了。这一时期，先生已卸任北师大校长，以一位高等教育学教授的身份发表了一系列文章。先生的目光也从高职高专教育领域逐渐转向地方普通本科院校的转型

---

① 钟秉林：《高度重视技术应用性人才培养工作》，《北京高等教育》1999年第12期。

发展。

2015年,教育部、国家发展和改革委员会、财政部联合发布《关于引导部分地方普通本科高校向应用型转变的指导意见》,对地方高校的转型发展提出了明确的任务目标和宏观指导。在这一背景下,先生连续发表《我国地方普通本科院校转型发展若干热点问题辨析》《我国地方普通本科院校转型发展实践路径探析》等多篇文章,从概念内涵、模式改革、实践路径等角度深入剖析政策内涵。钟先生强调,要转变教育观念和办学理念,遵循教育教学规律和人才成长规律,培养适应经济社会发展需求的高素质应用型人才;注重人才培养质量,以适应和满足经济社会发展需求为人才培养主要方向,注重应用性与学术性相结合,全面系统地推进培养目标定位、培养层次结构、专业建设、学科建设、科学研究、培养方式、课程体系设计、师资队伍建设、质量保障体系构建等方面的转型发展。[①] 为了真正实现地方普通本科院校的应用型人才培养模式转型,需要真正明确应用型人才的培养目标和规格,稳定人才培养的层次结构,促进普通教育与职业教育协调发展,加强院校合作与协同创新、强化政策引导和财政扶持。同时,在应用型高校转型发展的过程中,先生还着重强调了不同利益主体的定位和作用:高校是转型发展过程中的主体,市场在这一过程中发挥竞争作用,政府在其中承担治理责任。[②]

不难发现,先生在把控和解读政策方向时始终带有较为明显的宏观布局视角和体系化建设的意识,这生动反映出先生的工作经历对他的思想和视角的深远影响,也启发着我们在面对各类重大现实问题和重要政策文件时,要从怎样的视角切入思考,寻找恰当的落地实践方案。

---

① 钟秉林、王新凤:《我国地方普通本科院校转型发展若干热点问题辨析》,《教育研究》2016年第4期。

② 钟秉林、王新凤:《我国地方普通本科院校转型发展实践路径探析》,《高等教育研究》2016年第10期。

（二）高等教育地域特色发展与区域协同发展

我国的高校可以按照中央高校（由教育部等中央部门主管的高校）和地方高校（由省及以下各级政府主管的高校）的区别分为两类。自20世纪末以来，我国开始实施高等教育大众化发展战略，为强力推动高等教育管理体制改革，地方高等教育进入了快速发展期。

在这样的历史背景下，先生不仅注意到了地方高等教育规模迅速扩张、与地方社会经济发展联系日益紧密、管理体制机制改革积极性不断提高等现象，还敏锐地捕捉到其中隐藏的问题。先生冷静地指出，虽然地方高校在规模扩张上成效显著，但是办学质量却未能同步提升；高等教育与地方经济发展的紧密联系也造成高等教育对地方社会经济发展的依赖，而不同地区社会经济发展的不平衡也会导致区域间高等教育发展差距不断扩大；地方高校经费来源过度依赖非财政收入特别是依赖学杂费收入；各地高等教育发展的趋同性过强，区域特色未能充分体现。先生还强调，造成这些问题的主要原因是地方高校规模与地方经济社会发展水平之间的不匹配、高等教育事权和财权的不匹配、义务教育与高等教育资源配置的不均衡、区域间经济发展水平的不均衡等。[①]

随着我国社会经济文化等方面的不断发展，部分问题已经得到了明显的改善。无论是国家、地方政府还是社会大众，都对高等教育在强国建设中的龙头作用有了更准确和更深刻的认识，我国高等教育也开始迈入普及化发展阶段。与以往不同的是，这一阶段先生更关注的是地方高水平大学的发展之道。先生认为，在高等教育迈入普及化阶段、高校致力于内涵发展、实施“双一流”建设战略的背景下，地方高校要实现高水平发展，就要结合地方情况，瞄准区域战略需求，明确自身发展定位；发展一流的本科教育，提高自身的核心竞争力和综合实力；明确差异化发展战略，避免同质化发展路径；协同多元参与主体，创新治理

① 赵应生、钟秉林：《我国高等教育大众化进程中地方高等教育的发展》，《高等教育研究》2009年第3期。

模式。[①] 先生研究重点的转变，在一定程度上体现着我国高等教育事业在不同历史阶段主要任务的转变。

先生在2021年和2022年继续关注着地方高等教育的发展。这一时期，先生的目光又聚焦到了高等教育区域协同发展的问题上，连续发表多篇文章，分别立足不同区域的地域特点和发展需求，完成了高等教育区域协同发展的方向和策略研究。其中，针对京津冀区域高等教育资源增速放缓、京津冀三地发展差距仍然悬殊、协同发展成效有待增强等问题，提出了“强化全局意识、协同意识、改革意识和质量意识，主动服务国家区域发展战略部署，加速推进区域内部高等教育均衡发展和内涵式发展，进一步完善区域高等教育协同治理体系，保障各项工作的有效落实，为区域经济社会发展提供持久动力”的推进策略。[②] 长三角地区高等教育资源体量最大，优质高等教育资源优势领先，多项指标保持较高增速，针对长三角地区率先实现教育现代化的目标要求，先生又提出了发挥区域和三省一市高等教育资源差异优势，同时补齐短板，以区域高等教育高质量协同发展为长三角地区一体化发展助力的行动策略。[③] 川渝陕区域处于中西部“一带一路”上的核心位置，先生指出，川渝陕区域应发挥集群优势，构建一体化发展架构，统筹资源流动配置；推动三地共建“互联网＋高等教育”，克服地理位置屏障，提升教育资源共享程度；规划一体化科技创新园区，优化科技成果转化机制和人才培养机制。[④]

整体而言，先生在研究不同区域的高等教育协同发展策略时，主要秉持三个原则：一是优化空间布局，凸显资源集聚效应；二是打破区域

---

① 钟秉林：《地方高水平大学的发展之道》，《北京教育（高教）》2020年第1期。

② 罗启轩、钟秉林：《京津冀区域高等教育协同发展态势及推进策略研究》，《清华大学教育研究》2021年第1期。

③ 王新凤、罗启轩、钟秉林：《长三角地区高等教育协同发展的历史进程与发展态势》，《江苏高教》2021年第9期。

④ 杨瑾瑜、钟秉林：《川渝陕区域高等教育集群发展态势和策略研究》，《中国高等教育》2022年第8期。

壁垒，完善长效发展机制；三是加强制度创新，结合区域特色发挥示范作用。[①] 区域高等教育协同发展在某种程度上是地方高等教育资源的整合，但又比地方高校的发展更系统和复杂。因此，以地方高校的特色发展实践为基础，探索区域高等教育协同发展的原则和路径，这既体现出钟先生根据我国高等教育在不同历史阶段的不同发展任务而适时调整个人研究重点的责任担当意识，又展现出先生在长久的研究历程中注重长期积累、在关键问题上不断深耕的研究旨趣和学术品性。

（三）高等教育规模扩张与发展阶段转变

美国高等教育学者马丁·特罗以高等教育毛入学率作为衡量高等教育发展阶段的标准，将其分为精英化、大众化和普及化三个阶段：高等教育毛入学率低于15%为精英化阶段，达到15%即步入大众化阶段，达到50%以上为普及化阶段。关注高等教育发展规模和阶段，是为了在不同时期明确高等教育的特征和发展目标。2002年，我国正式跨入高等教育大众化阶段，这时教育公平问题成为了高等教育发展过程中的关键问题。先生曾深入讨论过我国高等教育大众化进程中的教育公平问题，指出存在的问题及调整方向。他认为，高等教育大众化阶段入学机会总量不断增加，成本分担不断多元，贫困学生资助体系初步形成，政府扶持力度逐步加大；但也存在着区域失衡和阶层分化、高校收费水平超过人民群众承受能力、对贫困学生资助力度不够、公平与效率之间的矛盾突出、地方和高校的自主性不足等问题，因此需要进一步提升高等教育公平质量，推动量的公平向质的公平转变。[②]

在高等教育大众化阶段，随着入学机会的增加，高校的发展不仅要追求规模扩张，还要注意质量提升。因此，推动高校内涵发展也成了关键任务。要变革教育理念，树立先进的教育观、人才观、质量观、教学

---

① 钟秉林、王新凤：《新发展格局下我国高等教育集群发展的态势与展望》，《高等教育研究》2021年第3期。

② 钟秉林、赵应生：《我国高等教育大众化进程中教育公平的重要特征》，《北京师范大学学报（社会科学版）》2007年第1期。

观、科学发展观、特色强校观等；改革人才成长模式，明确人才培养目标和规格、学科专业体系、课程体系与教学内容、教学方法与手段、教学与科研融合模式、完善内部质量保障体系；加强师资队伍建设和管理干部队伍建设；创建现代大学制度，倡导高校依法自主办学、自我约束，融入社会发展、坚守大学精神、优化内部治理结构；营造优良校园文化，促进高等教育国际化发展、促进人力资源和教学资源的双向流动。① 此外，在对 2013 年 41 所本科院校合格评估结果进行分析后，先生提出了本科院校内涵发展和质量建设的路径，除了之前提到过的方面，还特别强调了加强人力资源和物质资源建设、探索内部体制机制创新的重要性。先生指出，探索体制机制创新，加强内部管理体制改革的系统研究和顶层设计对高校内涵发展具有重要意义。②

2019 年，我国迈入了高等教育普及化阶段。先生尤其关注这一转变后我国高等教育的建设方向和建设任务。由于我国高等教育普及化进程是一种计划性的规模增长过程，是以政府政策导向驱动的教育变革，因此，在政府的强力推动下，新建高校的数量和规模迅速扩大，在我国高等教育普及化进程中发挥了重要作用。我国高等教育从大众化阶段到普及化阶段仅花费了 17 年时间，且这一发展过程与国民经济的高速发展相伴发生。面对经济社会发展、教育规模扩张、信息技术发展、教育国际化进程给高等教育事业带来的机遇和挑战，先生认为，我们需要更新教育理念，坚持分类发展、因材施教、多元治理、立足我国国情探索创新的发展原则。③

高等教育普及化初级阶段的主要任务是提高质量、优化结构，构建

---

① 钟秉林：《论高等学校内涵建设和特色发展》，《山东高等教育》2013 年第 1 期；钟秉林、陈燕：《大学内涵发展与质量建设的几个问题——中国教育学会会长钟秉林教授访谈录》，《高校教育管理》2014 年第 5 期。

② 钟秉林：《新建本科院校要高度重视内涵发展和质量建设——基于 41 所本科院校合格评估结果的分析》，《中国高教研究》2015 年第 6 期。

③ 钟秉林、王新凤：《迈入普及化的中国高等教育：机遇、挑战与展望》，《中国高教研究》2019 年第 8 期；钟秉林：《迎接高等教育普及化新阶段》，《中国高等教育》2019 第 17 期。

高质量的现代高等教育体系。[①] 构建和优化高等教育结构体系，要优化高等教育区域布局结构、学科与专业结构、人才培养的层次类型结构。[②] 先生还认为，迈入高等教育普及化阶段并不意味着我们要完全抛弃精英教育，这一阶段的精英教育主要指资优学生或拔尖创新人才的培养。高等教育普及化阶段的精英教育需要构建富有时代内涵的精英教育理念和培养体系，在国内外先进经验的基础上开展创新探索，完善精英教育的顶层设计并优化培养方案，从而为提高精英教育的效果提供关键支撑。[③]

高等教育的规模和发展阶段一方面影响着国家对高等教育的政策定位、发展目标及策略，另一方面也影响着高等教育系统内外的所有利益相关者对高等教育的期待和要求。因此，先生非常关注我国高等教育在迈入大众化阶段和普及化阶段后的发展方向和发展策略。在提升教育公平、强化人才培养、优化结构、更新教育观念、提高管理能力等关键问题上不断思考、讨论、探索，以期为我国高等教育改革发展提供参考。

二、研究取向与高等教育学的学科发展

作为一名深耕高等教育学科多年的高等教育学者，钟先生曾关注过许多教育现象和教育问题，梳理其研究成果，不难发现先生在高等教育研究方面的视角和倾向性一直较为明显。2019 年，先生在一次笔谈中曾强调，深化高等教育研究，要关注和发现重大现实问题，注重理论与实践相结合，重视基本理论的指导作用，重视研究方法的科学运用。[④] 整体而言，钟先生对高等教育学科发展方向的判断、对高等教育研究取向的坚

① 钟秉林：《高等教育普及化初级阶段的结构优化策略》，《北京教育（高教）》2022 年第 3 期。

② 钟秉林：《构建高质量高等教育体系》，《中国民族报》2021 年 11 月 2 日，第 6 版。

③ 钟秉林、方芳：《高等教育普及化阶段精英教育的逻辑基础与实践路径》，《中国远程教育》2023 年第 1 期。

④ 钟秉林、洪成文、李立国等：《新时代高等教育研究的取向及路径（笔谈）》，《教育科学》2019 年第 6 期。

守体现在如下四个方面：从国家和社会发展需要出发，关注和发现重大现实问题；从对教育观念和工作方向的宏观把控出发，强化体系化系统化建设；从教育规律和基本理论的指导作用出发，深化理论与实践结合研究；从教育研究方法论体系建设出发，重视研究方法的科学运用。

（一）从国家和社会发展需要出发，关注和发现重大现实问题

先生在高等教育系统的五十多年里，一直坚持以关注和发现重大现实问题为研究的直接动力和出发点。他曾特别强调，要不断"发现新问题，研究真问题"，着重关注教育理论与观念层面的问题、教育治理体系与治理能力现代化的问题、教育资源配置问题、立德树人的落实机制问题、高等教育强国目标的实践路径问题等。[①] 事实上，这也正是先生自身研究取向的真实写照。

1990 年代，面对国家对高素质专业技术人才的需求，先生指出："高等教育是由各种类型、各个层次的人才培养所构成的一个完整的体系。""高等教育各级、各类人才培养工作虽然任务不同、分工各异，但没有高低贵贱之分，都具有同等重要的地位，也都是大有作为的。"[②]谈起高等教育，我们常常将目光聚焦于顶尖大学，也理所当然地认为高等教育应该以高素质、专业化的科学研究人员作为人才培养的主要目标。然而，先生从社会发展的实际需求出发，强调社会发展不仅需要从事科学研究、规划设计的专家，也需要大量一线的技术应用型人才。因此，先生在这一时期将关注的重心放在高职高专人才的培养模式和培养质量上。所谓因材施教、有教无类，落在每一位教育教学工作者身上，或许是在一个个具体而生动的互动情境中不断积累和反馈的那些细微但真切的心理变化，因此，实际参与制定、执行高等教育政策的人要深刻理解社会的整体环境，深切体认社会生活的细微之处。

---

① 钟秉林、洪成文、李立国等：《新时代高等教育研究的取向及路径（笔谈）》，《教育科学》2019 年第 6 期。

② 钟秉林：《改革教育思想观念，切实抓好技术应用性人才培养工作》，《广西大学学报（哲学社会科学版）》2000 年第 1 期。

先生虽然一直心系地方本科和高等职业院校的发展，也分别在不同的关键时间节点上积极引导学术研究和讨论的方向，但是先生研究的出发点不是所谓的研究热点，而是国家战略部署、经济社会发展、科学技术创新等方面的切实需要。关注重大现实问题，准确判断工作发展方向，及时把握国家和社会发展需求，并主动作出回应和持续跟进，是先生的工作习惯，也是先生承担自身责任、发挥影响力、积极改造现实世界的研究自觉。关注和发现重大现实问题，就是要以改造现实世界为研究目的，在现实生活中始终以研究者的视角体会和观察，以服务国家和社会的发展为追求确立自己的研究方向。作为后来者，我们应当以先生的旨趣和胸怀为榜样，扎根现实，关注和发现重大现实问题，将个人的学术命运与国家、人民的需求紧密联系起来。

（二）从对教育观念和工作方向的宏观把控出发，强调体系化系统化建设

先生在分析不同教育问题时，反复强调要树立科学合理的教育观念，把控全局性和阶段性的工作方向，统筹制度设计、资源配置、理念更新、结构调整等多方面进度，体系化系统化整体推进工作任务。面对高职高专人才培养问题，他指出："以教育思想观念改革为先导，以教学改革为核心，以教学基本建设为重点，注重提高质量，努力办出特色。"更明确强调加强教学内容、课程体系、教学手段、教材建设、师资培养、教育评价等不同培养环节的协调配合与体系构建。[①] 面对高等教育区域协同发展问题，他建议，在集群发展区域协调机构的牵引下，坚持目标导向，提高总体规划的质量，再由各地贯彻落实，实现共赢。[②] 面对我国高等教育高质量发展的目标，他又提出："高等教育高质量发展的核心是构建高质量高等教育体系，包括高等教育结构体系、人才培养体

---

① 钟秉林：《高度重视技术应用性人才培养工作》，《北京高等教育》1999 年第 12 期。

② 杨瑾瑜、钟秉林：《川渝陕区域高等教育集群发展态势和策略研究》，《中国高等教育》2022 年第 8 期。

系、治理体系以及参与国际教育治理等。”[①]

钟先生的职业经历决定了他习惯于从宏观视角审视全局，提出完整全面的配套支持体系建设思路。这种看待问题和解决问题的思路有利于更加全面、更加高效地优化系统内部的整体结构，提高工作任务的完成质量。也正是由于先生同时提倡从国家和社会发展需要出发，关注和发现重大现实问题，才能够在解决现实问题的时候准确辨析问题背后的真正原因，找准症结，再进行系统整合和统筹规划。

（三）从教育规律和基本理论的指导作用出发，深化理论与实践结合研究

钟先生强调关注和发现重大现实问题，也同时注重教育基本理论的指导、支撑和解释作用，重视理论与实践的结合。[②] 1999 年，面对以实践教学为主的高职高专人才培养工作，先生高屋建瓴地强调高职高专教育教学理论研究的必要性和重要性。[③] 2018 年全国教育大会召开后，先生又专门撰文强调，在建设高等教育强国的过程中，要遵循教育规律，“从以规模扩张和空间拓展为特征的外延式发展，转变为以提高质量和优化结构为核心的内涵式发展”。[④] 面对我国高等教育普及化阶段的重重挑战和机遇，先生清醒地意识到，虽然马丁·特罗的理论对世界高等教育发展进程具有较强的解释力，但这毕竟是建立在欧美发展经验基础上的理论。我们应该基于自身在高等教育改革与发展实践中的经验，积极对其进行反思和升华，从而进一步修正和完善高等教育大众化理论，在国际学术交流中发出更多的中国声音。[⑤] 2023 年，在追

---

① 钟秉林：《传承百年历史，推进高等教育高质量发展》，《重庆高教研究》2022 年第 1 期。

② 钟秉林，洪成文，李立国等：《新时代高等教育研究的取向及路径（笔谈）》，《教育科学》2019 年第 6 期。

③ 钟秉林：《努力开创高职高专教学工作新局面》，《国家高级教育行政学院学报》2000 年第 1 期。

④ 钟秉林：《遵循教育规律建设高等教育强国》，《中国高等教育》2019 年第 2 期。

⑤ 钟秉林、王新凤：《迈入普及化的中国高等教育：机遇、挑战与展望》，《中国高教研究》2019 年第 8 期。

思潘懋元先生的纪念文章中，钟先生曾对我国高等教育学科未来的发展提出建议，其中第一条便是“加强基本理论研究，构建自主知识体系”[①]，足可见先生对教育基本理论的重视和强调。

（四）从方法论体系建设出发，重视研究方法的科学运用

先生毕业于机械工程系，又曾在东南大学机械工程系任教。在工科和社科领域内的学习和工作经历使先生具备多学科的研究视野和研究思维，也使先生更加重视研究方法的规范性和科学性。

在2009年的“新形势下教育研究创新发展学术研讨会暨《教育研究》杂志创刊30周年纪念座谈会”上，钟先生曾展望高等教育研究的发展方向，即创新研究方法，加强实证研究；规范政策性研究，提高决策服务的实效性；加强微观应用研究，强化指导高校管理实践的功能；加强基础理论研究，促进高等教育学的学科建设；加强比较研究的针对性和本土化，服务高等教育的改革与发展。[②] 此后，先生还对国际知名教育类期刊中的高等教育研究论文进行量化分析，针对国际高等教育的微观应用研究取向、问题导向、研究方法规范性强等明显特征，更加明确地指出，我国高等教育研究应以方法论突破为重点，加强学科规范化建设，并努力实现理论创新，着力构建中国特色高等教育学科体系，最终服务于建设高等教育强国的战略目标。[③] 十年后，先生再次谈及高等教育研究对研究方法的重视时更加细致地指出，要丰富和完善教育研究的方法论体系，提高研究方法的适切性和有效性，并避免陷入“纯技术性”误区。[④] 拥有完善的方法论体系并开展科学的研究，才能获得学

---

① 钟秉林、杨德广、刘献君等：《追思潘懋元先生暨纪念高等教育学学科正式设立四十周年笔谈》，《高等教育研究》2023年第1期。

② 顾明远、叶澜、钟秉林等：《教育研究的时代使命——“新形势下教育研究创新发展学术研讨会暨〈教育研究〉杂志创刊30周年纪念座谈会”发言摘要》，《教育研究》2009年第5期。

③ 钟秉林、赵应生、洪煜：《国际高等教育研究的现状及其对我国的启示——基于国外期刊高等教育研究论文量化分析》，《教育研究》2010年第1期。

④ 钟秉林、洪成文、李立国等：《新时代高等教育研究的取向及路径（笔谈）》，《教育科学》2019年第6期。

术界对研究成果的认可，也才能获得进行更全面的学术交流、成果转化的可能性。或许，我们能从先生对高等教育学研究方法的期待中发现先生对高等教育学的学科期待，也能从中找到未来开展研究时的关键原则。

三、结　语

了解先生多年来的研究重点和教育主张，总结先生的学术观点和研究取向，给我留下最深印象的不是先生观点的鞭辟入里，也不是先生学术旅途的波澜壮阔，而是先生在所有的讨论和分析中展现出的平和中正。现实世界最是复杂多变，然而，先生面对各类教育现象和教育问题时，却总是试图观照不同群体，平衡多种关系。在先生看来，高职高专人才培养体系和精英教育中的拔尖创新人才培养同样重要，地方高校的生存发展与区域协同的高等教育体系建设不分先后，经典的外国教育理论与我国的特色教育经验各有千秋。我们说先生的中正平和，说先生的有教无类，最想说的是先生心中对所有人平等的尊重和关注。或许，在若干年后，先生研究的教育问题都已被妥善解决，目前的研究结论也不一定再适应彼时的教育实践。到了那时，先生仍能教给我们的，或许才是最宝贵和最重要的东西。

在《教育的变革》一书的自序中，先生曾写道："继往开来，不忘初心。流年可忆，未来可期。"这句话作为这一篇章的结尾或许也再合适不过了。梳理先生对高等教育发展问题的思想和主张，不仅是为了把我们引上先生的来时路，从先生对各类现实问题的看法中更加深刻地了解先生思想的深邃和广博，更是为了让我们更有信心地继承先生的遗志，尝试从先生的角度出发，理解和把握国家高等教育事业的发展需求，并将满腔热情倾注于高等教育事业的发展。唯其如此，才算是"继往开来，不忘初心"，也才算是"流年可忆，未来可期"。

钟秉林先生的“双一流”建设思想

黄凌梅

钟秉林先生自1990年代便投身于高等教育管理与政策研究的核心领域，凭借其卓越的智慧与不懈的努力，深刻地影响并有力地推动着高等教育事业不断向前迈进。

在1996年至2001年担任国家教育委员会（教育部）高教司司长期间，我国高等教育进入迅速发展时期，相继出台了《专业学位设置审批暂行办法》（1996）、《关于深化高等教育体制改革的若干意见》（1998）、《面向21世纪教育振兴行动计划》（1998）、《关于加强和改进专业学位教育的若干意见》（1999）等系列文件。在此期间，钟先生参与了政策的制定与推行，他的高等教育管理理念，尤其是在完善研究生教育体制、增加高校办学自主权、激发高校办学活力、引导高校依法依规办学等领域发挥了重要作用。

2001年至2012年，钟秉林先生担任北京师范大学校长。他勇立时代潮头，敏锐洞察高等教育大众化发展趋势带来的机遇与挑战，准确把握时代脉搏，引领北师大开启了从传统师范教育强校向综合性、研究型一流大学的重大转型。在这一关键历史节点，恰似克拉克·克尔在《大学的功用》中对现代大学多元功能拓展的论断，北师大在保持教师教育核心优势的同时，大力优化学科布局，推动文理工多学科交叉融合、协同发展，全面提升了学校的综合实力与国际知名度，为高校转型提供了具有示范意义的成功范例。他带领北师大师生齐心协力取得的成效，既得益于他担任高教司司长期间形成的全球视野、政策视角、管理经验和系统思维，也是他践行办学理念的实践成果。

钟先生卸任校长后，又全身心地投入教学科研的一线，深入基层进行高等教育研究。钟秉林先生凭借其深厚的专业积淀与广阔的战略视野，始终站在国家宏观教育政策研究与建言献策的前沿高地，先后在我国研究生学位授权与审核评估研究、“双一流”建设、研究生教育改革等诸多重要领域进行了大量深入的研究，有力地推动着高等教育的深刻变革。同时，他勇于躬身高等教育改革的深水区，研究我国高等教育快速发展中出现的高校盲目扩张、同质化严重等问题，从国家高等教育宏观布局、高校特色发展等战略视角，为不同层次、不同类型高校的转型与发展提出了诸多中肯建议和可行路径。他深度参与众多国家级教育战略规划与重大政策研讨、制定工作，秉持教育服务国家与社会发展大局的宗旨，先后就“双一流”建设等问题提交了多篇咨政报告。

钟先生在高等教育领域的思想、研究与实践，为推动高等教育内涵式发展贡献了诸多前瞻性的睿智见解与切实可行的政策建议，成为我国教育政策科学化、精准化制定进程中的关键智囊人物，他的高等教育思想与实践对我国高等教育的发展方向、质量提升以及教育公平的促进等诸多方面都产生了深远影响。

一、“双一流”建设思想要点

钟秉林先生有着司长、校长、会长、教授等多重身份，他常说：“身份就意味着责任，要在其位谋其政……在不同的角色和视野上看待问题的立场和角度是不一样的。”的确，多重身份既是多重责任，也是多重看待问题的视野和角度。这些多元的角色、角度和实践为钟先生在高等教育领域积累了丰富的实践经验，因此，他在面临高等教育的各种问题时能够从政策制定的战略视野看待问题、从教育管理的现实矛盾中找到关键问题、从实践推进的可行性中解决问题、在学术研究的学理逻辑中审思问题。他对全国高校的整体情况和突出问题了然于心。在很多场合中，他对我国高等学校的数量、规模等相关指标的最新统计数据信手拈来，无论是面向在读学生的讲座，还是在专业的学术会议中，他都强调宏观数据的把握在高等教育学习和研究中的基础性作用（尤其强调任何高等教育的问题都不能脱离我国高等教育的规模大、体量大的现实），主张高等教育的问题需要通过高等教育的发展来解决，因此，面对高等教育发展过程中的诸多问题，不仅要能够把握办学的关键数据和指标证据，更要在众多指标和参数中能够抓住主要矛盾。在我国高等教育大众化迅速发展的背景下，如何从战略层面统筹规划，建设一批世界一流大学和一流学科是相当长一段时间内高等教育必须回答的问题，是我国高等教育发展大众化历程中的关键问题。

“双一流”建设在我国高等教育史上具有里程碑意义。钟先生不仅深度参与双一流建设方案的制定，而且在“双一流”政策颁布之初，面对各界对如何建设一流大学、如何建设一流学科、如何处理好二者之间的关系等关键问题的热烈讨论中直面问题。在“双一流”建设理念与思路上，他始终将一流本科教育置于核心地位，指出本科教育是大学教育的根本。在学科建设与发展策略上，强调学科建设要坚持“扶优扶需扶特扶新”。[①] 在“双一流”建设的过程中，他始终倡导无论是教育管理部门还是高校，都需要严格依法、依规、依策。因此，他格外重视从法律政策、顶层设计、办学规律中寻找破局方案。他主张从体制机制层面构建顶层设计框架，依靠法制化与制度化建设攻克高等教育发展难题。

（一）研究生教育制度改革是“双一流”建设的关键驱动

第一，优化学位授权审核制度，促进规模质量动态平衡

在研究生教育制度架构里，学位制度堪称根本性制度，彰显着国家对研究生教育的宏观布局与整体规划。在高等教育大众化快速发展的进程中，既有的学位授权审核制度难以满足社会经济发展对研究生教育的需求。作为高等教育质量把控与结构布局的核心枢纽，学位授权制度在高等教育迅猛发展与社会加速转型的交汇之际，面临诸多矛盾

① 钟秉林等：《大学发展与学科建设（笔谈）》，《中国高教研究》2019年第9期。

与争议。在高等教育快速扩张的过程中，部分高校盲目进行学位点申报，重规模数量而轻内涵质量，导致学位点布局散乱、资源配置低效、教育质量参差不齐、同质化竞争加剧，制约了高等教育的内涵式发展，削弱了学位授权制度的权威性与公信力。伴随政府职能转变与法制化进程的加速，优化完善学位授权审核制度成为研究生教育制度建设根基与培养质量保障的关键所在。

钟先生深谙学位授权审核制度在研究生教育体系中的根基地位，他主张以学位授权制度改革搭建研究生教育制度框架，拓展行动空间，引领高校良性、可持续发展。他率团队对学位授权审核制度进行全面“体检”。他秉持历史唯物主义视角，回溯学位授权审核制度的演进历程，深度剖析现行学位授权审核实践中高校盲目申点、学科点规模只增不减、教育资源浪费与质量危机等积弊，从学位授权审核的理论、政策与现实层面深入探究。同时，他和团队成员深入学位授权审核的一线，对近40位国务院学位委员会委员进行深度访谈，系统研究学位授权审核与研究生教育适应国家和地方发展需求关系、授予单位或授予点规模与质量关系、学位授权审核对区域协调发展的作用、申报与监管机制以及学科目录与审核时间常态化等问题。

基于详实的调研，钟先生认为学位授权审核需多维度系统谋划，回归质量本位，强化内涵建设导向。针对学位授权制度“放管失度”困境，提出完善学位授权审核制度，合理分配教育资源，扭转“重申报、轻管理”局面，健全全流程质量监管闭环，防范寻租腐败与质量失范风险。在实践层面，对申报学科严格准入审查，综合考量师资、科研、教学设施、学科规划等关键要素，筑牢质量首道防线；依绩效评估结果对问题学科点整改，激发内生动力与竞争活力，提升资源配置效率与质量效益。除政策制度的规约之外，他还从更上位的体制机制建设角度强调要构建动态灵活、科学精准的学位授权调整机制，依据学科发展、人才培养、科研创新、社会服务等核心指标定期评估、动态调整学位授权点布局与规模，促进资源向优势特色学科集聚优化。

作为我国学位授权审核制度不断完善的见证者和参与者，钟先生提出的改革路径精准对接社会经济结构转型对人才需求演变，有效化解了规模扩张与质量提升、区域均衡与特色发展的矛盾。

第二，构建完善的学科学位体系，优化学科专业布局

1999—2010年间，研究生教育规模呈跨越式增长，规模扩张成效显著。在这个从规模扩张迈向内涵式发展的关键阶段，钟秉林先生敏锐地洞察到研究生教育中存在的学术型研究生为主导、专业学位发展滞后、学科专业难以契合社会需求等问题①，因此在研究生教育的相关研究和实践中，他不遗余力地支持专业学位和专业教育的发展。

大力推进专业学位教育发展。他指出，研究生教育中长期存在对学术型教育的偏重，而专业学位教育却相对薄弱，难以满足产业升级和社会多样化的需求。在担任高教司司长期间，他亲历并推动了专业学位研究生教育的规范化和体系化发展。从1996年《专业学位设置审批暂行办法》的出台，到1999年首次全国专业学位教育工作会议的召开，钟先生始终致力于完善专业学位的政策制度，为其快速发展奠定了坚实基础。2008年，教育博士专业学位获批，他称其为里程碑意义的大事件，并从质量保障、培养体系优化和严格评价机制建设等方面为保障教育博士培养质量出谋划策。针对专业学位教育推进过程中遇到的具体问题，他都站在全局的、可持续发展的角度为专业学位教育发展扫除障碍，他的研究和实践关注到专业学位研究生在学费、资助制度不合理之处，力主加大对专业学位的支持，使其与学术型学位获得同等重视。在他的推动下，专业教育向规范化、专业化的方向迈进。

不断优化学科专业布局。在学科专业布局调整方面，钟先生提出了三个重点——强化新兴学科与交叉学科建设、突出基础学科战略地位、促进学科间的协同融合，强调高校要借势调整学科专业结构，推进

---

① 洪煜，钟秉林，赵应生等：《我国研究生教育制度的历史沿革、现存问题与改革方向》，《中国高教研究》2012年第7期。

交叉学科一体化建设。他重视基础学科战略支撑作用，促进学科交叉融合协同。在规模结构优化方面，他主张以国家战略需求和学术生态需求为导向进行精准调适，尤其是在新兴关键领域，协同多方制定培育计划，推动教育供给侧改革。如在人工智能、量子科学等关键技术和“卡脖子”领域扩大招生规模，推动高校与科研院所、企业协同培养高层次人才，既缓解高端人才短缺问题，又防止因规模扩张而导致的教育质量下滑，最终实现规模增长与结构优化的动态平衡。

钟先生的研究与实践不仅为专业学位研究生制度的完善提供了重要支持，也为学科建设注入了新的活力。他倡导的分层分类、协同发展的理念，为研究生教育的内涵式发展提供了清晰的路径，为我国高等教育质量提升和“双一流”建设提供了持续的理论和实践动力。

第三，改革研究生招生选拔机制，构建精准选才新路径

在研究生招生领域，钟秉林先生以其敏锐的洞察力深刻认识到传统招生选拔机制的局限性。随着知识经济的兴起与科技革命的加速，学术研究范式持续变革，产业实践日益复杂，社会对高层次人才的能力和素养需求也愈加多元。传统的应试招生模式过度关注知识记忆和理论技巧，难以有效评估考生的创新思维、实践能力以及跨学科知识整合能力。这种局限性使得许多具有潜力和才华的学生未能在僵化的考核框架中脱颖而出。

针对这一问题，钟先生主张突破传统框架，赋予高校更大的招生自主权，构建灵活多元、精准高效的选拔机制。他认为，招生自主权是高校选拔优秀人才、契合自身学科发展需求的关键。在传统单一选拔方式已无法满足高层次人才培养需求的情况下，高校要根据学科特点、研究方向和培养目标，制定灵活多样的招生标准。例如，在基础知识考核的基础上，增加对考生科研潜力、创新能力和实践经验的综合考察。通过多元化的方式，如综合面试、科研成果展示、实践经历评估等，精准筛选具有学术素养和创新潜力的学生，保障“双一流”建设优质生源。在新兴交叉学科领域，钟先生倡导基于市场需求调整招生方案，大胆革新

考核内容，建议高校可根据选才育才的需求融入对学生学术能力、批判性思维、团队协作和实际问题解决能力的测评，将学术成果、实践项目和跨学科知识融合评估。

（二）提升学科建设水平是“双一流”建设的核心内涵

第一，学科建设精准发力，凝聚特色形成优势

学科建设是“双一流”建设的核心任务之一。钟秉林先生一直强调，高校应根据自身的办学定位、历史传统、资源优势以及国家战略需求来制定科学合理的学科建设规划。因此，形成院校和学科特色一直是他的办学理念。他在担任北京师范大学校长期间，带领北师大开启了从师范类院校到以教师教育、教育科学和文理基础学科为主要特色的综合性研究型大学的历史转型，也为北师大确定了“建设成为综合性、有特色、研究型的世界知名高水平大学”的目标，确立了北京师范大学在教师教育、教育研究中的领头羊地位。这也是钟秉林先生对一流大学和一流学科建设思想的形成与实践的关键探索。

他主张高校不能盲目扩张，更不能贪大求全，而应该在凝练特色中实现内涵式发展。他曾受教育部发展规划司委托，针对我国高校名称规范及高校校名变更等问题开展了《高等学校名称规范研究》的课题调研。① 当时笔者作为博士生，在钟先生的带领下全程深入参与调研。钟先生认为，高校名称及其变更背后反映的是我国高等教育实践发展中的现实问题，也是各高校在专业设置、学科建设、大学建设中的行为选择与表征；校名频繁变更表面看是规则制度有待完善，但其本质则是大学发展思路不清晰、定位偏差，以及当前我国高等教育评价体系单一导致大学纷纷“用别人的尺子量自己”。钟先生带领课题组经过广泛且深入的调研，走访全国 30 余所高校，开展座谈，建立高校名称变更数据库，进行实证分析并撰写咨询报告，这不仅为教育部 2020 年《高等学校

---

① 钟秉林、南晓鹏等：《我国普通高等学校更名现象的实证研究》，《中国高等教育》2021 年增刊第 3 期。

命名暂行办法》直接出台提供了重要参考，也为我国高校明确办学理念和办学目标，突出内涵特色，避免贪大求全起到了较大的促进作用。

“特色＋一流”是钟先生学科建设的核心理念。一方面，在“双一流”政策出台之际，针对学校在大学发展与学科建设中的迷茫，他及时指出，特色学科不代表高水平学科，主学科也不等于一流学科，因此，高校在学科建设中应将学科特色转化为比较优势和核心竞争力。[①] 另一方面，他旗帜鲜明地反对高校在学科建设中盲目跟风、贪大求全等不符合高等教育发展规律的做法，主张高校在学科规划时应该深入挖掘自身学术积淀和潜在优势，集中资源打造具有独特竞争力的学科方向。他经常说，在我国庞大的高等教育体量中，“985”、“211”等领先高校只是少数，是高等教育的塔尖，具有较好的积淀和实力，而我国高等教育体系中大量的地方高校如何发展则是我国高等教育质量的关键。因此，他强调地方高校在“双一流”建设中要坚持错位发展、特色突围，他在给地方院校做战略规划咨询时也一贯秉持地方高校在服务地方发展中找到自身定位和特色的办学理念。2018 年，钟先生团队受邀为浙江万里学院进行战略规划时，坚持“先做体检、再开药方”的原则，带领团队对万里学院这一“非主流”高等院校量身定做发展战略，通过对浙江万里学院的校董会、领导层、中层干部、教师群体和学生群体进行深入调研，并对万里学院所在城市的社会经济发展有了全面了解的基础上，基于万里学院应用型本科院校的办学定位及区位优势、学科基础，在帮助万里学院凝练具体的特色学科的基础上，从学科布局规划和学校转型发展的层面提出针对性建议。

第二，理顺学科专业关系，学科专业协同育人

学科与专业之间的关系一直是一流学科建设过程中普遍面临的现实问题，很多高校在处理学科建设与专业建设的关系时存在迷茫，出现了一些偏颇，如强化专业、淡化学科，加强专业、取消学科，加强学科、淡

---

① 钟秉林：《扎实推进世界一流大学和一流学科建设》，《教育研究》2018 第 10 期。

化专业等。因此,从学理层面厘清学科与专业的内涵、明确学科建设与专业建设的内在逻辑关系,对深化高等教育领域综合改革、促进高等院校内涵发展具有重要的现实意义。钟先生指出,学科与专业发展目标是不同的,学科是发现知识、创新知识和产出成果的,而专业则是依据社会与市场的需求进行合格专业人才的培养,二者之间在人才培养上是统一的、在资源和知识整合上是协同的,但要面临有限资源如何优化配置的现实冲突。[①] 因此,他主张高校应该加强系统研究和顶层设计,推进学科与专业一体化建设;合理配置资源,提升学科建设与专业建设水平;深化综合改革,完善学科专业协同发展机制。

学科专业建设离不开人才培养。钟先生始终强调将人才培养放在学科与专业发展的核心位置,要在学科建设、专业发展与人才培养间形成耦合机制。他指出,一方面,人才培养为学科建设提供了人力资源保障和创新动力源泉。优秀的学生在学习过程中能够为学科发展带来新的思路和活力,因此高校应注重培养学生的创新思维和实践能力,通过完善的人才培养体系,如创新实践课程设置、科研项目参与机制等,使学生在学习过程中能够积极参与到学科建设中来。另一方面,要充分发挥学科建设对人才培养的反哺作用,学科建设过程中汇聚的优秀教师队伍能够为学生提供高水平的教学指导,学科的科研成果和国际交流合作资源可以转化为教学内容和实践机会,如将前沿科研成果引入课堂教学、选派学生参与国际学术交流活动等,从而优化教学体系内容和育人氛围,提高人才培养质量,为“双一流”建设输送更多高素质的创新型人才。

第三,质量效益双轮驱动,确立内涵发展导向

在学科评价中,钟秉林先生主张学科建设不仅要重视资源的投入,更要关注实际效益和成果产出。他富有前瞻性地提出,要坚持突出学

---

① 钟秉林、李志河:《试析本科院校学科建设与专业建设》,《中国高等教育》2015 年第 22 期。

科建设绩效综合评价改革,对学科建设成果的评价应该从培养的关键性结果即拔尖创新人才培养、符合国际标准又具有中国特色的原创性成果、在国际学术研究中是否具有话语权等方面进行内涵式评价。具体而言,学科建设效果要落实到拔尖创新人才的培养上,使高校培养的人才具备扎实的学科专业基础、宽广的知识面、较强的创新能力和较高的综合素质,并通过对学术型、应用型和复合型人才的分类培养以满足社会不同领域对人才的多样化需求。同时,学科建设效果更要落实到产出原创性成果、提升学科的国际学术地位和影响力上。他认为高校学科建设应瞄准国际学术前沿标准,形成具有中国特色和国际影响力的学术流派和研究成果。在一些基础学科领域如数学、物理等,要加强基础研究,争取在核心理论问题上取得突破;在应用学科领域如工程技术、医学等,要紧密结合实际需求,研发出具有重大应用价值的新技术、新方法和新产品。同时,要建立科学合理的学科建设评价机制,从人才培养质量、科研成果水平、社会服务贡献等多方面对学科建设的效益和成果进行评估,确保学科建设在"双一流"建设中能够实现高质量的可持续发展。

(三)提升人才培养质量是"双一流"建设的根本目标

第一,强化本科教育的根基地位,筑牢高等教育发展基石

钟先生始终强调本科教育在"双一流"建设中的基础性作用,认为一流本科教育是建设世界一流大学和一流学科的重要基石和核心特征。钟先生曾多次走访英美名校,深入了解国际一流高校的人才培养模式。他曾多次强调,发达国家的一流大学都格外注重本科教育,因此,我国高校要更新教育观念,将本科教育作为核心任务。他就培养模式中的教学方式、培养理念等逐一进行了探讨。就教学方式而言,针对当前本科人才培养模式中存在的教学模式单一的问题,他主张高校要采用探究式、项目式、小组合作式等多元化教学方法,激发学生学习兴趣与主动性,注重学生个性化发展与创新能力培养。就本科教育理念而言,他主张高校要借鉴国际经验,从以知识传授为主转向对学生能力

素质的全面培养，深化通识教育理念，注重培养学生的人文底蕴、科学精神和批判性思维，为学生个人的终身发展提供素质保障。同时，他也呼吁高校在本科人才培养过程中加强师资队伍建设和教学资源配置，完善教学基础设施，尤其是在信息化、数智化时代要顺应时代变革，将先进的科技与设备建设如现代化实验室、图书馆和智慧教室等融入高校人才培养中，赋能高等教育高质量发展。

第二，优化研究生培养模式，着力培养拔尖创新人才

博士生教育作为国民教育体系的顶端，在“双一流”建设中发挥重要的引领作用。钟先生深知，全面提升博士生自主培养质量是建设教育强国和实现“双一流”目标的关键。当前我国博士生教育正处于规模扩张和内涵式发展齐头并进的阶段，博士生培养在规模结构、导师队伍、资源配置、管理评价以及吸引国际优秀生源等方面还存在短板。钟先生对这些问题及背后的原因进行了深入分析，并提出了系统性的对策。

针对博士生培养的问题，他分别从导师队伍建设、课程设置培养等关键要素进行了逐一论述。他明确指出，导师是博士生培养的关键，加强导师队伍建设与管理是提升博士培养质量的保障。钟先生主张强化导师职责，将导师责任从学术指导延伸至职业规划和人格塑造中，并鼓励导师要发挥思政育人的职责，引导学生将个人发展与国家需求相结合，树立为国家发展作贡献的情怀。基于此，他提出高校加强对导师的筛选和培训，通过激励与约束并存的管理体系提升导师队伍整体水平。此外，钟先生也围绕研究生培养中课程所发挥的关键作用进行了阐释，并倡导课程内容中融入跨学科知识模块，以适应时代前沿和社会需求。①

钟先生十分重视从宏观结构和培养模式方面进行改革，以推动资源整合与培养模式创新。他指出，优化博士生规模结构与评价机制是解决博士生教育中结构性问题的关键。博士生培养需要稳步扩大规

① 刘丽、钟秉林、周海涛:《研究生课程对其教育收获的影响分析——以学术型研究生为对象》,《学位与研究生教育》2018 年第 2 期。

模，但必须以质量为前提，并根据国家战略需求和学科发展情况合理调控招生数量和学科分布。针对当前"唯论文"等评价导向和风气对博士生学术创新的负面影响，他倡导构建科学动态的评价体系，以创新能力为核心，综合考察博士生的科研成果质量、学术贡献及社会效益，打破传统以论文数量为导向的评价方式，通过团队科研绩效综合评估赋予博士生更多学术自主权，进一步激发博士生的创新能力。就如何通过培养模式创新而言，他也有自己独特的思考，建议应用型学科通过产教融合，与企业合作实施订单式培养，使学生快速适应岗位需求；对学术型学科，他提出要强化科研资源支持，提供国际学术交流机会，为学生搭建创新研究平台。

二、钟秉林先生"双一流"建设思想的特征

（一）系统性与全局性

钟秉林先生"双一流"建设思想以系统性和全局性为突出特点，从高等教育各环节入手，对全面提升人才培养质量提出了清晰的战略思路。在纵向层面，他从招生、培养到毕业输出构建了环环相扣的教育链条。招生阶段，他倡导赋予高校更多自主权，建立多维度的选拔机制，从学术成果、实践经历到创新潜力，精准选拔符合"双一流"要求的优秀人才。在培养环节，他强调优化导师制、课程体系和质量保障体系，确保导师在学术引领和思想培养中的双重作用，同时推动课程内容紧扣学科前沿与社会需求，强化全程质量监控，确保人才培养的实效性与高标准。在毕业环节，他提倡严格学位认证，加强职业导向指导，推动人才培养与社会需求紧密衔接。

横向层面，他注重协调高校、政府、市场和专业机构等多方主体的角色定位与职责分工。高校通过深化学科布局调整和科研创新能力建设，提升核心竞争力；政府则通过政策引导和适当授权，为高校发展提供空间，同时加强顶层设计和科学监管；第三方专业机构通过数据评估

与质量监控，为政策优化提供参考；市场反馈社会需求，推动高校调整专业设置并加强产学研合作。他倡导通过多方协同形成合力，为“双一流”建设创造良性发展生态。这种系统性布局与协同治理框架契合了高等教育社会化与多元参与的发展趋势，具有重要的理论与实践价值。

（二）历史性与前沿性

钟秉林先生的教育思想扎根于历史，同时与时代发展同频共振。他秉承中国教育的优良传统，从书院制度的因材施教到现代大学的学术独立精神，这些经典理念在当前教育实践中依然具有重要的指导意义。同时，他立足于全球教育发展潮流，敏锐地洞察科技革命和社会变革对高等教育提出的新要求。

随着数字经济和新兴技术的迅猛发展，高校面临学科调整与教育模式转型的挑战。他主张高校迅速适应技术驱动的职业需求，优化学科设置，增设人工智能、大数据等新兴领域课程；在人才培养上，从传统知识传授模式向能力与素质并重转型；在学科规划中，倡导跨学科协作，促进创新与突破。这种历史传承与前沿探索并重的思想，为我国高等教育应对时代挑战提供了深刻洞见和实践指导。

（三）国际性与本土性

钟秉林先生注重将国际先进经验与本土实际相结合，探索中国特色的高等教育发展路径。他在学位授权与质量保障体系方面，借鉴国际先进模式并结合中国的教育文化与实践经验，提出了优化学位结构、完善审核标准的方案。同时，他深刻认识到本土特色对教育发展的重要性，强调“创建世界一流大学和一流学科要具有开放的国际视野……既要体现世界标准，还要坚持中国特色”[①]，主张高校应因地制宜，充分利用区域文化与资源优势实现高质量特色发展。

他倡导的国际视野与本土特色的建设理念为不同类型高校建设提

---

① 钟秉林：《励精图治、厚积薄发，创建世界一流大学和一流学科》，《教育经济评论》2017年第4期。

供了有益参考。例如，地方师范院校应以区域教育文化为依托，强化教师教育领域在促进地方教育发展中的独特优势；理工类高校则需紧密结合地方产业需求，培养适应性强、应用能力突出的专业人才。

（四）科学性与公平性

钟秉林先生坚持科学性与公平性原则，致力于构建分层分类的高等教育发展体系。在研究生教育方面，他针对学术型与应用型硕士的不同特点提出了差异化培养模式，即学术型注重理论创新与学术深度，应用型聚焦实践能力与行业需求。他也特别强调专业硕士教育的重要性，主张在学位认证、资源配置等方面实现学术型与专业型的公平对待，从而推动两者协同发展，优化我国研究生教育结构。

在高层次人才培养方面，他敏锐把握产业升级对应用型博士人才的迫切需求，推动专业博士教育的探索与发展。他主张在招生、课程设计和培养过程中要深度融合理论与实践，构建以行业需求为导向的培养体系，培养兼具理论与实践能力的高端复合型人才。这些举措不仅契合了国家战略需求，也为高等教育服务社会发展提供了多层次、多样化的人才支撑。

钟秉林先生以非凡的智慧与坚毅的担当，在我国高等教育改革发展中奋楫前行。他深刻洞察时代发展需求，以系统思维和创新实践为我国高等教育从规模扩张到内涵发展提供了明晰的路径选择。他关于“双一流”建设的理念创新与实践探索，不仅是高等教育学学科发展史上不可磨灭的印记，更是高等教育发展史上鲜活的实践案例和不竭的思想源泉。在我国建设教育强国的伟大征程上，他的贡献为学科发展、人才培养和政策优化注入了卓越的思想价值与强劲的动力支撑，为高等教育强国建设注入智慧和力量。

我们深怀敬意，铭记他为教育事业倾注的一切。

钟秉林先生的高等教育质量保障与评价思想

谢莹莹

“2023年5月4日，西安建筑科技大学召开本科教育教学审核评估专家入校评估见面会，钟秉林教授作为审核评估专家组组长线上出席会议并致辞。”①看着新闻报道屏幕上钟先生白发如霜、眼神坚毅、面容慈祥的致辞画面，不禁令人感叹：或许时光有痕，但老学者对知识的热爱与对工作的敬业之情仍然体现在每一个细节中，其中的每一分专注都彰显着对学术的不懈追求与倾力奉献。

2001年以来，钟秉林先生在各级各类期刊平台上发表以“高等教育质量保障与评价体系建设”为主要内容的文章达40余篇，如《面向新世纪的中国高等教育质量保障与评估》(2001)、《我国高校内部质量保障体系的现状分析与未来展望》(2009)、《深化综合改革 坚持依法治教 提高教育质量》(2016)、《普及化阶段我国高等教育质量保障体系的构建》(2020)等，其中聚焦本科教学评估的约占50%，如《让本科教学评估在再认识再思索中再完善》(2006)、《本科教学评估若干热点问题浅析》(2009)、《新时代高质量高等教育体系的评价导向》(2021)等。钟秉林先生还承担了教育部质量评估中心委托的“中外合作办学高校评估指标体系研究”等多项重要课题。在高等教育质量保障与评价实践工作中，钟秉林先生更是全面深入地参与了多所高校的本科教学评估工

① 《西安建筑科技大学：我校召开本科教育教学审核评估专家入校评估见面会》，2023-5-4，https://news.xauat.edu.cn/info/1177/30071.htm，2024-12-22。

作。2003年教育部正式启动“五年一轮”的本科教学水平评估，钟先生深度参与并聚焦高校大扩招后的本科教学、办学条件、教学质量提升等评估相关工作。2008—2012年钟先生参与研制第二轮本科教学工作审核评估方案，并在2013—2018年第二轮评估工作中实施。2018—2021年钟先生及其团队参与了第三轮本科教育教学审核评估实施方案中的“立德树人”部分的研制，并于2021—2023年参与了新一轮评估工作。正如王洪才教授提及的那样，“钟先生分别以参与者、领导者和主评者的身份，深入体验了我国本科教学评估的初创、发展和不断走向成熟过程，对本科教学评估有着全面而深刻的认识”。[①]

一、质量保障与评价思想内核

（一）高等教育质量保障体系建设

钟秉林先生深耕高等教育领域几十年，且以司长、校长、会长、委员、专家、教师等多重身份，始终坚持教育教学宏观与微观相结合、理论与实践相结合、多元性与系统性相结合、国际化与本土化相结合等原则，从相对宏观的视角重点聚焦高等教育质量保障体系建设。

第一，明确高等教育质量保障体系建设的战略意义

钟秉林先生指出，随着中国经济由高速增长阶段转向高质量发展阶段，经济社会发展对高等教育的需求也发生了深刻变化。建设高质量的高等教育体系是应对中国社会主要矛盾变化的必然要求，也是服务国家高质量发展战略目标的重要举措。[②] 这不仅关乎高等教育的质量和水平，也关乎国家的未来和民族的命运。钟秉林先生也强调，迈入普及化阶段的中国高等教育面临着教育系统内外的机遇与挑战，质量

① 王洪才、温玲子:《钟秉林先生的本科教学评估理念与实践》,《山东高等教育》2024年第4期。

② 钟秉林:《构建高质量高等教育体系》,《中国民族报》2021年11月4日。

保障体系的构建要基于中国实践，更新教育发展理念，完善高等教育内部质量保障体系，实现不同类型高校的分类发展，满足普及化背景下人民群众的多样化、个性化教育需求。①

第二，重视高等教育内部质量保障体系构建

钟秉林先生认为，高校内部质量保障体系构建是高等教育质量保障的重点。他主张，高校要进一步明确自身的使命和目标，追求自身的教育价值，在内部质量保障体系建设过程中加强自主性；加强内涵建设，进一步明确内部质量保障体系的内涵与功能，切实发挥其在人才培养和教学工作中的作用；重视发挥教师在人才培养和教学工作中的主导作用，推进学校内部质量保障主体和各质量管理部门之间的协作，不断改进人才培养的工作绩效；践行以学生为本的教育理念，高度重视学生学习效果的评估和学习过程的监控。政府有关部门要加强宏观管理，对不同类型高校的内部质量保障体系建设给予分类指导，不同类型的高校之间也要加强相互交流和借鉴，共同推进我国高等教育质量保障体系的建设。② 钟秉林先生提出，要明确普及化阶段高校内部质量保障体系构建的核心要素，包括提出科学、明晰的质量标准，研制定性与定量相结合的评价指标体系，采用基于合理技术方法的评价方式，健全有效的评价反馈与持续改进工作的机制等。③ 这种重视内部质量保障体系构建的思想，有助于推动高校不断提升教学质量和管理水平。

第三，构建多元参与的高等教育质量保障体系

钟秉林先生强调，高等教育质量保障体系的构建应多元参与，包括政府、高校、用人单位、行业、企业以及学生等多元利益群体。他明确指出，尤其要重视学生的参与，发挥学生作为高等教育核心利益群体的作

① 钟秉林：《普及化阶段我国高等教育质量保障体系的构建》，《河北师范大学学报》2020 年第 2 期。

② 魏红、钟秉林：《我国高校内部质量保障体系的现状分析与未来展望——基于 96 所高校内部质量保障体系文本的研究》，《高等工程教育研究》2009 年第 6 期。

③ 钟秉林：《普及化阶段我国高等教育质量保障体系的构建》，《河北师范大学学报》2020 年第 2 期。

用，逐步建立学生参与学校内部和外部质量保障活动长效机制，将学生参与质量保障活动纳入相关质量评估标准和指标体系，探索学生参与质量保障机构的治理结构，保证学生核心利益的实现。[①] 钟先生主张赋予高校质量建设和保障的主要权责，同时充分利用大数据等信息技术手段，提高高校内部质量保障体系的有效性与持续性。他主张探索结果导向的评价方法，构建多元参与的教育治理体系，从而系统、持续提升我国高等教育的质量。这一思想体现了对高等教育质量保障体系构建中各方力量的整合与协同，以及对信息化时代高等教育质量保障新手段和新方法的积极探索。

第四，借鉴国际经验与本土化实践相结合

钟秉林先生在研究中多次提到借鉴国际经验对完善我国高等教育质量保障体系的重要性。他指出，欧美发达国家在高等教育质量保障方面积累了丰富的经验和实践案例，我们应积极参与国际教育交流与合作，借鉴国际高等教育质量保障的理念和方法，结合我国的实际情况进行本土化改造和创新。同时，还应加强与国际高等教育质量保障机构的合作与交流，共同推进全球高等教育质量保障水平的提升。这种国际视野和开放思维，不仅能够促进我国高等教育质量保障体系不断完善和创新发展，还能够提升我国高等教育的国际竞争力和影响力。

（二）新时代高质量高等教育体系的评价导向[②]

党的十九届五中全会提出了2035年建成教育强国的发展目标，《中共中央关于制定国民经济和社会发展第十四个五年规划和2035年远景目标的建议》提出了建设高质量教育体系、提高高等教育质量的战略任务，钟秉林先生认为“十四五”期间落实中共中央、国务院印发的《深化新时代教育评价改革总体方案》，关键是明确普及化阶段高质量

---

① 钟秉林、王新凤：《普及化阶段我国高校教学质量评价范式的转变》，《中国大学教学》2019年第9期。

② 钟秉林：《新时代高质量高等教育体系的评价导向》，《中国高等教育》2021年第1期。

高等教育体系的评价导向。

第一,强调分类发展的高校评价

钟秉林先生认为,在高等教育普及化阶段,高校评价应强调分类发展、分类评价。这一思想源于对经济社会发展对高层次人才多样化需求和个性化高等教育诉求的深刻认识。他主张,"双一流"建设高校要注重培养拔尖创新人才,推进基础学科和关键技术领域的知识创新;应用型高校与高职院校则要注重培养大学生的专业能力和实践应用能力;师范院校应注重培养高素质教师,以满足高质量教育体系的师资需求。分类发展的理念不仅有助于不同类型高校明确自身定位,也有助于构建多元化的高等教育质量保障体系。

第二,重视师德优先的高校教师评价

在高校教师评价方面,钟秉林先生强调师德优先,注重专业素养与师德素养的综合性评价。他提出,要将人才培养放在教师绩效考核评价的重要地位,将教书育人、崇教爱生作为高校教师评价的重要标准。同时,他主张改进高校教师科研评价,重点评价学术成就、社会贡献以及支撑人才培养情况,并关注教师角色的转变,从评价教师知识传授结果转向评价教师作为大学生学习活动设计者和指导者的工作成效,这体现了对高校教师全面发展的重视,以及对教师在人才培养中核心作用的深刻认识。

第三,倡导综合发展的高校学生评价

钟秉林先生主张,高校学生评价应注重综合发展,包括思想政治教育成效评价、大学生学习结果及成长体验评价以及教学质量评价。他强调,要培养大学生的家国情怀和综合素质,基于学习结果和用人单位满意度反向设计人才培养方案,引导大学生全面而有个性地发展。同时,他提出要注重以课程建设、专业建设为核心的教学质量评价,为学生成长提供坚实保障。这是以学生为中心的教育理念的重要体现,也是对高等教育质量保障体系中对学生主体地位的充分尊重。

第四,关注贡献增值的高校学科评价

在学科评价方面，钟秉林先生强调要关注内涵、聚焦贡献、突出特色。他认为，学科评价不应仅关注学科排名和学术成果数量，而应更加注重学科对经济社会发展的贡献、学科特色的彰显以及学科内涵的深化。这有助于引导高校学科建设的正确方向，促进学科交叉融合和特色发展，提高高等教育的整体质量和效益。

二、本科教学评估的理论与实践

（一）本科教学评估思想的主要特征

第一，质量为本：评估的核心价值取向

钟秉林先生多次明确指出，保证和不断提高本科教学质量是本科教学评估的根本目的和核心价值取向。这一思想贯穿了他对教学评估的所有论述。他提到，随着高等教育的大众化和普及化，质量成为高等教育发展的生命线。本科教学评估作为质量保障的重要手段，必须坚守质量为本的原则，通过评估引导高校加强内涵建设，提高教学质量。他进一步强调，本科教学评估要以质量为核心，以人才培养为根本，“保障和不断提高人才培养质量，是本科教学评估的核心价值取向和根本目的”。[①] 通过评估推动高校科学定位、特色发展，不断提高人才培养质量和社会服务能力。

第二，分类评估：适应多样化的高等教育需求

钟秉林先生认为，我国高等学校的类型、层次和办学定位日益多样化。因此，本科教学评估要实行分类指导、分类评估，以适应不同高校的发展需求。关于新一轮本科教学评估，他详细阐述了分类评估的必要性和可行性。钟先生指出，分类评估要基于高校的人才培养定位，制定不同的评估标准和指标体系，使评估更加科学、公正、有

---

① 钟秉林：《抓好本科教学合格评估 拓展优质高等教育资源》，《中国高等教育》2012年第19期，第30页。

效。同时，分类评估还要引导高校在各自的定位上追求卓越，形成特色。钟先生强调，开展分类评估，引导学校多样化发展，是新一轮本科教学评估的重大调整和重要导向。① 通过分类评估，可以更好地体现高校的多样性和特色，促进高等教育质量的整体提升。

第三，放权分权：强化高校的主体地位

钟秉林先生认为，本科教学评估要转变政府职能，放权分权，强化高校的主体地位，充分发挥高校在质量保障中的积极作用。他提出，新一轮本科教学评估要转变政府职能，多元主体参与，实施分类评估，强化内部保障；尤其要发挥高等学校的主体作用，促进高校内部教育教学质量保障体系的完善和现代大学制度的建设。② 这一思想体现了评估工作中政府、高校和社会等多方力量的共同参与和协同作用。他进一步指出，强化高校质量建设和监控的主体地位，是本轮本科教学评估的制度性保证。③ 钟先生认为，审核评估要"放权给学校，让学校有更多的自主权"，通过评估引导高校建立自我约束、自我发展的质量保障机制。同时，政府要加强对评估工作的宏观指导和监督，确保评估工作的公正性和有效性。

第四，保持常态：确保评估工作的持续性和稳定性

钟秉林先生认为，本科教学评估要保持常态，避免"运动式"评估带来的负面影响。他强调，评估工作要融入高校的日常教学中，成为高校质量保障体系的重要组成部分。钟先生指出，常态化的评估工作可以及时发现和解决高校教学中存在的问题，推动高校持续改进和提高教学质量，还可以减轻高校的迎评压力，使高校更加专注于教学工作本身。

---

① 钟秉林：《关注宏观背景变化，把握新一轮本科教学评估的几点认识》，《中国高教研究》2011 年第 12 期，第 14 页。

② 钟秉林：《本科教学评估若干热点问题浅析——兼谈新一轮评估的制度设计和实施框架》，《高等教育研究》2009 年第 6 期，第 40 页。

③ 钟秉林：《遵循规律，平稳开展本科教学工作审核评估》，《中国高等教育》2014 年第 6 期，第 5 页。

（二）本科教学评估组长的主要经验

钟秉林先生多次担任教育部评估专家组组长，深入高校考察、评估、指导。2006 年，钟秉林先生从“明确意义、掌握原则、把握全局、突出重点”等四个方面来回应“深刻认识为什么评、准确理解评什么、全面掌握怎么评、明确自己抓什么”等关于教学评估专家组组长职责的思考。[①]

2014 年，钟秉林先生于第二轮评估工作期间提出，作为审核评估专家组组长，在掌握审核评估专家的工作职责与考察技术方法、履行好审核评估专家工作职责的同时，还肩负着重要的组织协调职责。[②] 他认为，组长的职责主要涵盖：做好进校准备、策划考察方案；协调考察进度、把握审核全局；重视沟通交流、做好综合判断；主持内部会议、组织意见反馈；集中集体智慧、撰写审核报告。[③] 他尤其强调，作为组长，要对国家负责，把握审核评估实质；为学校服务，注重平等交流互动；加强内外沟通，做好综合判断和问题诊断；集中精力，提高考察工作效率。[④]

作为教育部评估专家组的领军人物，他不仅身体力行，深入高校进行实地考察与评估指导，更是将自己的实践经验和深刻洞察转化为文字，与业界同仁共享、探讨，这不仅是对教育评估工作的深刻反思和总结，更是对教育事业的热爱和奉献的生动写照。

三、国际高等教育质量保障与评价的主要观点

钟秉林先生关于国际高等教育质量保障思想的核心内涵，不仅反映了当前国际高等教育质量评估的新趋势，也为中国高等教育的质量

---

① 钟秉林：《明确意义 掌握原则 把握全局 突出重点——感悟履行教学评估专家组组长的职责》，《中国高等教育》2006 年第 12 期，第 10 页。

② 钟秉林：《汇聚智慧，做好审核评估专家组组长工作》，《中国高等教育》2014 年第 9 期。

③ 同上。

④ 同上。

提升提供了宝贵的借鉴。

（一）强调高等教育质量评估的针对性和适应性

钟秉林先生在多篇研究中指出，当前国际高等教育质量评估呈现出分类评估的新特点，强调评估工作应针对不同类型、不同层次的高等教育机构，制定相应的评估标准和评估方法，即“根据高校的实际情况和办学定位，分别采用审核、随机评估、认证等方式，实行全国性或区域性的质量评估”。[①] 分类评估不仅有助于体现不同类型高校的办学特色，还能够更加准确地反映高校的实际办学水平。钟先生强调，我国的高等教育质量评估应突出评估工作的针对性和适应性，即评估工作应根据高等教育机构的不同特点和办学目标，灵活调整评估标准和评估方法。这种灵活性和适应性，不仅能够提高评估工作的准确性和有效性，还能够促进高等教育机构的多样化和特色化发展。

（二）注重高校在质量保障中的主体责任

钟秉林先生认为，赋予高等院校以质量保障的主要权责，是国际高等教育质量保障发展的广泛共识。这一思想体现在他多次提及的高校内部质量保障体系建设上。他指出，高校内部质量保障体系建设是提高高等教育质量的关键所在，高校要自觉承担起质量保障的主体责任，建立健全内部质量保障机制，加强对教育教学过程的监控和管理。他指出：“推行国际高等教育质量评估共识，明确树立高校教学质量提高在根本上取决于高校自身的努力，质量责任主要在高校，高校内部质量保障体系建设具有举足轻重的作用的观念。”[②]

（三）重视资源使用效率和学生学习成效

在钟秉林先生的思想体系中，资源使用效率和学生学习成效是衡量高等教育质量的重要指标。他指出，国际高等教育质量评估越来越

---

① 钟秉林、周海涛：《国际高等教育质量评估发展的新特点、影响及启示》，《高等教育研究》2009 年第 1 期，第 4 页。

② 同上。

重视资源的使用效率，以及学生在接受教育过程中所取得的学习成效。他认为，高校要加强对资源的管理和优化配置，提高资源的使用效率，确保教育教学资源的有效利用。同时，高校应关注学生的学习过程和学习结果，加强对学生学习成效的评估和反馈。这种关注学生学习成效的评估方法，可以促进高校不断改进教学方法和手段，提高教学效果，为学生提供更加优质的教育服务。高等教育质量的最终体现，是促进教育的主体——学生的发展。[①]

（四）倡导多元参与和协同治理

钟秉林先生认为，国际高等教育质量保障的多元参与和协同治理是提升高等教育质量的重要保障。他指出，高等教育质量保障需要政府、高校、社会等多方面共同参与和协同努力。政府应加强对高等教育质量保障的宏观管理和指导，制定科学合理的政策和法规，为高等教育质量保障提供有力的制度保障。高校则应加强与政府、社会等各方面的沟通和合作，共同推进高等教育质量保障工作。这种多元参与、协同治理的模式，不仅能够促进高等教育质量保障工作的顺利开展，还能够增强高等教育质量保障工作的权威性和公信力。

（五）推动评估工作的规范性和透明度

在钟秉林先生的思想体系中，推动评估的规范性和透明度是提高高等教育质量保障工作有效性的重要手段。他指出，国际高等教育质量评估越来越注重评估工作的规范性和透明度，以确保评估结果的公正性和准确性。他强调，我国应借鉴国际高等教育质量评估的通行做法，加强对评估工作的规范化管理，确保评估工作的公正性、准确性和透明度；建立定期发布制度，及时公布高校的教学状况和评估结果，使公众能够及时了解高校的教学质量情况，促进高校自觉接受社会监督。

---

① 魏红、钟秉林：《重视学生学习效果 改善教育评估效能——国际高等教育评估发展新趋势及其启示》，《中国高教研究》2009年第10期。

四、质量保障与评价思想的启示

钟秉林先生作为高等教育领域的知名学者，他的教育思想和实践经验对我国高等教育质量保障与评价体系的建立与完善产生了深远影响。钟秉林先生认为，随着高等教育规模的扩大和结构的多样化，质量保障与评价的难度和复杂性也在不断增加。此外，国际高等教育质量保障的标准和方法在不同国家之间存在较大差异，如何实现国际互认和衔接也是亟待解决的问题。综合国内外相关形势分析，钟秉林先生将目光投向了我国高等教育质量保障与评价的现状与问题。他指出，我国高等教育质量保障工作在过去几十年中取得了显著成就，但也存在不少问题和挑战。首先，质量保障体系建设起步较晚，与发达国家相比还存在较大差距。在评估标准、评估方法、评估机构等方面还需要进一步完善和优化。其次，质量保障工作还存在一些体制机制障碍。例如，政府、高校、社会等多元主体在质量保障中的权责关系不够明确，导致评估工作的效率和质量受到影响。最后，质量保障与评价工作还存在一些实践问题。例如，评估工作过于注重形式主义和表面文章，缺乏对高校实际办学质量和水平的深入了解和评估；评估结果的应用不够充分，未能充分发挥在资源配置、政策制定等方面的引导作用。针对上述新趋势与新挑战，综合分析钟秉林先生关于高等教育质量保障与评价思想的相关论述，结合中共中央、国务院印发的《深化新时代教育评价改革总体方案》以及钟先生于 2023 年在《中国教育学刊》发表的《加强教育评价改革与质量保障体系建设》卷首语等，可以从如下三个视角挖掘其对当代高等教育改革创新发展的深刻启示。

（一）从四个方面着力加强高等教育质量保障体系建设

其一，秉持与时俱进的教育理念。注重分类分层研制标准和评价指标体系，引导各级各类学校科学定位，多样化探索，特色发展、高质量发展；注重冲破思维定式，改善评价方式，探索定性与定量方式相结合的评价方法。其二,树立科学的评价理念。注重以学生为中心,在教育目的、教学原则、教学方式、教师要求、教学组织等方面,强调不断提高学生综合素质的学习发展和全面成长的评价;注重结果导向,强调基于学习结果的反向设计,重视可视化的、可观察的学习结果评价;注重持续改进,树立质量保障的文化核心,建立常态性的评价机制并不断改进教学工作,营造优良教学文化,并将其贯穿教育教学全过程。其三,尊重各级各类教育的不同规律和特点,制定符合学生成长规律的评价模式,结合国情校情,借鉴国际教育质量保障的成功经验,彰显中国特色。其四,把握教育质量保障体系建设的核心要素,即明晰的质量标准、科学的指标体系、合理的评价方式、有效的反馈与持续改进的工作机制、健全的制度保障。通过不懈的努力,营造坚持学生中心、注重持续改进、体现学校特色的学校质量文化,构建富有时代特征、彰显中国特色、体现世界水平的高等教育评价体系。[①]

(二)从三个方面深刻把握高等教育深化评价改革内涵

其一,评价对象的系统性。要对政府、学校、教师、学生、用人单位等全方位评价。通过评价,促进政府全面履行教育职责,不断提升履职水平,加强宏观管理、分类指导,推进管办评分离、放管服结合;促进学校坚持正确的办学方向,落实立德树人根本任务;促进教师潜心育人、教书育人;促进学生全面而有个性发展;促进用人单位科学选人用人,转变“唯文凭”“唯论文”“唯帽子”的评价标准。其二,评价内容的系统性。应遵循教育评价的阶段性、发展性、时代性特征,在不同类型的教育中体现各自的评价重点,加强系统研究和顶层设计,相互衔接,构建科学的教育评价体系。其三,合理运用各类评价方式,提高教育评价的科学性和有效性:一是要改进结果评价,界定教育目标,关注教育目标的达成度和符合度;二是要强化过程评价,注重在教育教学过程中,从

① 钟秉林:《加强教育评价改革与质量保障体系建设》,《中国教育学刊》2023年第2期,第1页。

发展性的角度判断教育目标的实现程度及其过程;三是要探索增值评价,关注教育目标实现程度的纵向比较和改善提高,评价取得进步的程度;四是要健全综合评价,注重对教育目标进行全面、综合、整体的教育要素的考量和判断。要通过各类教育评价方式的合理有效运用,为持续改进教育教学工作提供科学依据与信息支撑。①

(三)以三种思维深化认识高等教育教学新一轮审核评估

其一,以复杂性思维认识新一轮审核评估。一是评估内涵之变:从教学评估到教育教学评估,意味着评估的内容与功能发生了改变,即从教学评估转变为教育教学评估,强化人才培养的中心地位与立德树人的根本要求,持续改进质量文化;从以教为中心转变为以学为中心,强化学生为本、结果导向,重视大学生学习结果和全面发展的评价;从教育管理转变为教育治理,深化教育综合改革,完善现代大学制度,激发高校内生动力,强化内部质量保障;从单一模式转变为分类审核,引导高校服务国家和地方战略需求,科学定位,多样化探索,分类发展,特色发展。二是评估方式之变:线上线下评估结合,校内校外评估结合,定性与定量相结合,审核材料立体多维。三是评估功能之变:精准画像,问题导向,对评估者的专业化提出了更高的要求。

其二,以系统性思维认识新一轮审核评估。一是每个指标闭环考察:需要考虑被评估学校怎么说,怎么做,做得怎么样,存在什么问题,如何整改,效果如何等;二是核心指标全环节考察:立德树人贯穿于全环节,应用型人才培养贯穿于全过程。其三,以交互性思维认识新一轮审核评估。要借鉴第四代评估理念,在提出问题、推动整改时,要正视被评估者的主张、焦虑和争议,达成理解,真正实现通过评估促进学校的发展。要识别在审核评估中处于风险地位的利益相关者,要收集协商所需要的信息,组建利益相关者协商论坛,设计多个报告回复争议和焦虑,对仍存有争议的主张设计重复评估过程。

---

① 钟秉林:《加强教育评价改革与质量保障体系建设》,《中国教育学刊》2023年第2期。

钟秉林先生的民办高等教育思想

姜朝晖

民办高等教育作为我国高等教育体系的重要组成部分，不仅在推进高等教育大众化到普及化、满足多样化教育需求、培养高素质人才方面发挥了关键作用，而且在服务国家战略需求、促进经济社会发展和推动教育体制机制改革方面发挥了积极作用，为建设高质量教育体系和增强国家综合实力作出了重要贡献。作为中国现当代教育领域的领军人物，民办高等教育研究是钟秉林先生教育思想的重要板块，钟秉林先生对民办高等教育的目标定位、人才培养、内部治理、资源保障、文化建设等问题均有所探究或涉猎，提出了许多真知灼见，推动了民办高等教育的高质量发展。

从 1970 年代初在陕西延长县插队担任民办代课教师开始，钟秉林先生 50 多年的时间与教育工作结缘，并先后从事教学、管理和研究工作，他对民办高等教育情有独钟。2011 年，钟秉林先生担任教育部民办教育政策研究院首任院长。2023 年，他还担任了中国民办教育协会学术委员会首届学术委员会主任。据不完全统计，钟秉林先生在期刊、报纸等各类媒体上发表的以“民办教育”为主题的学术文章就有 50 余篇，并且多年主编出版《中国民办教育发展报告》，此外，钟秉林先生在繁忙工作之余，还到全国大部分的民办高校进行实地调研和指导。本文主要基于钟秉林先生发表的相关论文、出版的著作、接受媒体的访谈资料等内容的挖掘分析，研究钟秉林先生民办高等教育思想的生成逻辑和要旨精髓，分析其民办高等教育思想的价值。

一、民办高等教育思想的生成逻辑

任何思想的形成都离不开特定的时代和历史条件。从历史唯物主义和历史人物文化思想史的角度分析，钟秉林先生的民办高等教育思想是一定社会历史条件下的产物，其生成逻辑是多维度的，既包含了对中国改革开放和现代化建设时代背景的深刻理解，也融合了中国传统文化的教育精髓，同时又得益于他个人在教育领域的政策水平、管理经验和丰富实践。换言之，时代背景、文化基础和实践经历共同构成了钟秉林先生民办高等教育思想生成逻辑的三个维度，塑造了钟秉林先生关于民办高等教育的深刻见解和理论体系。

（一）历史背景：改革开放以来民办高等教育的快速发展

改革开放极大地推动了民办高等教育的发展。改革开放政策转变不仅放宽了对民办教育的限制，还通过管扶并举的方式提供了政策支持，使得民办高等教育从规模到层次都实现了质的飞跃。民办高校的快速发展不仅增加了教育资源的投入，扩大了教育选择机会，还通过灵活的办学机制和个性化服务满足了社会对差异化教育的迫切需求，促进了教育体系的多元化和教育质量的整体提升。另一方面，民办高等教育的发展丰富了中国特色社会主义教育体系，成为推动教育改革的重要力量。在改革开放的背景下，民办高校以其体制外的灵活性和创新性，激发了整个高等教育体系的活力，为国家人力资源强国战略的实施和教育国际竞争力的提升作出了显著贡献。

钟秉林先生的民办高等教育思想的生成首先根植于中国改革开放以来的时代背景。随着中国经济的快速发展和社会对教育需求的日益增长，民办教育作为公办教育的有益补充，成为满足多样化教育需求的重要途径。钟秉林先生深刻认识到民办教育在推动教育改革、促进教育多样化和满足人民群众教育需求方面的重要性。他强调民办教育应与国家教育事业发展同步，实现质量与效益的双重提升。正如钟先生在2012年两会期间答中外记者问时所表述的那样，“关于民办教育的发展，以民办高等教育为例，中国民办高等教育从改革开放以后才开始恢复，这几年发展得很快，我们一批民营的资本和一批民营资本的投资人为这个作出了重要的贡献……民办高等教育已经成为中国高等教育的重要组成部分，而不是重要补充”。钟先生充分肯定了改革开放以来民办高等教育所作的巨大贡献，认为民办高等教育在推动高等教育大众化的进程中发挥了不可或缺的重要作用。

（二）文化积淀：中国传统文化与国际留学经历的深度融合

钟秉林先生1951年出生于北京，1990年赴英国留学，受中西方文化的双重熏陶。一方面，钟秉林先生的民办高等教育思想受中国传统文化的影响，特别是儒家教育思想中的有教无类和因材施教。2013年，他在《光明日报》上发表的《教育梦，在路上》中就提到，“教育梦是深深根植于中华民族悠久的历史和厚重的文化中的”。[①] 他在多个场合倡导民办高校应明确办学理念和目标定位，坚持特色发展战略，走内涵式发展和特色发展道路，并认为民办高校应强化服务国家和地方战略的意识，面向市场需求提供应用型和技术技能型人才支撑，提高服务区域经济社会高质量发展的能力。另一方面，留学经历使得钟先生的思想始终是开放的，他经常关注教育国际化问题，并认为教育国际化为中国民办教育的发展带来了新的挑战和机遇，各级各类民办教育要在办学理念思路、人才培养培训、师资队伍建设等方面探寻新的路径。然而，这并不是一种单一的经验借鉴，而是在学习借鉴国际先进经验的基础上，扎根中国大地办教育，发展符合国情、区情和校情特点的中国民办高等教育。

（三）实践经历：从民办小学教师到民办高等教育的重要推动者

钟秉林先生从教之初的亲身经历以及之后四十多年的工作实践，

---

① 钟秉林：《教育梦，在路上》，《光明日报》2013年10月30日，第14版。

为钟秉林先生民办高等教育思想的形成起到了关键作用。1960年代末，钟秉林先生响应国家号召，赴陕北延安插队。因特殊的机缘，附近村里小学缺少老师，钟秉林先生就半天劳作、半天上课地当起了代课老师，开始了他的民办教育生涯。钟秉林先生在民办学校的讲台上，面对求知若渴的孩子们，悄然埋下了投身教育事业的种子，为他后来的教育生涯奠定了初步的基础。

钟先生从英国留学回国之后，正值我国民办高等教育飞速发展的时期。在国家教委（教育部）高等教育司担任司长期间，钟先生开始关注民办高等教育的发展，并积极推动相关政策的制定与实施。到北京师范大学担任校长后，特别是2002年我国高等教育进入大众化之后，他多次提到民办高等教育是我国高等教育的一个重要组成部分，是推动我国高等教育大众化的积极力量，今后一定会非常好、有非常大的发展空间。[①] 在2010年前后，钟校长开始高度关注民办教育的发展，并在2011年推动教育部民办教育政策研究院的成立，并担任首任院长，其间开展了多项关于我国民办高等教育改革与发展的课题研究。钟先生在2023年还担任了中国民办教育协会学术委员会首届主任，积极发挥专业性学术指导咨询机构在民办高等教育科研引领、学术支撑、建言献策等方面的作用。在北京师范大学校长任内，他还推动创办了内地与香港地区合办的大学——北京师范大学—香港浸会大学联合国际学院（UIC），2005年UIC在北京师范大学珠海分校宣布成立，迎来首批新生，成为香港与内地研究型大学合作办学的改革先锋。[②] 除了学术研究外，他在工作之余，经常参加民办高等教育的各项学术会议和活动，不遗余力地对我国民办高校的发展提供专业指导。这些政策和实践经验，使他对民办高等教育的发展有了深刻的理解和独到的见解，为形成钟秉林先生的民办高等教育思想奠定了厚实的基础。

---

① 钟秉林：《中国高等教育大众化进程的科学发展观》，《集美大学学报》2004年第6期。

② 姜朝晖，翟雪辰：《钟秉林先生的教育家精神》，《世界教育信息》2024年第9期。

二、民办高等教育思想的要旨精髓

以钟秉林先生历年发表的与民办高等教育主题相关的文章为研究对象进行文本分析，得到有效条数 7642 条，总词数 45299 个，并形成词云（图一）。由此可以看到，钟秉林先生的民办高等教育思想深刻而全面，具备宏观的战略视角，关照了整个民办高等教育体系。钟秉林先生的民办高等教育思想不仅在理论层面富有创新性，而且在实践中具有指导性，既深刻理解民办教育的发展需求，又准确把握未来教育的发展趋势，为中国民办高等教育的高质量发展提供了理论指导和实践路径。核心思想在于引导民办高等教育从规模扩张转向内涵发展，将教育质量视为民办高校发展的生命线。

具体而言，钟秉林先生民办高等教育思想的要旨精髓，主要体现在民办高等教育公益性思想、规范化思想以及多元化思想三个方面，深刻

图一　钟秉林先生关于民办高等教育研究的词云图

回答了为何要扶持民办高等教育、如何规范管理民办高等教育、如何扶持民办高等教育发展等重大课题，宗旨在于进一步推动我国民办高等教育的发展历程。

（一）公益性：以分类管理推进民办高等教育高质量发展

20世纪末，民办高等教育经过快速发展，取得了长足的进步。进入21世纪，特别是随着我国从高等教育大众化逐步迈入普及化阶段，社会对优质高等教育资源的需求明显增加。面对这一高等教育发展的重要转型时刻，钟秉林先生敏锐地意识到民办高等教育的公益性与办学主体的营利性之间存在不可避免的冲突。钟秉林先生首先肯定了民办高等教育的公益属性，并从高等教育的准公共产品属性、民办高等教育与公共教育事业的关系以及《中华人民共和国民办教育促进法》的相关规定等多个方面加以论证。

面对中国民办高等教育规模发展特殊的历史进程，为了吸引社会资本投资教育，钟秉林先生提出了办学主体的营利性问题，强调现阶段还不能完全排斥取得合理回报，要尊重初创者和出资人的贡献和权益。[①] 为了寻求民办高等教育公益性和营利性这一对突出矛盾的破解之法，钟秉林先生对国外及港澳台地区私立高等教育进行了考察，他认为，国外及港澳台地区主要是通过采取多样化的政策法规来保障私立高等教育的公益性，对营利性和非营利性两类私立高等教育机构实施分类管理。[②] 在一系列考察的基础上，钟先生依据实际的资本构成和配置，将国内民办高等教育分成四种形式，即捐资办学、出资办学不要求取得合理回报、出资办学要求取得合理回报以及经营性高等教育培训机构，这是对民办高等教育的进一步细化，有益于更加具体地判定相关机构的公益性程度，有益于政府对民办高等教育实行更为有效的扶

① 钟秉林：《如何创建高水平民办大学》，《中关村》2012年第9期。

② 赵应生、钟秉林、洪煜、姜朝晖、方芳：《国外及港澳台地区私立高等教育发展的经验与启示——我国民办高等教育改革与发展探析（五）》，《中国高等教育》2011年第Z3期。

持和监管措施。如钟秉林先生所言,民办高等教育的分类管理是实现高等教育公益性、推进民办高校健康可持续发展的重要基础。[①] 实施分类管理是一项系统工程,钟秉林先生长期致力于推动相关标准的制定,强调要进一步完善分类管理的配套制度,提议设立民办高等教育专项资金、启动高水平民办高校建设项目,通过多种方式加大对民办高等教育的扶持力度。[②] 除此之外,钟秉林先生通过对民办高等教育公益性的论述,强调了政府在支持和规范民办高等教育过程中的重要责任和义务,多次建议清理对民办高等教育的歧视性政策,充分尊重民办高等教育的办学自主权并提供相应的政策支持。

(二)规范化:以法律与政策为依据推动民办高校内涵式发展

“规范”是钟秉林先生民办高等教育思想的核心概念之一,主要包括政府对民办高等教育管理的规范性和民办高等教育内部治理的规范性两个方面。钟秉林先生发表的相关论文为民办高等教育提供了明确的发展方向和理论框架,使得民办教育的发展在一定的法律和政策指导下有序进行,而不是无序竞争;同时,为推动更多的研究者深入探讨民办高等教育的内部治理、外部监管等复杂难题,提升了研究的深度和广度。另外,钟秉林先生深入探讨民办高等教育外部管理和内部治理的规范性有助于提高民办高等教育的教学质量,通过明确的质量评估和监督机制,保障民办高等教育服务的高标准,有助于保障不同社会阶层和不同地区的学生接受高等教育的机会,有助于民办高校实现长期稳定可持续发展,避免因短期行为导致的资源浪费和信誉损失。钟秉林先生倡导的以规范为前提的内涵式发展理念,增强了民办高校的内部治理能力,提高了管理效率和透明度,增强了社会对民办高等教育的信任力,吸引了更多的社会资本投入民办高等教育事业。

---

① 钟秉林:《我国民办高等教育发展若干重要问题探析》,《中国高教研究》2011 年第 7 期。

② 钟秉林:《设立国家民办教育发展专项资金》,《教育与职业》2014 年第 9 期。

在政府对民办高等教育管理的规范性研究方面，除强调分类管理之外，钟秉林先生还致力于推动相关政策法规的修订和教育培训体制的改革。制订和修订相关政策法规，能够引导民办高等教育有序发展、可持续发展。[①] 笔者攻读博士学位时，就多次跟随钟秉林先生参与民办教育有关政策制度的起草工作。在此基础之上，钟秉林先生还讨论了国际高等教育质量评估的新特点，这对中国民办高等教育质量评估的发展提供了规范化的启示，强调了分类评估和高校质量保障的主动性。此外，财政支持和资源配置的规范化也是钟先生关心的问题之一，先生通过多篇文章探讨了民办高等教育财政支持制度的现状，有助于推动民办高等教育财政支持的规范化和资源配置的合理化。

在民办高等教育内部治理规范性研究方面，钟秉林先生通过分析美国私立高校典型经验和做法，将大学董事会视为大学与政府之间的"缓冲器"，属于美国私立大学内部治理结构和管理体制设计上的一大特色。[②] 针对民办高等教育办学模式和治理结构规范化的问题，钟先生在《世界一流大学的校长权力制衡机制探析——世界一流大学校长管理比较研究》一文中，探讨了世界一流大学的校长权力制衡机制，这可以为民办高校提供一个治理结构的参考模型，推动民办高校治理结构的规范化。[③] 在《世界一流大学的校长选聘机制及其启示——世界一流大学校长管理比较研究》中，钟秉林先生从校长选聘机制的角度，为民办高校的内部管理和领导层选聘提供了规范化的参考。[④] 针对民办高等教育办学实践和改革的规范化问题，钟先生提到民办本科院校要拓展办学视野，聚力高质量发展，特别提出关注民办本科院

---

① 方芳、钟秉林：《我国民办教育培训行业发展现状与对策》，《中国教育学刊》2014 年第 5 期。

② 赵应生、钟秉林、洪煜、姜朝晖、方芳：《国外及港澳台地区私立高等教育发展的经验与启示——我国民办高等教育改革与发展探析（五）》，《中国高等教育》2011 年第 Z3 期。

③ 钟秉林、周海涛：《世界一流大学的校长权力制衡机制探析——世界一流大学校长管理比较研究》，《国家教育行政学院学报》2012 年第 2 期。

④ 钟秉林、周海涛：《世界一流大学的校长选聘机制及其启示——世界一流大学校长管理比较研究》，《国家教育行政学院学报》2011 年第 8 期。

校人才培养模式的研究。这些都是推动民办高等教育规范化发展的关键点。

（三）多元化：以多元力量为推动民办高等教育可持续发展

多元是钟秉林先生在研究民办高等教育过程中经常提及的概念。一是为了适应社会发展的需求，培养满足社会多样化需求的人才。钟秉林先生认为，随着社会经济的发展，对人才的需求日益多样化，民办高等教育要主动适应这种变化，实现教育目标和培养模式的多元化。二是多元化的教育模式和治理结构有助于促进教育公平。三是多元化思想有益于解决民办高等教育在发展过程中存在的矛盾和问题，通过多元化的管理和办学模式，促进民办高校的内涵建设和可持续发展。这些因素共同构成了钟秉林先生提出多元思想的深层次动因，旨在推动中国民办高等教育现代化进程，构建高质量教育体系。

钟秉林先生的民办高等教育思想中的“多元”涵盖了治理结构、录取模式、办学主体、教育目标、发展路径、质量保障体系以及文化建设等多个方面，强调在民办高等教育领域实现多元化的发展，以适应社会发展的需要和教育的多样化需求。其中，参与主体的多元化和经费投入的多元化，在钟秉林先生的多篇文章和访谈中都有体现。

面对高等教育大众化阶段的到来，钟秉林先生已经认识到高等教育决策过程越来越受制于政府、企业、教师、学生、专家群体等多元利益群体的影响，多元价值观和利益诉求的冲突日益呼唤多元利益群体共同参与的协同治理。[①] 民办院校应该对社会的变化更加敏感，更需要积极对接产业与社会需求，促进产教深度融合，加速多元参与、内外协调的治理体系的形成。

钟先生带领团队对美国、日本、韩国等国私立大学资金扶持政策进行比较研究，发现经费投入的多元化并不仅仅意味着拓宽民办高校的资金渠道，减少因单一资金来源不稳定而对学校运行造成的影响，还能

---

① 钟秉林：《地方高水平大学的发展之道》，《北京教育（高教）》2020 年第 1 期。

够促进教育创新和质量提升，可以激励民办高校在教学方法、课程设置、科研合作等方面进行创新，满足不同资助者的需求，增强民办高校的自主性，使其能够根据市场需求和自身发展目标，灵活调整教育项目和战略规划，可以为经济条件较差的学生提供更多的奖学金和助学金，增加他们接受高等教育的机会，从而提高教育的公平性，也可以优化资源配置、适应教育大众化和国际化趋势。

三、民办高等教育思想的形成历程

钟秉林先生的民办高等教育思想发展具有鲜明的时代性。参考我国教育改革发展的宏观背景、民办高等教育发展的需求与挑战，结合钟秉林先生对相关政策与法律环境变化作出的回应，可根据其学术著作、政策建议和实践参与的重点，将其民办高等教育思想的形成历程划分为四个主要阶段——萌芽阶段（1990 年代中晚期）、深化阶段（2000—2010 年）、成熟阶段（2011—2016 年）和系统创新阶段（2017 年之后）。

（一）萌芽阶段：初步关注民办高等教育的功能与定位问题

改革开放后，民办高等教育作为对公办教育的补充迅速发展，特别是在 1978－1992 年间，民办高等教育从无到有，开始弥补财政不足，并逐步满足多样化的教育需求。1992－1996 年间，民办教育在“十六字方针”的指导下，开始初步发展民办学历教育，并在办学热潮中实践多元化探索。1995 年，《中华人民共和国教育法》的出台，强调了民办高等教育在高等教育体系中的地位和作用。1997—2004 年间，从《社会力量办学条例》过渡到《中华人民共和国民办教育促进法》，民办教育开始有了明确的法律地位和政策支持，标志着民办教育法制建设的重要进展。结束海外留学、回国任教不久的钟秉林先生被任命为国家教育委员会高等教育司司长，开始对民办高等教育的基本理念和发展方向进行探索。

这一时期，钟先生有关于民办高等教育的著述不多，大多留存在关于高等教育或民办教育的论述中，主要强调了民办高等教育在国家教育体系中的地位，也开始关注社会力量在扩大教育资源供给方面的重要作用。如钟秉林先生在《坚持邓小平理论指导 促进高等教育改革与发展》一文中指出，要坚持邓小平理论指导，促进高等教育改革与发展，要加快管理体制改革步伐，逐步达到优化结构、合理配置教育资源、提高办学水平和办学效益的目的。[①] 钟秉林先生在1999年发表的《以崭新的高等教育教学改革风貌迎接新世纪》一文中提出："各方面都要积极探索，通过现有普通高专、成人高校、民办高校、职业大学、职业技术学院和中专办高职等多种渠道；通过学历教育与非学历教育并举，专业宽窄并存，招生对象和学制不强求一致等多种模式；通过国办、民办和国有民办等多种办学机制，推动高等职业教育取得较大的发展。"[②]这是在钟秉林先生发表的文章中，第一次出现"民办"和"民办高校"的表述，反映了早期对民办教育改革的理论探索和理念形成。钟先生在这一阶段明确了民办教育是高等教育的重要组成部分，强调了民办高等教育在资源补充和教育公平中的作用，推动其从边缘走向大众视野。

（二）深化阶段：聚焦民办高等教育的规范化管理与质量保障

2000年后，经历了快速发展的民办教育，在办学规模扩大的同时，也暴露出一些问题，如存在治理结构不健全、质量参差不齐、产权归属不清、缺乏明确发展方向等困境。这些问题制约着民办高等教育的健康持续发展，引起社会对民办高等教育质量和公平性的质疑。与此同时，随着我国高等教育由大众化阶段迈向普及化阶段，社会对教育质量的要求显著提高。党和政府逐步认识到，民办高等教育不仅是应对教

---

① 钟秉林：《坚持邓小平理论指导 促进高等教育改革与发展》，《教学与教材研究》1997年第6期。

② 钟秉林：《以崭新的高等教育教学改革风貌迎接新世纪》，《中国高等教育》1999年第1期。

育资源不足的补充力量，更是推动高等教育结构优化和满足多样化教育需求的重要组成部分。这一时期也是我国全面深化教育领域综合改革的关键阶段。政府提出优化高等教育资源配置、提高教育质量和推进分类管理的要求。

钟秉林先生这一时期任北京师范大学校长，更多聚焦于推动民办教育的规范化和法制化，提出了内涵式发展、质量建设、多元治理等关键理念，旨在解决民办教育面临的核心问题，推动其从快速扩张向高质量发展的转型。2007 年，钟先生在《我国高等教育大众化进程中教育公平的重要特征》中指出，民办高等教育是高等教育体系的重要组成部分，其发展有助于增加高等教育服务供给，促进高等教育现代化，提高高等教育普及率。[①] 2008 年，钟先生在《高等教育的时代任务：提高质量 促进公平》中，强调了民办高校在促进教育公平、社会公正方面的社会责任。[②] 2009 年，钟先生在《国际高等教育质量评估发展的新特点、影响及启示》中，分析了发达国家及国际组织的高等教育质量评估模式，提到对民办高等教育进行分类管理和评估的必要性。[③] “规范”成为了钟秉林先生民办高等教育思想深化阶段的主线，他主张从立法层面明确非营利性和营利性民办学校的分类管理模式，提出政府应通过政策扶持和监管来提升民办高校的教育质量。

（三）成熟阶段：倡导民办高等教育公益性与多元化并重

这一阶段正是我国高等教育从大众化迈向普及化的关键时期，教育的质量、结构与公平问题日益受到关注。民办高等教育作为高等教育的重要组成部分，既面临着快速发展的机遇，也暴露出诸多问题，例如法律保障不足、政策支持不力、分类管理实施不到位等。2010 年之

---

① 钟秉林、赵应生：《我国高等教育大众化进程中教育公平的重要特征》，《北京师范大学学报（社会科学版）》2007 年第 1 期。

② 钟秉林：《高等教育的时代任务：提高质量 促进公平》，《中国高等教育》2008 年第 8 期。

③ 钟秉林、周海涛：《国际高等教育质量评估发展的新特点、影响及启示》，《高等教育研究》2009 年第 1 期。

后，民办教育的内涵式发展被提上日程，社会对民办高校的教育质量和公益性提出了更高要求。此外，经济转型对创新人才的需求增加，国际化与区域协调发展战略的提出，也要求民办教育更加注重内涵建设、跨区域合作、集团化发展和高质量发展，以适应国家经济社会发展的新形势。总体而言，这一阶段的背景为钟秉林先生倡导优化民办教育政策环境、推进法制化和高质量发展奠定了现实基础。

2011—2012年间，钟秉林先生带领团队发表了民办高等教育改革与发展探析系列论文八篇，剖析深层次矛盾，研究独立学院现状，积极推行分类管理，从财政制度、培养模式、文化建设等方面建言献策，推动高水平民办大学的建设。由此可以看出，这一阶段的主要标志是钟秉林先生对民办教育质量和内涵发展的全面关注，以及民办高等教育现代化建设的深入思考。《积极稳妥地推进民办教育分类管理——我国民办高等教育改革与发展探析（三）》一文探讨了分类管理作为民办教育发展的重要政策议题，主张通过科学分类推动民办高校走向规范化与内涵式发展，明确营利性和非营利性学校的不同定位与发展策略，为高质量发展提供制度保障。[①]《我国民办高等教育发展若干重要问题探析》一文强调民办高校内涵式发展的重要性，指出质量提升是民办高校可持续发展的核心任务，呼吁在分类管理框架下完善政策支持，提升民办高校的办学水平和社会影响力。[②]《如何创建高水平民办大学》探讨了在民办教育逐步规范化的背景下高水平民办大学的建设路径，提出以学科建设、师资提升和治理模式创新为核心推动高质量发展。[③]《民办本科院校人才培养模式的研究现状与展望》，开始关注高水平民办大学人才培养工作，提出办学水平较高的

① 赵应生、钟秉林、洪煜：《积极稳妥地推进民办教育分类管理——我国民办高等教育改革与发展探析（三）》，《中国高等教育》2011年第10期。

② 钟秉林：《我国民办高等教育发展若干重要问题探析》，《中国高教研究》2011年第7期。

③ 钟秉林：《如何创建高水平民办大学》，《中关村》2012年第9期。

民办本科院校人才培养质量的提升，对民办高校的发展具有引领和示范作用。[①] 钟先生在这一阶段的思索为民办教育的高质量发展指明了方向，其提出的高水平民办大学建设路径，亦成为当前民办高等教育发展的重要理论依据。

（四）系统创新阶段：推动民办高等教育内涵建设和高质量发展

2016 年《中华人民共和国民办教育促进法》修订，明确分类管理制度，民办高等教育开始从规模扩张转向高质量发展。这从法律上破解了困扰民办学校的法人属性不清、财产归属不明、扶持措施难以落实等"瓶颈"问题，拓展了民办教育的发展空间。[②] 我国民办教育发展步入了一个新的历史阶段。但具体的操作和实施过程中仍存在政策衔接不畅、治理模式不完善等问题。2019 年，我国高等教育毛入学率首次突破 50%，进入了高等教育普及化的发展阶段。高等教育的发展不再仅仅局限于规模扩张，而是转向更高质量、更个性化的教育服务。与此同时，党和政府明确提出高质量发展的战略目标，将教育质量的全面提升作为推动经济社会高质量发展的重要抓手。在民办教育领域，这一要求尤为迫切，社会对民办高校的教育质量、服务能力和社会贡献有了更高的期待。

随着全球化与教育信息化的快速推进，区域协调发展战略和创新驱动发展战略的有序实施，民办高校既要面对国际化发展和数字化的转型，也要承担服务区域经济和培养创新人才的双重压力。民办高校需要从内涵建设、师资队伍、学科发展等多个维度实现高质量发展，同时探索符合自身特点的特色化发展路径，以在高等教育普及化背景下占据重要位置并更好地服务国家和社会需求。

面对复杂的时代背景，钟先生试图从众多能够实现民办高等教育

---

① 姜朝晖，钟秉林：《民办本科院校人才培养模式的研究现状与展望》，《中国高等教育》2011 年第 10 期第 22 期。

② 钟秉林：《民办教育发展步入新阶段》，《中国教育学刊》2017 年第 3 期。

高质量发展路径中找到最优的答案。2017年，钟秉林先生在《民办教育发展步入新阶段》一文中强调民办教育发展步入了新阶段，要重视分类管理和内涵建设在民办高校治理中的作用。[①] 2020年，《民办高校集团化办学的发展态势、利弊分析及治理路径》一文中提出，作为民办高校实现高质量发展的重要路径，集团化办学可以通过资源整合与集约化管理提升办学效益和教育质量，作者还分析了这一模式面临的风险与治理对策。[②] 2022年，钟秉林先生讨论了民办本科院校在学位授权审核工作中的启示，强调民办本科院校要拓展办学视野，聚力高质量发展，从办学理念、人才培养、学科建设等方面抓好学校的内涵建设。[③] 2023年7月，中国民办教育协会学术委员会正式成立，钟秉林先生任首届主任，并在成立仪式上作了题为《加强研究，扎实探索——实现民办教育高质量发展》的学术报告。他提出民办教育要实现高质量发展，要主动应对新的挑战，比如，随着教育规模急剧扩大后教育主要矛盾的转化、科技发展赋能教育变革所带来的新挑战与新机遇等。他认为，要站在发展高质量教育、建设教育强国的高度，研究和把握民办教育的角色定位与发展的特征、规律、策略，系统谋划新时代民办教育的改革发展，进一步加强民办教育改革发展的重大理论和实践问题研究；与此同时，民办教育要从转变教育思想观念、加强内涵建设、拓展办学视野三个方面不断扎实推进改革探索。这些最新的理念和观点为民办高等教育高质量发展提供了重要参考。此外，钟先生还主张民办高校开门办学，主动与地方经济展开合作，结合中国国情引入国际先进治理模式，为民办高等教育可持续发展提供更多保障。

这四个阶段的发展与变化，反映了钟秉林先生对民办高等教育思

---

① 钟秉林：《民办教育发展步入新阶段》，《中国教育学刊》2017年第3期。

② 钟秉林、周海涛、景安磊、郑淑超：《民办高校集团化办学的发展态势、利弊分析及治理路径》，《中国高教研究》2020年第2期。

③ 钟秉林：《民办本科院校要拓展办学视野聚力高质量发展——本轮学位授权审核工作的启示》，《中国高教研究》2022年第5期。

想的逐步深化，从初步探索到政策倡导，再到质量和现代化建设的全面关注，展现了民办高等教育思想的演进历程。

四、民办高等教育思想的价值意蕴

思想的形成及其生命力，在于其对实践的指引力。钟秉林先生的民办高等教育思想既是时代的产物，也是他个人长期思考和实践的结晶。比如当前创建高水平民办大学已成为社会各界普遍的共识，这一共识的形成离不开钟先生及其研究团队在理论上的贡献，也离不开他本人长期坚持不懈的奔走呼吁。[①] 钟秉林先生的民办高等教育思想，对当前和今后一段时期的民办高等教育发展，仍然具有可资借鉴的理论和实践价值。

（一）民办高等教育应坚持公益属性，寻求政策支持

钟秉林先生的民办高等教育思想为推动民办高校进一步获得政府扶持提供了重要的理论基础，其核心在于强调民办教育的公益性，明确其作为社会公益事业和高等教育体系重要组成部分的定位。这一思想主张政府履行职责，根据分类管理原则制定针对性扶持政策，既保障非营利性民办高校的发展，又有效规范营利性民办高校，避免“搭便车”现象，优化政策执行效果。与此同时，钟秉林先生倡导通过清理歧视性政策，确保民办高校学生和教师享受与公办高校同等的权利，进一步彰显了教育公平与制度公正的价值导向。在具体政策设计上，钟秉林先生强调转变政府职能，减少行政干预，注重监督和评价功能，保障民办高校的办学自主权。他主张加强政策法规体系建设，明确民办高校的法人属性，完善产权和财务管理制度，为民办高校发展提供制度保障。此外，钟秉林先生提倡地方政府结合实际因地制宜创新政策，鼓励民办高校与区域

① 宣葵葵、史正东：《钟秉林先生创建高水平民办大学思想探析》，《山东高等教育》2024年第4期。

教育发展有机结合，以多样化和灵活性增强民办高校的适应力和竞争力。

钟秉林先生的上述思想为推动民办高等教育的公平、可持续发展以及高等教育体系的活力与多样性注入了强大动力，为政府支持和规范民办高校发展提供了重要的理论基础。这些思想的核心价值在于通过政策保障和治理体系的优化，增强民办高校的可持续性发展活力，进而促进我国高等教育体系的公平、包容与多样化发展。

（二）民办高等教育应坚持规范发展，注重内涵建设

钟秉林先生的民办高等教育思想围绕民办高校高质量发展的核心需求，提出了一系列具有指导性的理念和策略。首先，他强调优化民办高校的内部治理结构，完善法人治理体系，明确权责边界，通过健全理事会制度和探索公益信托机制，实现决策科学化与办学规范化；推动从单边投资者控制模式向法人共同治理模式的转变，有助于平衡各方利益，保障学校公益性与自主性，为高质量发展奠定基础。

其次，钟秉林先生主张强化制度保障，尤其是在产权政策、会计制度和资产管理方面，提出建立科学的成本核算和财务监督机制，以优化资源配置和提高办学效率。同时，他倡导分类管理，根据公益性和营利性区分民办高校，在此基础上设计差异化扶持政策，这不仅回应了不同类型高校的发展需求，也有效提升了政策的针对性和执行力，为民办高校的可持续高质量发展提供了制度支持。

他特别关注民办高校教育质量的提升，提出加强质量评估和审核体系建设，通过完善办学标准和创新发展模式，确保教育供给的规范化和优质化。钟秉林先生还强调，政府应减少行政干预，更多发挥监督、评价与政策引导作用，同时赋予民办高校充分的办学自主权，并支持地方政府因地制宜制定政策创新实践。这些措施不仅为民办高校的教育质量提升创造了有利环境，也进一步推动了我国高等教育体系的多样化和活力发展。

（三）民办高等教育应坚持以人才培养为根本，提升办学质量

钟秉林先生的民办高等教育思想紧密围绕民办高校人才培养、体

制机制建设、社会服务能力提升和文化建设等核心问题，形成了一套系统性理论，为民办高校高质量发展提供了重要指导。

首先，钟秉林先生高度重视民办高校的人才培养，提出深化应用型人才培养模式改革是实现高质量发展的关键。他认为，民办高校要结合地方经济社会需求和行业发展特点，优化人才培养方案，注重产业培养融合与校企和谐育人，特别强调加强教学条件建设和课程体系优化，引导学校聚焦师资发展和教学改革，为学生提供优质的学习环境和个性化的成长路径，从而全面提升职业能力和实践技能培养质量。其次，在体制机制建设方面，钟秉林先生提出完善现代学校治理结构是民办高校健康发展的基础。他还提出通过完善内部运行和财务管理体系、合理资源配置和办学规范，以增强学校自主发展能力。同时，钟秉林先生鼓励基层因地制宜创新政策，调动社会力量支持民办高校建设，为体制机制改革提供更广泛的支持。最后，钟秉林先生认为，民办高校要强化社会服务能力，将办学定位与国家战略和区域发展需求相结合。他指出，民办高校不仅是教育资源的重要提供者，更要成为社会经济发展的积极推动者。通过服务地方产业、创新驱动、培养各类人才，高校能够在供给侧改革和社会需求快速变化的背景下实现社会贡献最大化，同时提升自身的社会认可度。在文化建设方面，钟秉林先生强调，民办高校要坚持立德树人根本任务，以优良校园文化为支撑营造良好的育人环境。他建议通过加强党团建设、支撑学生事务管理和完善师生权益保障机制，营造和谐、创新的氛围，提升学校的凝聚力和内涵，为实现高质量发展注入精神动力。

（四）民办高等教育应坚持多元发展，多渠道筹措资金

钟秉林先生的民办高等教育思想在多元筹措资金方面提出了独到意见和系统性思维，为民办高校可持续发展提供了重要的理论依据和实践路径。这一思想关键在于平衡公益性与经济吸纳，形成政府、社会与高校共同发力的信心机制，助力民办教育实现高质量发展。

首先，钟秉林先生强调民办高等教育的公益属性，明确政府在资金

支持中的关键角色。他提出，政府应通过多种直接或间接的资助方式发挥作用，如设立专项资金、提供优惠、优化土地政策等，加大对民办高校特别是非营利性高校的扶持力度。同时，他致力于将民办高校纳入国家教育资助体系，确保学生能够享受公平的资助待遇。这种以公共财政为基础的支持，不仅为民办高校教学科研和基础建设提供了重要保障，也发挥了其作为社会公共事业的重要地位。

在吸引社会资本方面，钟秉林先生提出构建分类管理制度，以解决公益性与营利性之间的矛盾。他认为，应区分无偿捐赠、不谋求回报的投资、追求合理回报的投资，制定不同的管理规范；对追求合理回报的投资者，应该建立支撑资金使用的透明化和保障机制，完善相关政策和操作细则，切实提供稳定、可预期的收益路径，逐步破解教育领域投资回报机制的问题。

此外，钟秉林先生提出创新模式，鼓励民间高校主动拓宽资金来源渠道。他建议引入公益信托和基金会制度，通过市场化运作实现资金的高效利用，推动高校在数字化、信息化领域加大投入。他还特别提到，高校要加强内部治理与规划，确保资源合理分配，将有限的资金优先用于教学质量培养和创新型人才培养。

总体来看，钟秉林先生的民办高等教育思想为多元筹措资金构建了一个多层次、全方位的框架，不仅明确了政府、社会、高校各自的角色定位，还为高校资金管理的规范化提供了依据。通过团结协作的力量，民办高校能够破解资金瓶颈，实现从资源筹集到质量提升的全面转型，充分发挥其服务社会、推动教育发展的核心价值。

[附记]

追随钟秉林先生攻读博士学位，是我一生的荣幸，也是我到北京求学最大的福分。门下三载，受教十五年，是我追随先生学习的所有时光。遗憾的是，与先生相处的时间还是太短了。在求学问道的日子里，先生为政为师、为学为人的大家风范，早已潜移默化地影响了我，并激励着我前行。

2009 年，我有幸追随钟秉林先生攻读高等教育博士学位，选择的研究方向就是民办高等教育，博士论文以“民办本科院校人才培养模式”为题开展研究，这应该是国内较早关注民办高校教育教学的研究。2010 年前后，先生带着我们集中开展民办高等教育研究，国内民办高等教育研究在一段时期呈现出学术繁荣的局面，钟校长领衔的北京师范大学高等教育研究院成为民办高等教育研究重镇之一。毕业后，由于单位性质特别是岗位性质的原因，相当长的时间里我脱离了民办高等教育研究，在这个领域学术上无有精进，至今心存惭愧。但是我曾在民办学校工作的经历，特别是博士学习阶段从事民办高等教育研究的经历，让我对民办高等教育一直心有情愫。

这篇文章得到内蒙古师范大学孙景昊博士（我的博士后）的大力支持，孙博士协助我梳理了钟秉林先生发表的文章、出版的著作，以及接受媒体采访的材料。在梳理这些材料的基础上，我结合自己跟随钟先生学习的经历和学习心得，拟定写作框架，最终形成这篇文章。限于自身学识和学力，对钟秉林先生民办高等教育思想的学习领会可能还不到位，提炼总结可能还不够精准，所以这篇文章只能代表阶段性的学习心得。

谨以此文表达对恩师的纪念和深切缅怀。

学生姜朝晖

2025 年 1 月 2 日